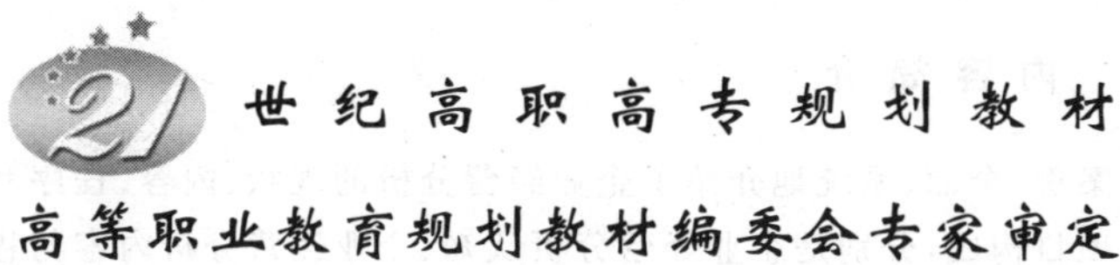

世纪高职高专规划教材

高等职业教育规划教材编委会专家审定

企业经营分析实务

主　编　胥学跃

副主编　黄　杰

北京邮电大学出版社
www.buptpress.com

内容简介

本书立足于企业实际，结合大量的企业案例，全面、系统地介绍了企业经营分析的现状、内容、程序和方法，以及经营分析报告。全书由六个学习项目构成，分别是企业经营分析认知、企业经营分析内容与程序、企业经营分析方法、数据分析及图表制作、专项经营分析和企业经营分析报告。

本书在内容选择上力求精简和实用，与企业实际工作联系紧密，具有较强的操作性。本书适合高职高专院校财经管理类相关专业教学使用，也可供应用型本科院校师生和从事企业经营分析工作的相关人员阅读和参考。

图书在版编目(CIP)数据

企业经营分析实务 / 胥学跃主编. -- 北京：北京邮电大学出版社，2018.2

ISBN 978-7-5635-5378-5

Ⅰ. ①企… Ⅱ. ①胥… Ⅲ. ①企业经济—经济活动分析 Ⅳ. ①F275.5

中国版本图书馆 CIP 数据核字(2018)第 020681 号

书　　名：企业经营分析实务
著作责任者：胥学跃　主编
责 任 编 辑：徐振华　董晓丽
出 版 发 行：北京邮电大学出版社
社　　址：北京市海淀区西土城路 10 号(邮编：100876)
发　行　部：电话：010-62282185　传真：010-62283578
E-mail：publish@bupt.edu.cn
经　　销：各地新华书店
印　　刷：保定市中画美凯印刷有限公司
开　　本：787 mm×1 092 mm　1/16
印　　张：13.25
字　　数：346 千字
版　　次：2018 年 2 月第 1 版　2018 年 2 月第 1 次印刷

ISBN 978-7-5635-5378-5　　定价：32.00 元

·如有印装质量问题，请与北京邮电大学出版社发行部联系·

前　言

高等职业教育以培养企业生产、建设、管理、服务第一线的高素质技术技能型专门人才为根本任务，要实现人才培养的根本任务就必须积极推进校企合作、工学结合的人才培养模式改革，开展人才培养过程与企业生产过程直接对接，全面提高人才培养质量。

但是，目前高职院校教材建设相对落后，不能很好地适应高职高专教育的发展需要，成为严重制约高职高专教育发展的瓶颈之一。其主要表现在：企业生产经营需要的岗位知识和技能，而高职院校缺乏让学生掌握该知识与技能的相应教材；即便有了教材，又缺乏对生产实际的调查研究和深入了解，缺乏对职业岗位所需的专业知识和专业能力的科学分析，出现脱离实际、针对性不强等现象，学生学过了却不会用。

随着市场竞争日益加剧，市场格局发生了巨大变化，企业需要开展生产经营分析以便不断总结经验教训，及时发现问题并提出改进措施，为企业经营决策提供依据。本书就是在企业需要相关经营分析人才，而高职高专教育又缺乏实用性教材的背景下应运而生的。本书立足于企业生产经营实际，紧紧围绕企业经营分析目标，结合大量的企业经营分析案例，全面、系统地介绍了企业经营分析内涵、企业经营分析内容、企业经营分析流程、企业经营分析方法、数据分析及图表制作、专项经营分析和企业经营分析报告。

本书在吸收其他教材基本架构、项目教学模式的基础上，紧密联系企业实际进行了创新性尝试，具体表现在以下几方面：

1. 体例新颖。本书以项目教学为基础任务驱动为牵引，设置了切合企业现实岗位的不同教学项目，明确了各个项目的教学目标，并在各项目下设立多个学习任务来引导学生学习和训练，使学生能够深刻理解所学知识和掌握技能。根据教学需要，本书设置了切合实际的现实案例和分析范例，可以提高学生理论联系实际的能力，拓宽学生的知识面和思维空间，具有较强的可操作性。

2. 内容实用。本书充分考虑了企业经营分析现状、经营分析岗位技能要求和经营分析人员的实际需要，结合高职高专教育的基本特点和人才培养的规格目标，真正实现人才培养与职业岗位的有效对接，提供了大量的、鲜活的企业经营分析案例，使企业经营分析理论和具体的经营分析实践有机结合起来，大大增强了本书内容的实用性。

3. 重在操作。本书遵循高职高专教育规律，在理论知识“够用必需”的基础上，重在实践操作。全书围绕“经营分析报告”这个中心，完善优化分析流程，合理使用分析方法，灵活运用分析技巧，准确采用展现方式，正确编制分析报告。在整个分析过程中，都着重强调如何增强学生操作技能，提高学生的分析能力、表达能力和展示能力。

本书由胥学跃担任主编，黄杰担任副主编。全书由胥学跃进行统筹策划、执笔和统稿，黄杰进行了修改，中移在线服务有限公司四川分公司总经理赵从容女士审定了本书的终稿。在编写过程中，得到了四川邮电职业技术学院罗雁君、尹超、胡蕾、李剑霞、李艳红、薛萍等同事和四川通信公司、保险公司的大力支持和帮助，同时参考和借鉴了许多专家学者的相关著作和研究成果，在此一并表示衷心的感谢！

由于编者的能力和水平有限，书中难免存在不足和疏漏之处，敬请广大企业人士、专家学者和读者朋友批评指正。

编　者

目　录

项目一　认识企业经营分析

【项目目标】

◇ 理解企业经营分析的含义
◇ 了解企业经营分析的服务对象
◇ 熟知企业经营分析的特点和作用
◇ 掌握企业经营分析的目的与重点
◇ 掌握企业经营分析存在的主要问题
◇ 了解数据分析人员应具备的素质与技能
◇ 熟知企业经营分析中常见问题的对策

任务一　界定企业经营分析的概念

一、企业经营分析的概念

分析就是将一个概念分解成不同的部分，并找出彼此间的各种联系的过程，是大脑的一种综合性的思维过程，是一个人的经验、技能、文化、知识、性格等各种因素的综合体现。

经营分析是将生产经营方面的一个事件、活动、概念分解成不同的部分，找出彼此间的各种联系，并归纳总结出其中的关键联系，最后针对这种联系提出可供选择的解决方案。其实质是企业市场经营中的一种控制、反馈活动，是界定问题，寻找原因、解决问题的过程。

企业经营分析是适应全球经济一体化和市场经济不断发展的需要，在 21 世纪初由美国银行家亚历山大·沃尔(Alexander Wall)开创，并由西方一批会计学家和管理专家不断充实，而逐步形成的一门新兴应用科学。它在推动西方企业经营的现代化、合理化和企业管理的科学化方面，起到了举足轻重的作用。

1. 广义的企业经营分析

广义的企业经营分析即企业运营分析，是以企业的运营管理为分析对象，对市场、财务、运维、资源、日常管理等方面的工作情况，进行分项分析、综合分析和综合评价，如图 1-1 所示。

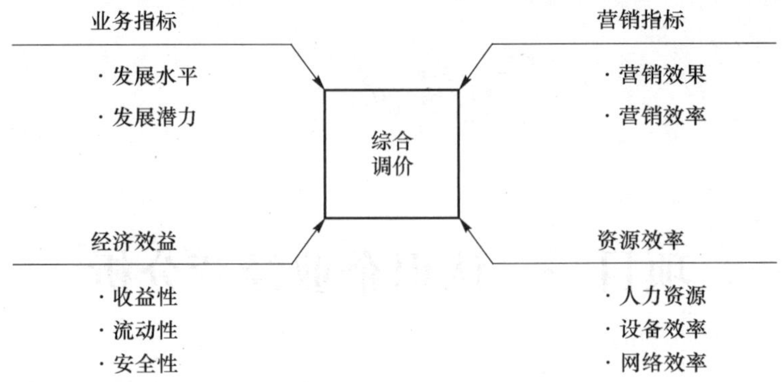

图 1-1　广义的企业经营分析

经营分析按照业务模型、营销模型、财务模型、价值模型、组织模型作为主要维度，综合考虑战略、企业文化，细分到管理支撑、人力资源、技术、信息系统、财务以及产品服务开发、产品、营销、渠道、服务，还有潜在用户、离网用户、家庭用户、政企用户、个人用户、特殊群体，如图 1-2 所示。

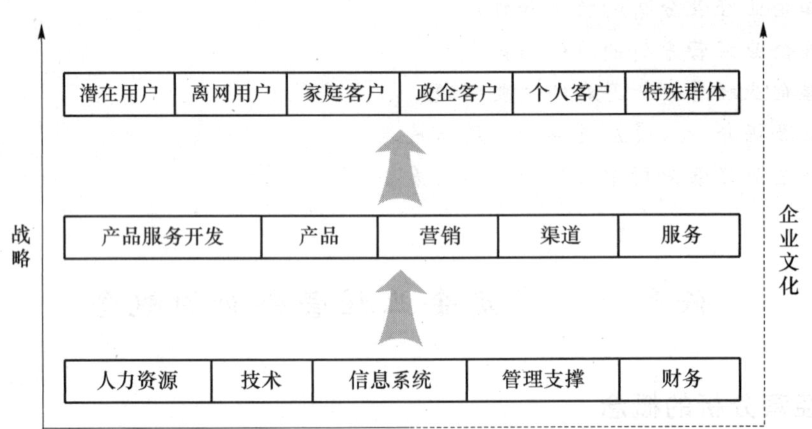

图 1-2　企业经营分析的维度

(1) 业务模型

企业经营分析的业务模型包括与用户相关联的前端系统的组织、相关业务管理制度、关键流程等。

(2) 营销模型

企业经营分析的营销模型包括波特五力模型、PEST 分析模型、SWOT 分析模型、波士顿矩阵等。经常考虑和评估各种市场引力及企业自身因素的变化，从而不断调整自己的营销方式、方法或策略，以适应不断变化的市场。

(3) 财务模型

企业经营分析的财务模型包括关键资产、主要收益来源、主要的成本结构和资金等。

（4）价值模型

企业经营分析的价值模型是企业对整体经济价值进行判断、估计的模型，该模型的建立，可以将预期经济数据通过模型转变为当前的企业价值。

- 增值过程：企业如何获得资金、人力、知识等资源；如何整合、利用这些资源；如何加快这些资源的循环；将这种动态资源运转模式固定下来形成适合销售的产品或服务。
- 价值模型针对：产品或服务具有关键作用的领域；增值功能的环节。
- 价值模型关注：企业如何获得关键资源；如何管理增值过程；如何将价值传导给顾客。

（5）组织模型

企业经营分析的组织模型包括管理层设置、人员之间联系、决策是如何制定等。

2. 狭义的企业经营分析

狭义的企业经营分析即市场经营分析，特指主要以用户、营销、竞争、产品（或业务）为分析对象，以企业内部经营数据或用户消费数据的统计分析、数据挖掘分析为核心手段，辅以市场调查、二手资料等，评估企业市场经营状况，发现存在的问题，研究影响因素并预测发展趋势，从而确保企业经营决策和市场营销策略的制定。

本书主要阐释的就是狭义的企业经营分析。市场经营分析在广义企业运营分析中的地位如图1-3所示。

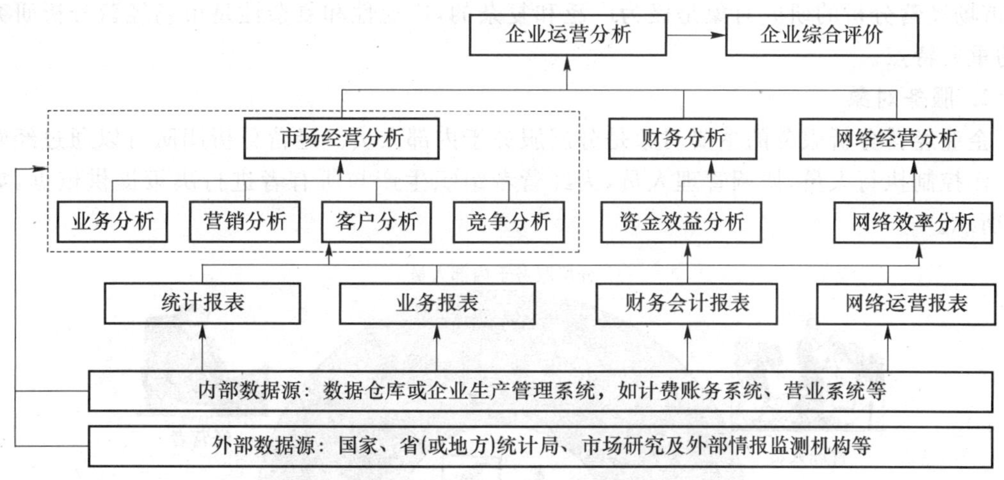

图1-3　市场经营分析在企业运营分析中的地位

3. 理解企业市场经营分析的含义

要正确理解企业市场经营分析概念的含义，我们必须掌握以下几方面的要点。

① 客观性。强调调研活动必须运用科学的方法，符合科学的要求，以求市场经营分析活动中的各种偏差极小化，保证所获信息的真实性。

② 系统性。市场经营分析是一个计划严密的系统过程，应该按照预定的计划和要求去收集、分析和解释有关资料。

③ 处理性。市场经营分析应向决策者提供信息，而非资料。资料是通过营销调研活动所收集到的各种未经处理的事实和数据，它们是形成信息的原料。信息是通过对资料的分

析而获得的认识和结论，是对资料进行处理和加工后的产物。

④ 决策性。市场经营分析是以企业经营决策为目标导向，是为企业能够正确决策提供服务的管理工具。

二、企业经营分析的研究对象

1. 研究对象

企业经营分析的研究对象是整个市场，这个对象可以从纵横两个角度去考察。

从纵向角度看，市场经营分析要研究从生产者到消费者的所有商业活动，揭示生产者和消费者各自在从事市场活动中的行为和遵循的规律。无论是生产者还是消费者，在其从事市场活动中都必须既要了解自己，又要认识对方。生产与消费是一对矛盾，他们在整个市场活动中要达到对立的统一。生产者和消费者只有按照其固有的规律行事，才能成为把生产和消费有机统一起来的桥梁。

从横向角度看，在现代市场经济体制中，市场活动是一个全方位的活动。一方面是不同的国家和地区由于受其政治、文化等方面的影响，他们的市场活动是有差异的，因此，市场经营分析必须揭示这些市场活动的特点和规律。另一方面，即便是同一市场活动的主体，由于各种不同市场的交互作用，他们活动的内容是极为广泛的。也就是说，市场的类型多种多样，各种不同类型市场的特点和运行规律，就成了市场经营分析的又一重点研究对象。总之，市场经营分析的研究对象是极为广泛和复杂的，广泛性和复杂性是市场经营分析研究对象的重要特点。

2. 服务对象

企业经营分析服务的主要对象是分层服务于内部人员。经营分析团队可以通过经营分析工作控制执行人员，协调管理人员，为经营者组织生产与所有者进行决策提供依据，如图1-4所示。

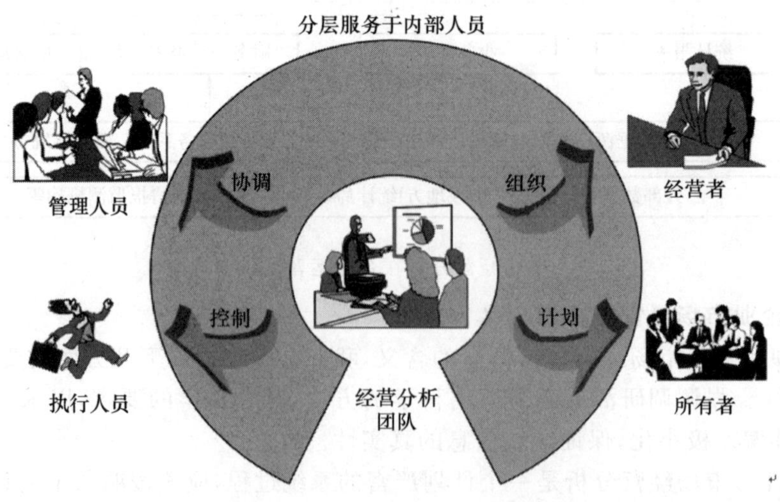

图 1-4　经营分析服务的主要对象

三、企业经营分析的重要意义

企业经营分析工作是促进企业生产经营活动高效开展的重要管理手段之一。一般来说，企业经营分析工作是对企业生产经营进行全程动态监控，通过客观量化分析各项生产活动、经营成果，发现经营过程中存在的问题和管理漏洞，从而为决策层提供依据；通过查找原因，制定相应措施，不断改进工作，促进企业持续稳定发展，最终保证企业各项计划任务的达成。随着企业的不断发展壮大，经营分析对反映企业运作状况和经营业绩，并为企业经营决策提供可靠参考依据的作用日益明显。

1. 企业经营分析的功能

一是系统归集和整理企业各方面运行数据，正确客观地梳理和掌握企业的经营状况的功能；二是透过企业繁杂的数据报表，指出数据下隐藏的现阶段的关键问题，发挥为企业诊断及警示，预测并积累经验的功能；三是巩固企业经济责任制的有效手段，通过企业市场经营分析，可以动态地评价经营效果，巩固经济责任制，促使企业可持续发展。

2. 企业经营分析的特点

企业经营分析的关键在于发现问题、分析问题和解决问题。根据企业经营分析的概念、作用和研究对象，企业经营分析具有相应特点，如图 1-5 所示。

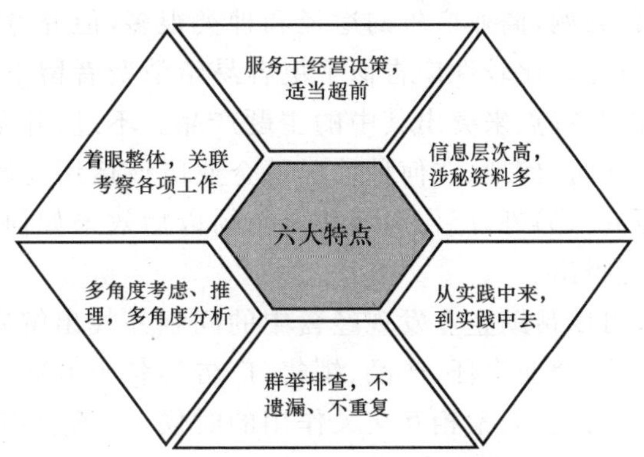

图 1-5 企业经营分析的特点

- 前瞻性——服务于经营决策，适当超前。
- 关联性——着眼整体，关联考察各项工作。
- 灵活性——多角度考虑、推理，多角度分析。
- 全面性——群举排查，不遗漏、不重复。
- 实践性——从实践中来，到实践中去。
- 保密性——信息层次高，涉密资料多。

3. 企业经营分析的作用

① 市场经营分析是企业正确制定营销战略的基础。企业的营销战略决策只有建立在扎实的市场经营分析的基础上，只有在对影响企业市场经营工作的内部环境和外部环境充分了解和掌握以后，才能减少失误，提高决策的科学性、及时性和正确性，从而将经营风险降到最低限度。

② 市场经营分析是实施营销战略计划的保证。企业在实施营销战略计划的过程中,可以根据市场经营分析取得的最新信息资料,检验和判断企业的营销战略计划是否需要修改,如何修改以适应新出现的或企业事先未掌握的情况,从而保证营销战略计划的顺利实施。只有利用科学的方法去分析和研究市场,才能为企业的正确决策提供可靠的保障。

③ 市场经营分析可以帮助企业解决重大的经营决策问题。通过市场经营分析,企业可以知道自己在某个市场有无经营机会或能否在另一个市场将已经获得的市场份额扩大。市场经营分析也可以帮助企业的营销经理对一些较小的问题做出决定,例如企业是否应该立即对价格进行适当的调整,以适应用户在节假日期间的消费行为,或是企业是否应该增加营业推广所发放的奖品,以加强促销工作的力度。

市场经营分析在企业经营决策中的重要作用主要体现在以下五个方面。

第一,市场经营分析可以帮助企业发现市场机会并为企业的发展创造条件。企业若想在一个新的市场开辟自己的业务,除了要了解该市场的用户需求之外,还要了解该市场商业上的竞争对手,这些工作都要通过各种分析手段来完成。只有通过细致的市场调查和分析,企业才有可能对自己的营销策略做出正确的决策,就这点而言,公司的规模越大,市场经营分析工作也就越显得重要,也就越需要在市场经营分析方面进行大量的投入。

第二,市场经营分析可以加强企业营销控制的手段。促销活动是企业在推销产品过程中的主体活动,然而企业如何进行促销活动和选择什么样的促销手段,则要特别依靠市场经营分析工作。以广告宣传为例,商业广告的途径和种类很多,但究竟哪一种广告的效果好,还需要进行细致的分析研究。比较性广告似乎更容易给消费者留下印象,因为它通过比较两种不同产品的各种功能与特点来突出其中的主题产品。不过,并不是所有的商品都适宜于用比较性广告。因此,何时、何地、在何种情况下企业应该运用比较性广告来宣传自己的产品,就需要进行分析研究。另外,广告向消费者传播以后效果如何,也要通过对产品的销售记录进行分析以后才能得出。

第三,市场经营分析可以帮助企业发现经营中的问题并找出解决的办法。企业经营中的问题范围很广,包括企业、企业责任、产品、销售、广告等各个方面。造成某种问题的因素也不是那么简单,尤其是当许多因素相互交叉作用的时候,市场经营分析就显得格外重要。某企业一个时期内销售收入大幅度下降,可是却搞不清问题是出在价格的下调上还是广告的设计上,于是市场分析就只能从两个要点来着手了。根据销售记录,人们发现价格降低以后,销售量并没有明显的增加,说明产品需求的价格弹性小于1,降价的决策是错误的。如果通过对广告效果的调查发现广告媒介的错误导致广告效果不好,那问题就出在广告方面,当然企业销售额大幅度下降的原因也可能出在产品方面,比如产品质量下降或是市场出现其他企业的优质产品等。

第四,市场经营分析可以平衡企业与用户的联系。市场分析通过信息及对信息的分析和处理把用户和企业联系起来。正是由于有了这些信息,才使市场分析人员能够确定市场中存在的问题,检查市场营销活动中不适当的策略与方法,同时找出解决这些问题的办法。

第五,市场经营分析可以为政府有关部门提供了解市场并对市场进行宏观调控的服务。例如,政府投资部门可通过市场分析来决定重点扶持哪个行业;计划部门则可通过市场分析来预测不同行业的发展状况,制定合理的宏观发展规划。

任务二　明确企业经营分析的目的与重点

一、企业经营分析的目的

企业经营分析主要是通过对比、分析等手段，把企业实际经营结果与企业经营战略、年度（季度、月度）经营目标和预算，与企业上年（上季、上月）同期，与行业先进企业等作比较，审视企业的业务、营销、用户、竞争等方面的基本状况，以及企业经营管理活动，找出差异，分析原因，预测市场发展趋势，扬长避短，采取措施，达到不断改进企业生产经营管理水平、提高企业经营效率和经济效益的目的。

当前，企业所在行业竞争激烈，产品盈利空间不断缩小，只能依靠数据化、精细化管理，通过节能降耗、提高效率来提升效益。开展经营分析工作，是推动企业数据化、精细化管理的重要手段。开展经营分析工作，追踪评估某一期间团队经营绩效，分析经营活动各项工作的进展情况，解决经营中的重点难点问题，帮助各层级管理者掌握经营情况，提高团队经营管理技能。开展企业经营分析，可以重新修正和设定经营目标，明确下一步工作方向和工作措施，持续强化团队经营的能力与绩效。

简而言之，企业市场经营分析的目的主要在于三个方面：评价过去经营绩效、了解目前经营状况、预测未来发展趋势，最终为企业经营决策服务。

二、企业经营分析的客体

企业经营分析客体包括社会经济环境、市场环境和公司战略三个层次，其中公司战略又可从用户、市场、产品和管理等角度进行分析，如图 1-6 所示。

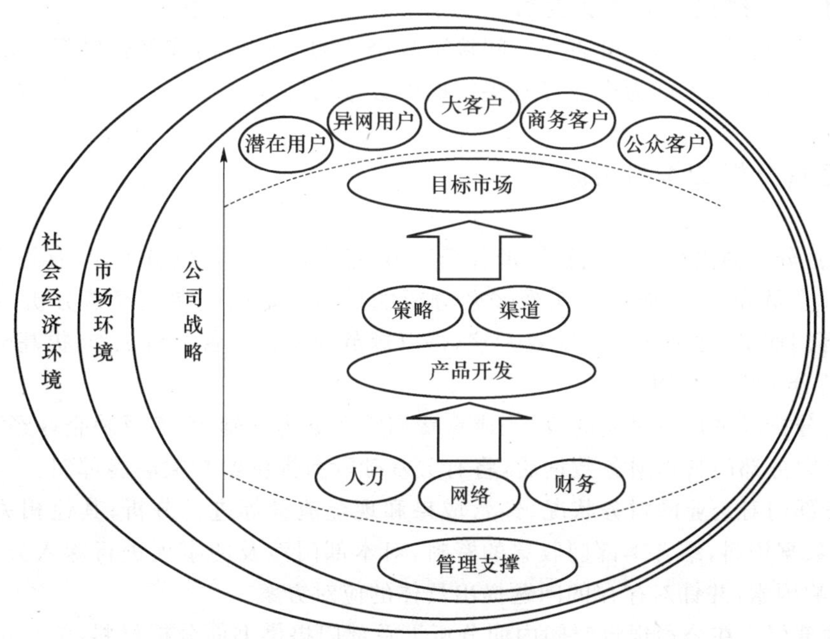

图 1-6　企业经营分析客体的层次

三、企业经营分析的重点

1. 分析业务发展情况

企业经营分析首先应掌握当前业务经营的实际情况，这是进一步进行深入分析的基础和前提。只有了解企业经营业务的发展现状，才能够发现问题所在，才能够提出有针对性的解决方案。

2. 分析应着眼于未来

注意有关未来发展的信息，研究过去和现在的信息，在历史资料中寻找先导指标。先导指标有助于了解未来的现实情形，比较典型的有三个指标：

① 影响经营的趋势指标——通过分析历史数据，判断将会持续下去的经济、技术、社会、政治、法律等趋势影响；

② 绩效指标——反映一个企业主要经营过程执行情况的指标；

③ 关联指标——与公司未来绩效密切关联的各种条件。

3. 掌握管理当局的意图

在做企业经营分析时，分析人员必须要吃透、理解企业管理层、主要领导人员的意图和想法，否则会走弯路、偏路，不能让企业领导满意，达不到经营分析的目的。

4. 审视报告的相对可靠性

企业经营分析是建立在真实、可靠的信息数据基础上的，因此在分析时必须审视企业内部各种报告信息的准确性与相对可靠程度。

5. 了解竞争对手的业绩

企业经营分析不仅要进行纵向比较，还要进行横向比较，及时、准确了解竞争对手的经营情况，明确自己的相对优势和劣势，做到知己知彼才能百战不殆。

6. 及时了解影响企业的重大变动

企业所处环境的变化，将会直接或间接影响企业的经营方向和经营结果。及时掌握影响企业的重大变动因素，能为企业经营决策提供参考依据。

四、企业经营分析工作的实施

企业经营分析的内容涉及经营管理各个环节、各个部门和每位员工，只有相关部门和人员广泛参与，全员分析，才能有效实现经营分析的目的。企业应建立经营分析活动管理制度，明确各部门职责，并纳入工作绩效考核，据以规范和完善经营分析工作，提高分析工作质量，发挥经营分析积极作用。

① 经营分析以销量及对应的收入、成本费用等数据为基础，真实反映企业经营结果。

② 企业财务部门整理财务数据后，将有关基础资料提供给相关职能部门。

③ 财务部门对企业的财务状况、经营成果和现金流量等进行分析；其他相关职能部门应根据相关数据资料，结合本部门收集的资料，对本部门涉及的事项进行深入分析，揭示数据背后的影响因素，并针对存在的问题提出具体的应对方案。

④ 相关部门应在公司规定时间内向分析汇总部门提供书面分析材料，汇总部门进行汇

总、整合，形成完整的分析报告。

⑤ 在企业经营分析会议上，各部门应就本职能部门负责事项进行分析说明，其他部门可以进行质询，被质询部门应进行回应。

⑥ 企业应对本期经营分析活动中揭示的问题提出应对方案，落实责任部门和责任人，明确工作进度和完成时限。

⑦ 企业应对上期经营分析活动中揭示的问题及应对措施的落实情况进行检查，并按企业绩效考核等规定对相关责任部门和责任人员进行奖罚，促进各项工作不断改进。

⑧ 企业应就经营分析会议的重要事项形成会议纪要，作为检查和考核的依据。

任务三　把握企业经营分析的现状

一、企业经营分析存在的主要问题

1. 分析内容存在的问题

① 主题分析缺乏统一的口径、模式与规范。

- 分析缺乏规范。经营分析是个人行为和集体创意，整体还没有形成权威的标准体系和制度标准。例如，对于应收款的分析，财务部门对资金周转情况十分在意，而企业领导在意最终的欠费控制结果。
- 信息层次和涵盖面上，经营分析和领导最终的决策有很大差距。

② 分析有余、措施不够。

- 找到有效措施难度很大，主要原因在于综合有余，专业不足；层次不够，信息不足。
- 实质分析存在问题。文采飞扬，但中心、立意与主题相去甚远；已经发现问题，但会绕过问题，没有给出解决方案；分析中对分支机构的数据、情况均了如指掌，但措施建议不够；缺乏足够的实践经验和理论修养；侧重对市场情况的分析，而忽略了措施策略；不掌握动态情况。

③ 定量分析少、定性分析多。

④ 分析重点游移不定。

2. 分析工作存在的问题

① 各专业独立作业，信息沟通不够。这种情况可能与部门的管理有关，如领导对下属管理只进行简单分工；业务管理人员缺乏分析理论和工具，没有全面审视整体经营情况的习惯和工作要求；分析人员没有很好地与相关部门及人员进行沟通和协作，没有分析出有价值的东西。

② 信息缺乏有效整合，缺乏综合分析。

③ 分析模式和模板不够新颖。

④ 分析工作质量难以衡量。

⑤ 经营分析会议时间太长。

3. 岗位要求存在的问题

① 对分析人员要求较高。

② 对管理者要求较高。

二、企业经营管理存在的问题

1. 企业经营存在的问题

- 现有用户信息资源得不到充分、有效的利用。
- 部门之间的服务脱节造成了资源的浪费。
- 业务发展不均衡，高推广低使用的现象严重。
- 各种与用户接触方式的分离造成服务效率的降低。
- 缺乏对用户流失问题的全方位分析。
- 潜在用户的开发技巧与能力不足。
- 个性化服务难以满足用户需求。
- 市场欺诈行为较为严重。

2. 信息系统存在的问题

- 数据不一致问题。
- 外部数据和非结构化数据问题。
- 数据动态集成问题。
- 历史数据问题。
- 数据综合问题。
- 沉睡数据问题。
- 数据孤岛问题。

三、数据分析师职业

企业经营分析中存在诸多问题需要及时解决，但企业经营分析人员素质能力难以满足当前经营分析的要求。与此同时，大数据的飞速发展，催生了“数据分析师”这个新兴职业，如图 1-7 所示。

图 1-7　新兴的数据分析师职业

图 1-7 告诉我们什么是数据分析师，企业数据分析师是运用不同行业企业中的数据，专门从事行业企业数据搜集、整理、分析，并依据数据做出行业企业研究、评估和预测的专业人员。数据分析人员应具备以下基本素质和技能。

1. 会业务

熟悉行业知识、公司业务及流程，有自己独到的见解，若脱离行业认知和公司业务背景，分析的结果就没有太大的使用价值。

2. 会管理

一方面是搭建数据分析框架的要求，比如确定分析思路就需要用到营销、管理等理论知识来指导；另一方面是针对数据分析结论提出有指导意义的分析建议。

3. 会分析

能够掌握数据分析基本原理与一些有效的数据分析方法，并能灵活运用到实践工作中，对于开展数据分析起着至关重要的作用。

4. 会工具

数据分析方法是理论，而数据分析工具就是实现数据分析方法理论的工具，面对越来越庞大的数据，我们不能依靠计算器进行分析，必须依靠强大的数据分析工具帮我们完成数据分析工作。

5. 会设计

能够运用图表有效表达数据分析人员的分析观点，使分析结果一目了然。图表的设计是门大学问，如图形的选择、版式的设计、颜色的搭配等等，都需要掌握一定的设计原则。

数据分析师可划分为业务数据分析师、建模数据挖掘师、大数据分析师、首席数据分析师、大数据科学家、高级系统架构师、数据产品经理、业务数据挖掘师、高级数据产品经理、运维架构师等。首席数据分析师、大数据科学家、高级系统架构师、数据产品经理、业务数据挖掘师、高级数据产品经理、运维架构师可归并为数据分析专家。表 1-1 明确了以上各类分析人员的岗位技能要求。

表 1-1 岗位技能要求

Level1 业务数据分析师	Level2 建模数据分析师	Level3 大数据分析师	Level4 数据分析专家
【学习条件】 • 适合从事市场、管理、财务、供应、咨询等职位业务人员；非统计、计算机专业背景零基础入行和转行就业人员	【学习条件】 • 两年以上数据分析岗位工作经验，或学习过 Level1 全部内容且通过 Level1 考核	【学习条件】 • 两年以上数据分析岗位工作经验，或学习过 Level1 全部内容且通过 Level1 考核	【学习条件】 • 五年以上数据分析岗位工作经验，或学习过 Level2/ Level3 全部内容且通过考核
【具备技能】 • 概率统计基础知识 • EXCEL/SPSS/SAS 软件应用 • 市场调研，数据报告 • 精准营销，客户画像	【具备技能】 • 数据挖掘算法 • 软件建模运用 • 行业案例演练 • 宏观业务决策	【具备技能】 • 计算机、数理科学 • 业务模型优化 • 数据架构设计 • 运营数据资产	【具备技能】 • 大数据编程技术 • 大数据架构设计 • 大数据管理分析 • 大数据项目实操

任务四　针对企业经营分析常见问题的对策

一、偏重总结与评价，疏于分析与措施

企业经营分析的意义和重点就在于揭露企业运营过程中存在的主要问题，查找产生问题的原因，并提出相应的改进意见和建议。而很多企业在实际开展企业经营分析中经常是陷入讲成绩多，讲困难少，报喜不报忧的误区，仅仅停留在总结和评价的层面，挖掘不出企业真正面临和隐藏的问题。自然地，经营分析例会也常以通报为主要汇报模式，缺乏对具体问题的梳理及深入探讨，难于达到实际效果。

为避免出现以上问题，一是要在经营分析报告内容编写方面，加强对企业整体经营形势和对重点工作进展情况的分析判断，将经营管理中出现的问题进行总结、揭露并提出改进措施，还要及时反映管理活动开展情况及取得的有益成果，为各部门及单位提供相互学习及借鉴。二是要在经营分析工作会组织方面，改变经营分析会以通报为主的模式，将总体情况分析与专项业务分析相结合，经营管理分析与财务分析互依托，对突出问题及难以协调的主要矛盾点以专题会议的形式，在会议前与各级领导层取得沟通，促使症结点能尽快得到突破和解决。

二、重视企业自身情况分析，忽略竞争发展趋势及宏观环境情况分析

由于对自身企业基础资料占有最为真实完整，多数企业偏重于与企业历史情况对比发展速度的分析，而缺乏跳出自身的局限，站在市场大环境上宏观审视企业在行业中的位置，以及企业在宏观环境中的成长性的研判。

要避免出现以上问题需要做好两个方面工作。一是定期分析宏观及区域经济发展情况，充分考虑到企业所处的外部的竞争环境。宏观环境分析着眼于社会（Society）、技术（Technology）、经济（Economy）、生态（Ecology）和政治/法律（Politics）等五方面，这些因素影响着行业和企业的竞争力。二是经营分析在对主要生产和财务指标进行重点分析的同时，应增加对业务外部经营环境和行业发展情况的追踪分析，并就行业的现状格局、发展趋势、市场容量等，分析影响行业发展的因素并判断其对行业的影响程度。企业可通过开展行业对标，调研走访其他同行业者，或通过其他信息渠道的采集资料。经过对行业领先企业的经营管理工作取经和对本企业经营活动规律进行总结提炼后，及时提出企业经营活动中存在的突出问题，使分析结论更为客观、更具指导作用。

三、固化分析模板，难以与时俱进

企业经营分析工作中经常出现的一个误区是相关负责部门常年套用固定模板，常规分析中缺乏具体分析及案例典型，无法发挥应有的职能作用。而出具的报告文字表述不够贴

切，分析方法千篇一律，不能充分反映业务经营活动的变化，不能准确地揭示新情况和新问题。

要使企业经营分析工作真正反映企业面临的市场环境，提升针对性，就要将规范性和创造性统筹兼顾。一是从经营分析人员配给方面，要打通分析人员的信息获取通道，将经营分析作为整个企业而非某个人或某个部门的单独成果的一项重点工作进行推进。经营分析报告编制人员应具备“身居兵位胸有帅谋”的素养：要了解企业各项业务的发展变化，广泛涉猎行业相关资讯，能敏锐捕捉宏观经济环境变化对本企业的影响，掌握统计、会计基础知识，具备一定文字报告功底及较强的沟通意识。二是经营分析模板要与企业各发展阶段及当期的重要事项吻合，突出重点、简明扼要，就一个或多个问题做重点分析，切实达到补短板、见实效的作用。

四、各职能业务部门参与度低，缺乏分析结果的执行贯彻力度

经营分析工作需要企业各部门和员工的积极配合才能真正发挥作用，而找出问题后，落实又是决策实现的关键，而企业各部门对建议和措施的落实不力或执行力度不够，主要表现为针对存在问题制定了相关改进意见，却未能有效贯彻执行，使经营分析的作用无法有效发挥，分析流于形式。

要使企业经营分析工作良好落地，经营分析工作获得管理层的认可和推动至关重要。首先，在编制经营分析报告后，应在第一时间与领导层进行沟通，及时纠偏查漏，争取达成一致意见。其次，改进是持续的完善过程，这需要协调各个层级的力量，得到领导层的赞同支持后，才能促成各层级发挥协同效益，推动各项后续工作的贯彻落实。最后，重要问题的落实情况，通过下一次会议作简要通报，从而监督各项工作进展，避免遗漏。

【思考与训练】

1. 什么是企业市场经营分析，有何特点？
2. 企业经营分析的目的和重点是什么？
3. 市场经营分析在企业经营决策中有何作用？
4. 企业经营分析的客体包括哪些？
5. 当前企业经营分析存在哪些主要问题？
6. 以小组为单位，选择一个熟悉的企业（如实体店面、微商企业等），讨论该企业进行经营分析的流程、重点、注意事项。
7. 从网络上搜集某企业的月度、季度或年度经营分析报告，研究该企业的经营分析目的、内容和结果，并总结该企业经营分析中的优势和不足。

项目二　把握企业经营分析的内容与程序

【项目目标】

◇ 熟知企业经营分析的基本内容
◇ 了解各内容的分析指标与维度
◇ 理解企业经营分析指标体系
◇ 掌握企业经营分析的基本流程
◇ 理解分解问题的具体形式
◇ 掌握分析结果表达的基本技巧

任务一　诠释企业经营分析基本内容

企业经营分析的内容，从不同角度可以划分为不同类型。按照经营分析对象不同，可分为业务（产品）分析、用户分析、营销分析、竞争分析四种。按照经营分析手段不同，可分为定性分析和定量分析两种，目前定量分析的主要手段是统计分析和数据挖掘。按照经营分析的覆盖面不同，可分为综合分析和专项分析两种，综合分析比较全面，侧重于发现问题；而专项分析属于局部性分析，侧重于解决问题。按照经营分析的周期不同，可分为常规分析和专题分析两种，常规分析一般按照固定模板，每月只动态地更新经营数据而进行的分析工作；而专题分析一般根据企业某一阶段工作重点、难点、热点或新产生的问题，临时开展的分析工作。

一、基于业务的分析

以通信运营企业为例，话务分析就属于基于业务的分析范畴，下面分别说明话务分析涉及的指标、维度和主题，如表 2-1 所示。

表 2-1　话务分析涉及的维度和指标

维度＼指标		用户数	优惠前费用	优惠后费用	计费时长	通话次数
时间/地域类维度	时间（日、月、季、年）	√	√	√	√	√
	地域	√	√	√	√	√
客户类维度	客户类型	√	√	√	√	√
	入网时长	√	√	√	√	√
产品类维度	品牌类型	√	√	√	√	√
	业务类型	√	√	√	√	√

- 涉及指标：本地计费时长、长途计费时长、通话时长、通话次数、基本通话费、长途通话费、漫游通话费、总计费时长、优惠后计费总时长、呼转次数、网内主叫通话次数、网内主叫通话时长、网间互打通话次数、网间互打通话时长、主被叫比率、MOU（平均每户每月通话时间）、各类增值业务的业务量等。
- 涉及维度：时间、时段、地域、年龄段、用户性别、业务类型、用户类型、用户状态、品牌类型、在网时长分档、通信类别、话务流向、通话区域类别、长途接续类别、特殊话务类型、通话时长分档、呼叫类型（主被叫）话务类别、通话对方运营商业务类型等。
- 涉及主题：话务情况分析、业务使用分析、计费时长分析等。主题举例：本主题分析目的是反映话务量基本情况。

1. 业务分析五步法

按照人们对事物的认识规律总结得到关键指标分析五步法，主要包括发展状况分析、标杆分析、影响因素分析、发展预测以及下一步经营重点等内容，如图 2-1 所示。

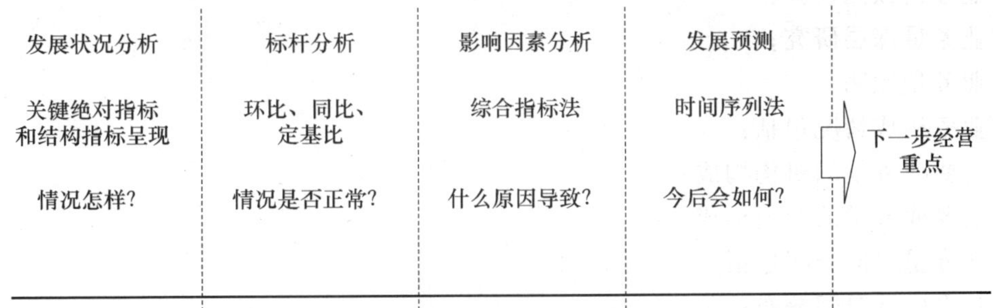

图 2-1　业务分析五步法

（1）发展状况分析

企业业务发展状况如何？用户发展状况如何？市场占有率如何？对于这个分析内容主要采取的分析手段是绝对指标和结构指标，一方面了解业务的发展规模，另一方面从结构指标揭示业务的构成。从这两个方面基本可以全面反映一项业务某个时点或时期的发展情况。

（2）标杆分析

企业业务发展状况既然清楚了，但是否属于正常运行还需要通过标杆分析客观地对现状进行评估，以了解现状与以往或目标的差距。根据标杆分析采用的基期不同，标杆分析结果可以用环比、定基比、同比或进度等指标来体现，从而帮助我们把握企业整体发展情况是否正常。

(3) 影响因素分析

如果企业业务发展不正常，那是什么原因导致的？就需要进行导致业务发展异常的影响因素分析。对于影响因素分析，常用的分析手段是统计中的综合指数分析法，即把一个指标按照因素分解的方式分解为几个能够连乘的因子，从而判断各个因子对这个指标的影响程度。

(4) 发展预测

在现有情况下，预测这些指标或影响指标的关键因素在未来某个时点或时期的发展情况，从而得出下一步需要改善的重点工作。通用的预测手段一般可分为时间序列法和回归法，时间序列法是通过一组足够多的历史数据，对未来时间的数值做预测；回归法是通过一个函数的方法，由自变量来推导因变量，从而对未来业务发展状况做出预测。

(5) 下一步经营重点

根据上述分析，选择对未来影响大的关键指标或因素作为工作重点，以规避风险，把握机会。

2. 业务分析的具体指标

(1) 业务完成与分布情况

① 业务量完成情况包括：

- 主要业务量与计划对比；
- 主要业务量与上月对比；
- 主要业务量与去年同期对比；
- 主要业务量历史情况。

② 业务量预测包括：

- 业务量深层研究；
- 业务量预测。

③ 业务构成情况包括：

- 主要业务量的机构构成；
- 主要业务量的业务构成。

④ 业务量时间分布包括：

- 长途电话时间分布；
- 长途电话业务量趋势；
- 国际电信业务时间分布；
- 国际电信业务量趋势。

(2) 业务量分析

① 业务收入、业务量发展周期与预报。

② 有线通信与移动通信发展的关系。

③ 长途电信发展周期分析。

④ 企业业务量、成本、利润分析。

⑤ 业务量与通信能力和服务水平的关系。

(3) 业务发展分析

① 业务量情况分析:业务量发展分析及预测、业务增量发展分析及预测、新业务使用量分析及预测

- 分析角度:时间、用户背景属性、用户行为属性、用户扩展属性等。
- 分析指标:通信时长、通信次数、通信流量、计费时长、MOU(平均每户每月通话时间)等。

② 网络流向分析:流量与流向特征分析及预测

- 分析角度:时间、用户服务属性、用户行为属性、用户扩展属性等。
- 分析指标:通信时长、通信次数、通信流量、计费时长等。

③ 业务构成分析与预测

④ 码号资源分析

- 分析角度:时间、号码状态、号码种类等。
- 分析指标:号码资源数量等。

下面是2014年1月—2015年12月我国移动短信业务发展情况分析,如表2-2所示。2014年1月—2015年12月我国移动短信业务量趋势变化如图2-2所示。

表2-2　2014年1月—2015年11月我国移动短信业务量分析

时间	当月值(万条)	当月同比(%)	累计值(万条)	累计同比(%)
2015年11月	5 510 397.00	−12.26	64 228 146.20	−8
2015年10月	5 459 620.10	−12.69	58 717 749.20	−7.5
2015年9月	5 686 322.60	−14.37	53 258 129.00	−7
2015年8月	5 684 901.10	−9.04	47 571 806.40	−6
2015年7月	5 764 899.80	−10.98	41 886 905.30	−5.6
2015年6月	5 953 547.80	−7.36	36 122 005.40	−4.7
2015年5月	5 980 712.80	−6.21	30 168 000.00	−4.1
2015年4月	5 829 079.90	−6.28	24 187 744.80	−3.6
2015年3月	6 031 169.80	−2.82	18 358 664.90	−2.7
2015年2月	6 232 568.00	17.5	12 327 495.10	−2.6
2015年1月	6 094 927.50	−17.15	6 094 927.50	−17.1
2014年12月	6 514 882.70	8.19	76 304 524.10	−14.4
2014年11月	6 280 366.70	1.13	69 789 641.40	−16.1
2014年10月	6 253 319.40	−13.51	63 509 274.70	−17.5
2014年9月	6 640 191.10	−17.49	57 255 955.30	−17.9
2014年8月	6 249 767.70	−19.36	50 615 764.20	−17.9
2014年7月	6 476 279.80	−15.91	44 365 996.50	−17.7
2014年6月	6 426 259.60	−16.14	37 889 716.60	−18
2014年5月	6 377 028.20	−16.73	31 463 457.10	−18.4
2014年4月	6 219 844.80	−18.9	25 086 428.90	−18.8
2014年3月	6 206 185.20	−16.73	18 866 584.10	−18.7
2014年2月	5 304 226.50	−34.18	12 660 398.90	−19.7
2014年1月	7 356 172.30	−4.5	7 356 172.30	−4.5

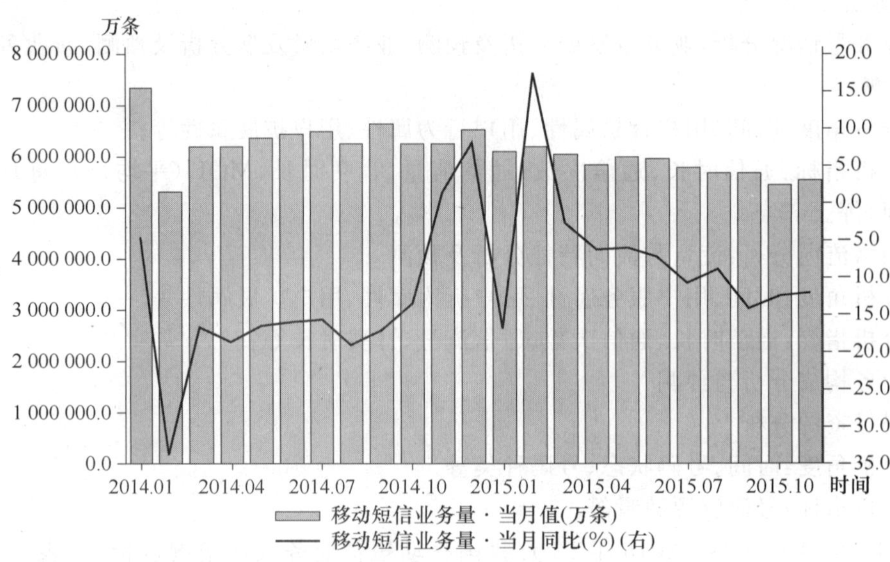

图 2-2　2014 年 1 月—2015 年 11 月我国移动短信业务量趋势变化

二、基于用户的分析

以通信运营企业为例，下面分别说明用户分析所涉及的指标、维度和主题，如表 2-3 所示。

表 2-3　用户分析涉及的维度和指标

维度 \ 指标		新增用户数	网上用户数	离网用户数
时间/地域类维度	时间（日、月、季、年）	√	√	√
	地域	√	√	√
客户类维度	客户类型	√	√	√
产品类维度	品牌类型	√	√	√
	业务类型	√	√	√
服务类维度	渠道类型	√	√	√

- 涉及指标：用户总数、网上用户数、公务公免及测试机用户数、本期注销用户数、本期退网用户数、按用户状态区分的停开机用户数、通话用户数、零次长途用户数、零次漫游用户数、零次通话用户数、网内呼转用户数、出账用户数、出账用户中通话费为零的用户数、出账用户中月租费为零的用户数、出账用户中纯漫游费用户数、欠费在网用户数、套餐用户数、高端用户数、集团用户数、集团用户中的各业务用户数、智能预付费业务有效期用户、智能预付费业务充值期用户、智能预付费业务锁定期用户、各类增值业务出账用户、各类增值业务使用用户数、移动公司新增用户估算、连续呼转至各运营商的用户数等。
- 涉及维度：时间、地域、年龄段、用户性别、业务类型、用户类型、用户状态、品牌类型、

渠道类型、停机时长分档、在网时长分档、品牌类型、渠道类型、双模卡类型、大用户类别、生命周期等。

- 涉及主题:用户发展情况分析、渠道发展分析、业务使用状态分析。主题举例:分析目的是从业务的角度来看某项业务的开展情况。

1. 用户分析内容

根据用户生命周期的规律,用户分析的内容可以包括:潜在需求分析、交叉销售分析、增量销售分析、用户签约分析、用户流失分析、用户价值分析、用户群分析、用户信用分析等,如图 2-3 所示。

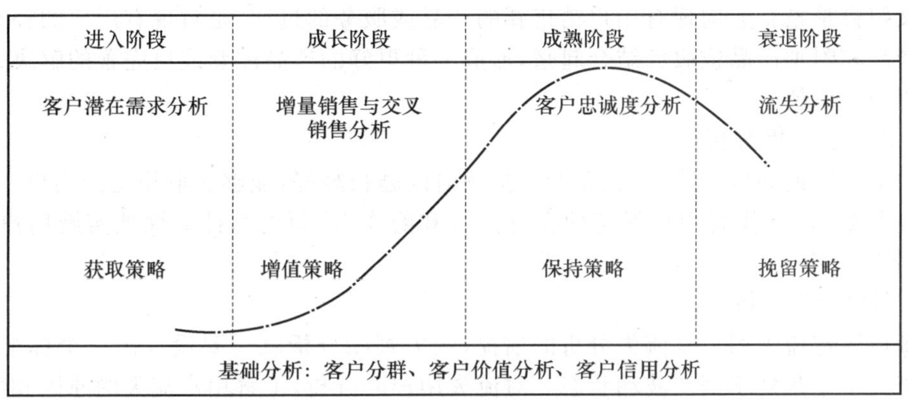

图 2-3　基于用户生命周期管理用户分析应用框架

(1) 基础分析

① 用户分群分析

用户分群分析是根据一个或多个用户属性组合,把所有用户划分成不同的类型,同类型的用户具有最大的相似性,不同类型的用户具有最大的差异性。通过对用户合理的类别划分,可以对用户总体构成有准确的认识,这样对用户的服务和营销更具针对性。对用户分群可以达到以下目标:

- 了解用户的总体构成;
- 了解各种用户价值的用户群体特征;
- 了解流失用户的用户群体特征;
- 了解使用各种套餐的用户群体特征;
- 了解各信用等级的用户群体特征。

② 用户价值分析

用户价值是用户和企业的当前关系,分析单个用户和用户群对整个企业效益的贡献度,它包括用户当前价值和潜在价值两个部分。前者通过用户现有价值与用户成本计算得到的利润贡献度,它是分析用户对企业贡献价值的一个较为准确的度量;后者主要通过输入用户的人口统计属性、用户的通话行为、用户的记账属性和用户的扩展属性等变量,建立适当的数据挖掘分析模型,估计确定出未来价值。

③ 用户信用分析

用户信用度是根据用户在网时间、缴费情况、用户积分等相关要素对集团用户和个人用户进行评分,用于衡量用户缴费行为的好坏。对于信用度高的用户适当延长催欠时间,对于信用度极低的用户则应及时停止业务提供以避免更大损失。

(2) 潜在需求分析

企业需要了解用户的需求,并设计出相应的产品满足用户潜在需求从而获取用户,或是根据现有产品的特点,识别哪些用户可能感兴趣,既用得着又买得起。

(3) 增量销售分析

增量销售是指企业向用户销售某一特定产品或服务的升级品、附加品,或者其他用以加强其原有功能或用途的产品或服务。对电信运营企业而言,经常在用户原有消费的基础上,让其消费更多的量。

(4) 交叉销售分析

交叉销售是指企业向现有用户销售新的产品或服务的过程,是对现有用户的补充销售,把主要产品和附加产品或服务结合起来,形成一种更好的产品配套或更完善的解决方案,从而增加用户的价值。

(5) 用户忠诚度分析

用户生命周期的成熟阶段,企业希望持续时间越长越好,能够获取稳定的用户。通过忠诚度分析判断,可以找到用户保持的良好契机和隐患,从而更有针对性地实施用户保持策略,进行签约。

(6) 用户流失分析

清晰地界定流失用户是流失分析的前提,流失判断分析就是要设计出一个标准来区分用户是流失了还是处于消费波动状态。对流失用户的分析,了解用户流失的原因和特征,建立模型,预测用户流失对企业造成的损失和实施挽留措施的必要性,在用户流失前挽留住高价值用户已经成为企业关注的重点。

2. 用户发展状况分析

(1) 用户总量分析及预测

- 分析角度:时间、用户背景属性、用户状态属性、用户扩展属性等。
- 分析指标:用户总数、活动用户数、欠费用户数、零次用户数等。

(2) 新增用户分析预测

- 分析角度:时间、用户背景属性、用户联系属性、用户状态属性等。
- 分析指标:新增用户数、流失用户数、净增用户数等。

(3) 用户净增量分析

(4) 用户流失分析及预测

- 分析角度:时间、用户背景属性、用户联系属性、用户状态属性等。
- 分析指标:新增用户数、流失用户数、净增用户数等。

(5) 用户消费能力分析

(6) 用户消费习惯分析

(7) 高额用户特征分析

(8) 用户信用度分析

- 分析角度:时间、用户背景属性、用户账户属性、用户扩展属性等。
- 分析指标:用户数等。

(9) 用户转网分析

- 分析角度:时间、用户背景属性、用户行为属性、用户扩展属性等。
- 分析指标:网内品牌互转,移动与联通互转,移动与电信互转等。

（10）用户行为分析

- 分析角度：时间、用户背景属性、用户行为属性、用户扩展属性。
- 分析指标：用户数、通信次数、通信时长、计费时长、基本通话费、长途通话费、平均开机率等。

（11）高额/风险分析

- 分析角度：时间、用户背景属性、用户行为属性、用户扩展属性等。
- 分析指标：高额用户数、基本通话费、长途通话费、风险系数等。

3. 用户信息分析

（1）用户模型

用户模型主要是从不同维度收集用户的相关信息，包括用户基本信息、用户附属信息、用户消费活动信息和用户派生信息等，每类信息又可以划分为不同小类。用户信息模型如图 2-4 所示。

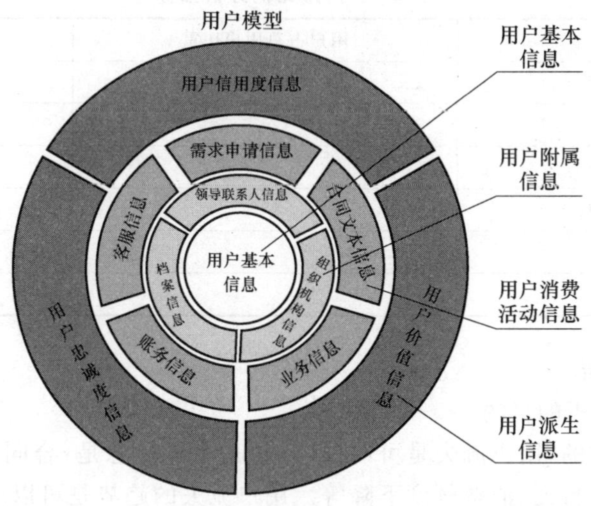

图 2-4　用户信息模型

（2）用户信息分析

对用户信息具体分析时，可以从不同的分析维度和分析指标着手，使分析的结果更加准确可靠。用户信息分析的维度和指标如表 2-4 所示。

表 2-4　用户信息分析维度和指标

项目＼指标	用户总数	活动用户数	欠费用户数	零次用户数
时间	√	√	√	√
地域	√	√	√	√
用户年龄	√	√	√	√
用户性别	√	√	√	√
消费层次	√	√	√	√
用户类型	√	√	√	√
用户职业	√	√	√	√

续 表

项目＼指标	用户总数	活动用户数	欠费用户数	零次用户数
信用等级	√	√	√	√
呼叫时长层次	√	√	√	√
在网时间等级	√	√	√	√
业务品牌	√	√	√	√

(3) 用户比例分析

对用户比例分析,我们也可以从不同的角度设置不同的用户类型(这个根据企业的实际情况做相应调整)和相应分析指标,具体情况如表 2-5 所示。

表 2-5　用户比例分析指标

用户类型	用户占总用户比重	收入占总收入比重
住宅用户(普通用户)		
单宽带用户		
家庭套餐用户		
企业单机用户		
中继线用户		
公用电话		

4. 用户流失分析

(1) 用户流失分析的目的

用户流失是正常的,用户流失是可以预期的,其突出标志是:合同到期、竞争加剧、突发事件、生命周期、群体特征、消费额度下降等。用户流失的趋势是可以改变,可以管理的。采用的一般措施有:改良产品或服务延长生命周期、关怀计划、挽留计划等。

流失用户的信息就像一座“金矿”,但需要挖掘分析。通过用户流失分析,可以了解企业存在的问题,有针对性地采取相应措施,更好地保持和挽留用户,提高用户满意度。

- 怎样保留原有的用户,并加强其忠诚度?
- 如何预测用户的流失的可能性?
- 如何降低有效益用户的流失率?
- 如何定义用户的流失特性和忠诚度?
- 对不同类型的用户如何提供更好的服务?
- 如何优化企业的用户结构?
- 如何改变企业文化和组织结构?
- 赋予企业重新审视自身问题的机会。
- 帮助了解自己的业务:了解用户是谁;了解用户需求是什么。

(2) 用户流失分析的方法

采用聚类分析、特征分析和预测模型。什么样特征的用户将要流失?他们具有什么样的特征?通过用户的行为分析,制定用户流失的标准值,自动将结果反馈给有关领导和相应的用户。

① 聚类分析的概念

聚类分析(Cluster Analysis)又称群分析,是根据“物以类聚”的道理,对样本或指标进行分类的一种多元统计分析方法,它们讨论的对象是大量的样本,要求能合理地按各自的特性来进行合理的分类,没有任何模式可供参考或依循,即是在没有先验知识的情况下进行的。聚类分析起源于分类学,在古老的分类学中,人们主要依靠经验和专业知识来实现分类,很少利用数学工具进行定量的分类。随着人类科学技术的发展,对分类的要求越来越高,以致有时仅凭经验和专业知识难以确切地进行分类,于是人们逐渐地把数学工具引用到了分类学中,形成了数值分类学,之后又将多元分析的技术引入到数值分类学形成了聚类分析。

②聚类分析在市场分析中的应用

聚类分析方法如果在市场分析中得到恰当的应用,必将改善市场营销的效果,为企业决策提供有益的参考。其应用的步骤为:将市场分析中的问题转化为聚类分析可以解决的问题,利用相关软件(如SPSS、SAS等)求得结果,由专家解读结果,并转换为实际操作措施,从而提高企业利润,降低企业成本。

聚类分析在市场分析中的具体应用主要表现在以下几个方面。

• 聚类分析在用户细分中的应用

消费同一种类的商品或服务时,不同的用户有不同的消费特点,通过研究这些特点,企业可以制定出不同的营销组合,从而获取最大的消费者剩余,这就是用户细分的主要目的。常用的用户分类方法主要有三类:经验描述法,由决策者根据经验对用户进行类别划分;传统统计法,根据客户属性特征的简单统计来划分用户类别;非传统统计方法,即基于人工智能技术的非数值方法。聚类分析法兼有后两类方法的特点,能够有效完成用户细分的过程。

例如,用户的购买动机一般由需要、认知、学习等内因和文化、社会、家庭、小群体、参考群体等外因共同决定。要按购买动机的不同来划分用户时,可以把前述因素作为分析变量,并将所有目标用户每一个分析变量的指标值量化出来,再运用聚类分析法进行分类。在指标值量化时如果遇到一些定性的指标值,可以用一些定性数据定量化的方法加以转化,如模糊评价法等。除此之外,可以将用户满意度水平和重复购买机会大小作为属性进行分类;还可以在区分用户之间差异性的问题上纳入一套新的分类法,将用户的差异性变量划分为五类:产品利益、用户之间的相互作用力、选择障碍、议价能力和收益率,依据这些分析变量聚类得到的归类,可以为企业制定营销决策提供有益参考。

以上分析的共同点在于都是依据多个变量进行分类,这正好符合聚类分析法解决问题的特点;不同点在于从不同的角度寻求分析变量,为某一方面的决策提供参考,这正是聚类分析法在用户细分问题中运用范围广的体现。

• 聚类分析在实验市场选择中的应用

实验调查法是市场调查中一种有效的一手资料收集方法,主要用于市场销售实验,即所谓的市场测试。通过小规模的实验性改变,以观察用户对产品或服务的反应,从而分析该改变是否值得在大范围内推广。实验调查法最常用的领域有:①市场饱和度测试。市场饱和度反映市场的潜在购买力,是市场营销战略和策略决策的重要参考指标。企业通常通过将消费者购买产品或服务的各种决定因素(如价格等)降到最低限度的方法来测试市场饱和度。或者在出现滞销时，企业投放类似的新产品或服务到特定的市场，以测试市场是否真正达到饱和，是否具有潜在的购买力。前述两种措施由于利益和风险的原因，不可能在企业覆盖的所有市场中实施，只能选择合适的实验市场和对照市场加以测试，得到近似的市场饱和度。②产品的价格实验。这种实验往往将新定价的产品投放市场，对顾客的态度和反应进行测试，了解顾客对这种价格的是否接受或接受程度。③新产品上市实验。波士顿矩阵研究的企业产品生命周期图表明，企业为了生存和发展往往要不断开发新产品，并使之向明星产品和金牛产品顺利过渡。然而新产品投放市场后的失败率却很高，大致为 66%～90%，因而为了降低新产品的失败率，在产品大规模上市前，运用实验调查法对新产品的各方面(外观设计、性能、广告和推广营销组合等)进行实验是非常有必要的。

在实验调查方法中，最常用的是前后单组对比实验、对照组对比实验和前后对照组对比实验。这些方法要求科学的选择实验和非实验单位，即随机选择出的实验单位和非实验单位之间必须具备一定的可比性，两类单位的主客观条件应基本相同。

通过聚类分析，可将待选的实验市场(商场、居民区、城市等)分成同质的几类小组，在同一组内选择实验单位和非实验单位，这样便保证了这两个单位之间具有了一定的可比性。聚类时，商店的规模、类型、设备状况、所处的地段、管理水平等就是聚类的分析变量。

• 聚类分析在抽样方案设计中的应用

抽样设计是市场调查中非常重要的一个部分，它的合理性直接决定了市场调查结果的可信度。在抽样方案设计的步骤中，抽样组织形式的选择又是一个关键环节，它决定了样本对总体的代表性的高低。依据抽样误差由低到高的顺序排列，按照标志排队的等距抽样方式抽样误差最小，其次分别为分层抽样、按照无关标志排队的等距抽样、简单随机抽样、整群抽样和非随机抽样。结合资源的限制和操作的方便性进行综合选择，分层抽样在实践中的应用最为广泛。分层抽样又称类型抽样，它是先将总体所有单位按照重要标志进行分组，然后在各组内按照简单随机抽样或等距抽样方式抽取样本单位的一种抽样方式。在分组时引入聚类方法，可以增强组别的合理性。

• 聚类分析在销售片区确定中的应用

销售片区的确定和片区经理的任命在企业的市场营销中发挥着重要的作用。只有合理地将企业所拥有的子市场归成几个大的片区，才能有效地制定符合片区特点的市场营销战略和策略，并任命合适的片区经理。聚类分析在这个过程中的应用可以通过一个例子来说明。某公司在全国有 20 个子市场，每个市场在人口数量、人均可支配收入、地区零售总额、该公司某种商品的销售量等变量上有不同的指标值。以上变量都是决定市场需求量的主要因素。把这些变量作为聚类变量，结合决策者的主观愿望和相关统计软件提供的客观标准，接下来就可以针对不同的片区制定合理的战略和策略，并任命合适的片区经理了。

• 聚类分析在市场机会研究中的应用

企业制定市场营销战略时，弄清在同一市场中哪些企业是直接竞争者，哪些是间接竞争者是非常关键的一个环节。要解决这个问题，企业首先可以通过市场调查，获取自己和所有主要竞争者在品牌方面的第一提及知名度、提示前知名度和提示后知名度的指标值，将它们作为聚类分析的变量，这样便可以将企业和竞争对手的产品或品牌归类。根据归类的结论，企业可以获得如下信息：企业的产品或品牌和哪些竞争对手形成了直接的竞争关系。通常，聚类以后属于同一类别的产品和品牌就是所分析企业的直接竞争对手。在制定战略时，可以更多的运用"红海战略"。在聚类以后,结合每一产品或品牌的多种不同属性的研究,可以发现哪些属性组合目前还没有融入产品或品牌中,从而寻找企业在市场中的机会,为企业制定合理的"蓝海战略"提供基础性的资料。

(3) 用户流失的原因分析

对任何一个企业而言,用户流失都是必然的,但这并不意味着企业可以对用户流失听之任之、置若罔闻,相反企业应该积极开展用户流失调查,寻找用户流失的原因。有资料显示,用户流失的原因可以概括为以下几种。

- 1%:用户去世——企业对此毫无办法。
- 3%:用户搬离企业的供货区域——企业无能力顾及,除非提高营销成本。
- 5%:随着时间的推移,用户的价值观发生变化,改变了消费习惯。
- 9%:用户因竞争对手的价格诱惑而离去(用户利益减少、用户转移成本较低)。
- 14%:用户无法接受产品或服务质量而离去(企业在用户服务和管理方面不够细腻规范。
- 68%:用户因为企业置他们的要求于不顾而离去(用户不满意企业的行为、用户对企业的信任和情感不够深)。

(4) 用户流失指标分析

① 离网用户数:报告期内本企业按用户拆机申请或相关业务规程予以注销的电话用户数。

- 离网用户:给定统计条件下所有离网用户数的总和,用户离网时间为用户主动办理销号手续的时间或者为企业方强制为其办理销号手续的时间。
- 固定电话拆机用户:指报告期内本企业按用户拆机申请或相关业务规程予以注销的电话用户数,包括普通电话拆机用户,公用电话拆机部数,按实际注销用户数统计。

② 发展用户的流失率

- 发展用户的流失率=所发展用户中离网用户/发展用户总数 * 100%
- 直观地反映用户的流动情况。

③ 用户流失率

- 用户流失率=用户流失数/用户总数 * 100%
- 反映企业整体的用户维系工作质量和工作成果,也反映企业的经营周期。

以上三大指标均可以按用户、时间、区域维度细分,如商务用户离网率、某地综合离网率等。

(5) 用户流失分析步骤

用户流失分析步骤如图 2-5 所示。

(6) 流失数量、比例分析

用户流失数量、比例常用流失率进行计算和分析,下面以某游戏网站为例说明分析步骤。

① 数据的获取

流失用户是通过用户的最近一次登录距离当前的时间来鉴定的,所以要分析流失用户,需要知道每个用户的最后一次登录时间,而对于不同网站而言,这个时间间隔会各不相同,最长可能会有 1 年或者更久,所以在数据获取方面会有一定的难度。如果分析的是注册用户，那么一般网站都会在数据库中建立相应的数据表来存放用户信息，所以建议在储存用户基础信息的同时记录用户的最近一次登录时间，这样就能够准确地计算用户最近一次登录距离当前的间隔时间，进而区分该用户是否流失。

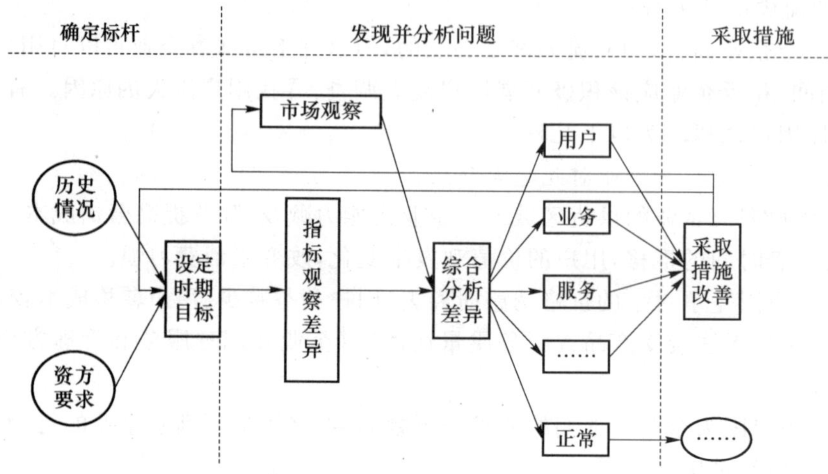

图 2-5　用户流失分析步骤

② 流失用户变化趋势

首先需要明确的是用户的流失可能并不是永久的，也许用户在一段时间内对网站确实没有任何需求，那么他会远离网站一段比较长的时间；或者流失用户也会因为网站的某次营销或者网站质量的改善而重新回来。网站总的流失用户数的计算比较简单，以超过 1 个月未登录即为流失为例，那么总流失用户数就是所有“当前时间点-用户最近一次时间点＞1 个月”的用户数量。但是单纯的总流失用户数量对于分析是没有意义的，因为大部分情况下这个数值是一直递增的，因此需要计算总流失用户数占总用户数的比例及新增流失用户数，观察它们的变化趋势，如表 2-6 所示。

表 2-6　某网站用户流失情况

日期	总用户数	流失用户数	新增流失用户数	用户流失率
2010 年 8 月 1 日	325 694	228 451		70.14%
2010 年 8 月 2 日	326 127	228 925	474	70.20%
2010 年 8 月 3 日	326 789	229 507	582	70.23%
2010 年 8 月 4 日	326 297	230 023	516	70.49%
2010 年 8 月 5 日	326 913	230 618	595	70.54%
2010 年 8 月 6 日	327 514	231 209	591	70.60%
2010 年 8 月 7 日	328 163	231 672	463	70.60%
2010 年 8 月 8 日	328 517	232 216	544	70.69%
…	…	…	…	…

③ 新用户流失率

新用户流失，就是用户在注册后一段时间内都没有登录过，即“当前时间点－用户注册时间点>流失临界时间间隔”。比如定义用户的流失临界时间间隔为 1 个月，也就是在注册后的一个月内未登录的用户意味着已经流失，那么就可以计算每天的新用户流失数，即注册时间为 1 个月前的那一天，从注册到当前没有登录过的用户数。这个用户数与 1 个月前的那一天的总注册用户数的比例就是新用户的流失率：当天的新用户流失数/当天的总注册用户数＝新用户流失率。

计算出每天的新用户流失率，可以绘制成趋势曲线，进一步观察它的变化趋势，如图 2-6 所示。

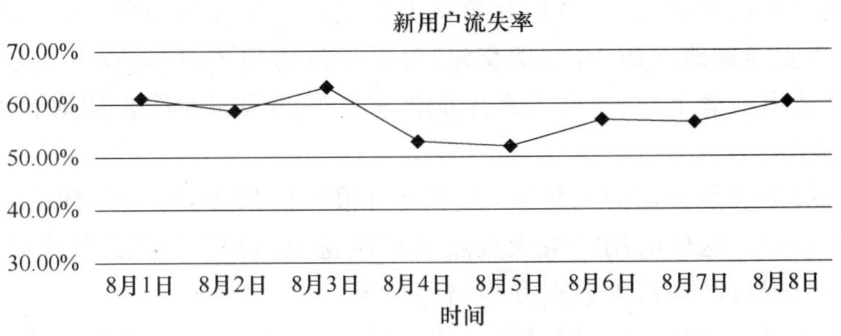

图 2-6　用户流失的趋势变化

(7) 流失类型分析

分析用户流失类型，可以发现用户流失的特征，从而有针对性的开展工作，对用户流失的预防有积极作用。流失用户可分为以下九大类型，根据每种类型的用户选择相应对策。

① 理智型用户

这类用户办事情比较理智，有原则，有规律，不会因为关系的好与坏而选择信息商或供货商，更不会因为个人的感情选择合作对象。这类用户大部分工作比较细心，比较负责任，他们在选择合作对象之前都会做适当的心理考量比较，得出理智的选择。

对于这样的用户不可以采用强行公关、送礼等方式，最好、最有效的方式就是坦诚、直率地交流，不可以夸大其词，该怎么样就怎么样，把自己的能力、特长、产品的优势劣势等直观地展现给对方。给这类用户承诺的一定要做到，能做到的一定要承诺到，这就是最好的公关方式了。

② 任务型用户

这类用户一般在公司的职务不会是股东级的，他们只是在接受上级布置的任务，而且这个任务有可能超出自己的工作职责范围，所以这样的用户一般对任务只是抱有完成到比上不足比下有余的效果就可以了，不会有太多的要求，也不会有太多的奢望。

对于这类型的用户，要周到的服务，要主动地为用户分析，一定要承诺得斩钉截铁，给对方吃个定心丸。这样的用户不是完全的重点公关对象，因为这样的用户往常是即时性用户，服务完了一笔业务可能以后就没有业务机会和他打交道了。所以在费用和服务上都不能太优惠，拜访这样的用户第一印象特别重要，有了好的第一印象一定要跟进、说服，给予一定的质量、服务、时间上的承诺。

③ 贪婪型用户

这类用户做事的目的性比较强，对价格压得比较厉害，对质量和服务也要求比较高，但这类型的用户很容易稳定，只要和对方的关系发展到一定程度就很容易把握住对方需求。

对于这样的用户，在关系上要保持心灵沟通，不可大造声势，要给对方安全感、保密感。在质量、价格、服务上要有一定的保障。但是对这类用户也不可以完全地满足对方，一味地满足对方就会导致自己操作很被动，因为对方的贪婪没有止境。

④ 主人翁型用户

这类用户大部分是企业的老板，或者非常正直的员工，他们只在乎追求价格、质量、服务的最佳结合体，尤其对价格最为关注，所以对于这样的用户首先要在价格上给予适当的满足，再根据质量回升价格。要让对方感觉你做的东西就是价格最便宜的、质量最好的。

对于这类用户要以价格为突破口，在价格上给用户一个好的印象，在质量上可以根据用户的认知度定位，要经常地回访，经常地交流，经常地沟通问候，拉近双方关系。这样的用户只要在价格上能适当地满足对方，在关系上能保持良好的沟通就能长期地服务下去。

⑤ 抢功型用户

这类用户一般不会是公司的大领导，也不会有很大的权力，但是这样的用户有潜力，地位一般处于上升趋势。这样的用户眼光重点放在质量上，价格只要适当就可以了。这样的用户有的时候会出现自己掏钱为公司办事情的情况。

对于这样的用户，一定要站在用户的角度着想，千万不可以伤害其自尊心，在质量上一定要把好关。这样的用户不需要保持太紧的联系，只要在日常的工作中给予适当的力所能及的帮助，为用户在自身公司的发展做点力所能及的事情就可以了。在节假期间给予适当的问候，保持一般的联系，因为这样的用户很有可能会发展成为未来的潜力用户。

⑥ 吝啬型用户

这类用户一般比较小气，想赚这类用户的钱不容易，这类的用户不会因为稳定、因为信任、因为关系而选择一个固定的供应商。他们会首先比较价格，而且比较的结果是让你利润很低，然后再要求质量。这样的用户经常会隐瞒事实，夸大自己，很多时候还会选择货比货，搞一些根本就不需要招投标的招投标形式，以此来压价。

对于这样的用户不要在其身上花费太多的时间，要根据自己的产品特点及企业优势来与对方合作。这样的用户一开始就不能一味地满足其需求，因为他不会因为你的良好表现和良好关系就容忍你的一些小错误。这样的用户如果面对不是自己强项和优势的业务大可不必去参与竞争，因为对自己得不偿失，利润很少，精力倒花费不少。所以这类型的用户不是企业发展的重点用户。

⑦ 刁蛮型用户

这类用户在第一次交往中会表现得很好，显示自己是很好、很有信誉、很有实力的，有时甚至会出现你开 800 元他给你 1 000 元价格的情况。这样的用户在和我们交谈的过程中基本上是不会准备好资料的，希望所有的资料由我们来为之准备，也不会在价格上和我们斤斤计较，在质量上也不会告诉你苛刻要求。他们会想方设法设置自己的陷阱，找借口说时间非常着急，其实真正等你做完了，他一点也不着急了，常常是想通过一些莫须有的问题干扰你视线，尽量使我们操作出现些问题，到时候好抓把柄找麻烦。

对于这样的用户千万不可以马虎，更不可以为用户的表现所动心，在所有的操作上一定要积极客观，不能被动，价格是怎么样就怎么样，质量是怎么样就怎么样。对用户要求的时间也不可以随便承诺，给自己施加压力，绝对不可以先做事再谈价格。总之对这样的用户一定要谨慎，不可麻痹大意。

⑧ 关系型用户

这类用户是先有朋友关系后成业务交往的情况，这样的用户操作如果不把握好一个介于朋友和用户之间的度，就很容易导致业务没有做好，朋友关系搞砸了，用户关系也丢失了的后果。尤其在服务行业，朋友介绍朋友，朋友需要帮忙等的业务时常会出现。

对于这样的用户一定要注意，不该收钱的千万不能收钱，该收钱的一定要把钱谈好。帮忙和赚钱生意一定要分开，如果遇到总是喜欢占便宜的朋友用户，就一定要注意小单子可以帮忙做，需要花费一定成本费用的大单子要么就一切谈好后按正规方式操作，要么就委婉的推掉。

⑨ 综合型用户

这类用户在交往中没有一定的性格模式，特定的环境下会演变成特定类型的用户，这样的用户一般非常老道，社会经验非常丰富，关系网也比较复杂，他的生活轨迹也不容易把握，思想活动很难认清。

对于这样的用户，处理问题一定要小心，不可以定义为任何一种专业类型的用户来对待，因为这样的用户可变性很强，在与这样的用户交往过程中通常采用以静制动的战略攻势比较好。始终要保持认真、虔诚的心态，静观其变，等待把握用户的即时心态之后再对症下药。

(8) 流失损失分析

用户流失会给企业带来直接的利润损失，用户流失会间接使开发新用户时花费的成本付诸东流，用户流失还会影响企业的品牌形象。

总之，用户流失对企业的利益有着多方面的损害，企业在争取新用户时必须采取有效措施预防老用户的流失，这是企业生存发展的必然需要。企业经营分析中，尤其要重视大用户的流失情况，这是“二八原则”的要求，具体指标如表 2-7 所示。

表 2-7　大用户流失分析的维度和指标

项目 \ 指标	新增大用户数	流失大用户数	新增大用户数占所有用户总数的比例	流失大用户数占所有用户总数的比例
时间	√	√	√	√
地域	√	√	√	√
用户年龄	√	√	√	√
用户性别	√	√	√	√
消费层次	√	√	√	√
用户类型	√	√	√	√
用户职业	√	√	√	√
信用等级	√	√	√	√
价值类型	√	√	√	√
在网时间	√	√	√	√
业务品牌	√	√	√	√
业务种类	√	√	√	√

(9) 流失用户的挽回

实践经验表明,寻找一个新用户比留住一个有价值的老用户需要多花费4～10倍的成本,因此必须针对具体原因采取有效措施,降低有效用户的流失。

① 调查原因,缓解不满

首先,企业要积极与流失用户联系,访问流失用户,诚恳地表示歉意,送上鲜花或小礼品缓解他们的不满。其次,要了解流失的原因,弄清楚问题究竟出在哪里,并虚心听取用户的意见、看法和要求,让他们感受企业的关心,给他们反映问题的机会。

②"对症下药",争取挽回

通过调查研究,分析用户流失的各种原因,并针对用户流失的真正原因,采用有效的措施策略,及时挽回用户。

③ 对不同级别用户的流失采取不同的态度

对"重要用户"要极力挽回,对"主要用户"也要尽力挽回;对"普通用户的流失"和"非常难避免的流失",可见机行事;基本放弃对"小用户"的挽回努力。

④ 彻底放弃根本不值得挽留的流失用户

不值得挽留的流失用户,没有必要花费更多的精力、时间和费用。这类用户包括:不可能再带来利润的用户;无法履行合同规定的用户;无理取闹、损害员工士气的用户;需要超过了合理的限度,妨碍企业对其他用户服务的用户;声望太差,与之建立业务关系会损害企业形象和声誉的用户。

【专题案例】宽带(ADSL)拆机分析

一、三季度ADSL需求与拆机情况

公司三季度ADSL需求情况、拆机情况,如图2-7所示。

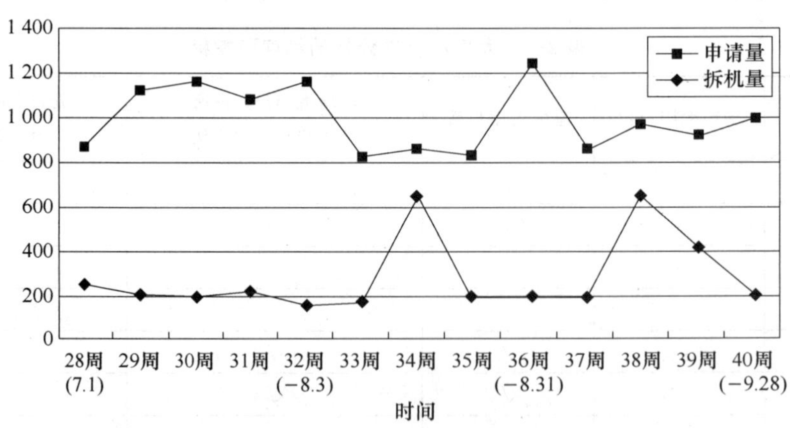

图2-7 公司三季度ADSL需求与拆机情况

公司三季度ADSL放号困境:

(1) 需求不足:需求量始终维持在每周1 000户左右的低水平上。

(2) 拆机激增:拆机量高达3 874部。

上半年ADSL月平均拆机量不到300部,而第三季度平均每周的拆机量就接近300部。全公司层面——三季度的完工量为12 182部,已经超过了三季度12 074部的任务量;分公司层面——完工量也普遍超过了任务数。拆机/完工之比平均为 31.80%，意味着每装 10 部就有 3 部被拆掉，如表 2-8 所示。

表 2-8　公司三季度拆机一览表

三季度任务数	三季度完工数	三季度拆机数	拆机/完工
5 211	5 068	1 542	30.43%
3 404	3 442	1 143	33.21%
1 972	1 798	651	36.21%
1 487	1 713	538	31.41%
12 074	12 182	3 874	31.80%

二、宽带拆机原因分析

ADSL 拆机问题已经严重影响了公司全年任务的完成，数据局近期应公司要求对 8、9 月份拆机用户进行回访，结果显示如图 2-8 所示。

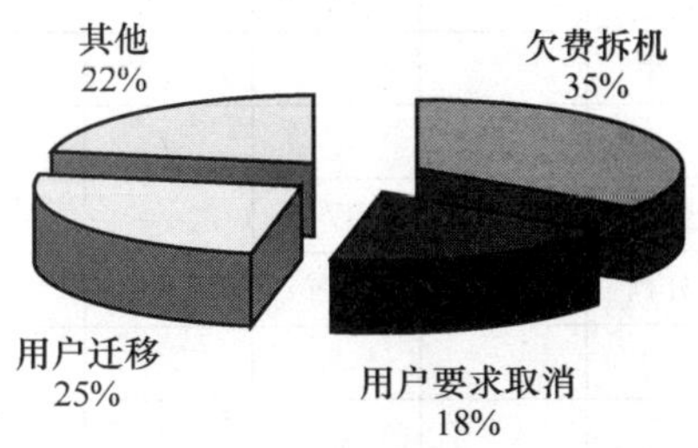

图 2-8　用户拆机的主要原因

35%的用户是欠费拆机。

18%的用户是以“暂不需要该业务”和“不想使用了”为理由取消的。

25%的用户是搬移拆机。

其他原因拆机占 22%，如计算机故障、服务质量不好、改用竞争对手宽带等。

三、宽带拆机应对措施

1. 及时回访用户、提高服务质量

2. 对于欠费用户的处理

- 账号错误，由客服或分公司帮助用户免费更改托收账号；
- 超时惩罚而不缴费，在用户承诺按时缴费的基础上，对用户进行适当减免并复机；
- 恶意欠费，上门催缴，不成功则尽快拆机以释放资源；
- 不明原因欠费，尽快协助用户查明原因，交清欠费，留住用户；
- 分公司根据地区用户待装数及工程完工时长，灵活安排拆机优先级。

3. 对于用户要求取消的处理

- 要尽力说服用户保留；
- 若用户仍坚持拆机，则对其营销公司其他类型的数据业务进行捆绑销售。

5. 用户价值分析

通过那些对利润或收入有关联的用户指标的分析，发现重点用户（核心用户）和有价值用户，从而可以有区别的实施各种营销、咨询服务和其他服务，并为企业的经营管理提供决策支持。分析方法有以下几种：

① 按月消费量、使用频率定义的用户贡献度分析；

② 按用户的使用多种产品消费定义的用户贡献度分析；

③ 按收入/成本定义的有价值用户分析；

④ 按照月增长5%费用的用户贡献度分析。

三、基于收益的分析

以通信企业为例，电信公司的收入分析就是基于收益的分析，下面分别说明收入分析所涉及的指标、维度、主题，如表2-9所示。

表2-9　收入分析的维度和指标

维度 \ 指标		累计欠费用户	占总数的比例	本期欠缴费用	累计欠费费用	占总金额的比例	欠费注销用户数	欠费注销金额
时间/地域类维度	时间（日、月、季、年）	√	√	√	√	√	√	√
	地域	√	√	√	√	√	√	√
用户类维度	用户欠费时长分档	√	√	√	√	√	√	√
	用户欠费金额分档	√	√	√	√	√	√	√
产品类维度	业务类型	√	√	√	√	√	√	√
	品牌类型	√	√	√	√	√	√	√

- 涉及指标：用户本期出账收入、用户本期减免额、用户费项细分金额、分套餐的出账收入、本期末累计欠费、本年累计欠费、本期末累计大于等于三个月的欠费、本期回收欠费、智能预付业务本期末网上剩余话费金额、智能预付业务本年网上累计话费沉淀金额、各类增值业务的通信费收入、各类增值业务的信息费收入、缴费金额、网内结算-收入、网内结算-支出、国际结算-收入、国际结算-支出、运营商网间结算-收入、与SP的网间结算支出、充值卡收入等。
- 涉及维度：时间、时段、地域、年龄段、用户性别、业务类型、用户类型、用户状态、品牌类型、出账收入/通话费分档、欠费账龄分档、收入细项、短信出账收入分档、缴费方式、结算对象等。
- 涉及主题：业务收入分析、账单收入分布分析、账单收入分档分析、通话费用分析、缴费情况分析、欠费情况分析等。主题举例：分析目标是反映用户在某项业务上的欠费情况。

1. 收益情况分析

（1）收入总量分析及预测

（2）收入增量分析及预测

（3）收入结构分析及预测

① 业务收入构成分析——电话业务收入分析

从发展趋势来看，本年度的电话业务收入在3月降入低谷以后，4—6月出现了大幅度的回升，下半年在公司一系列的话务量经营措施的刺激下，本地业务收入反弹显著，长话收入也基本上遏制了下滑趋势，电话业务收入基本上稳定在 25 000 万元左右，如图 2-9 所示。

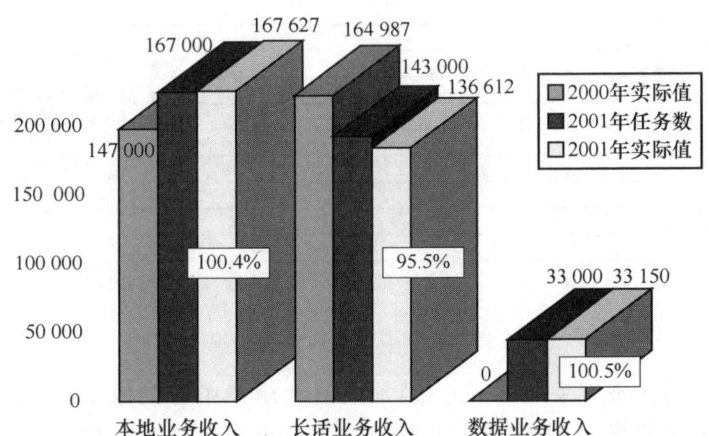

图 2-9　业务收入增长情况分析

从比例趋势来看，本地电话收入的比重逐渐在增加，由年初的 47% 提高至 12 月的 63%；而国际长话的比重在迅速下降，由年初 18% 降至 12 月的 8%；国内长话的比重变化不大，由年初的 35%微降至 29%，如图 2-10 所示。其主要原因是资费政策的结构性调整。

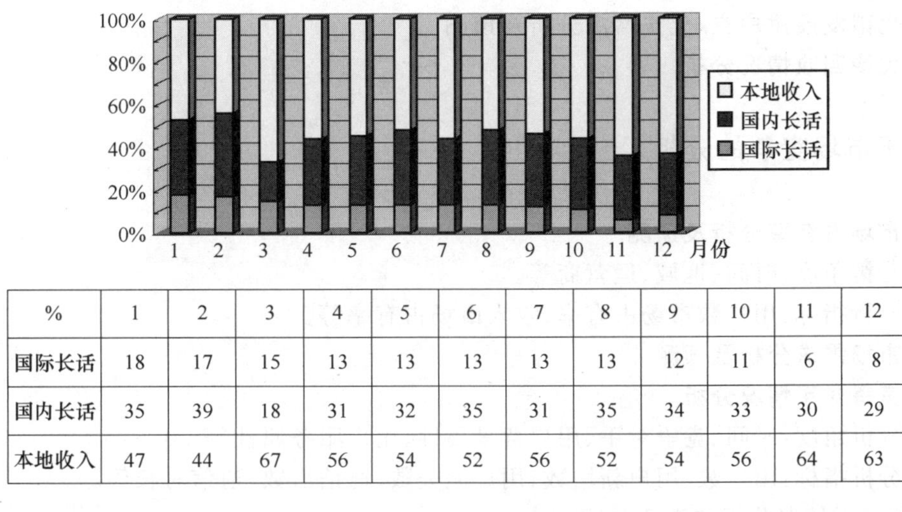

%	1	2	3	4	5	6	7	8	9	10	11	12
国际长话	18	17	15	13	13	13	13	13	12	11	6	8
国内长话	35	39	18	31	32	35	31	35	34	33	30	29
本地收入	47	44	67	56	54	52	56	52	54	56	64	63

图 2-10　电话业务收入构成分析

② 业务收入构成分析——长话业务收入分析

由于资费政策的不断下调，长话业务收入从总体上来讲呈下跌态势。从 2001 年全年来看，3 月份长话资费遽然下调，由于装机需求反应滞后，该月长话收入出现前所未有的大幅度缩水，4-8 月由于装机需求的上涨以及公司采取的一系列措施，长话收入缓慢回升到之前的水平，如图 2-11 所示。

长话业务收入的弱势下滑，是有其内在原因的：在电信超前消费的背景下，资费下调不能带来预期中的通话量的上涨；在不对称管制的约束下，各项正常的市场营销措施动辄被指为垄断，企业针对竞争对手的营销措施调整空间太小；专业的长话营销力量不足，难以防止长话收入的流失。

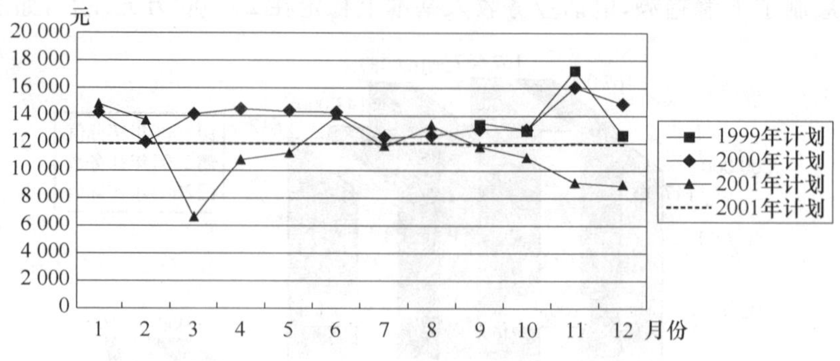

图 2-11 长话业务收入变化情况分析

在此，公司计划在来年采取如下对策：加快对大用户中心的改革，增强用户经理的营销能力；根据省市公司的指示，尽快成立专业的中小商企用户营销机构；希望公司能在各方面给予指导和支持。

2. 用户收讫情况分析及预测

3. 用户交费情况分析及预测

4. 用户欠费情况及其结构分析及预测

5. 新增用户交/欠费情况分析及预测

6. 代销发展用户交/欠费情况分析及预测

7. 欠费回收情况分析

四、基于市场竞争的分析

1. 市场占有率分析及预测

- 分析角度：时间、地域、运营商等。
- 分析指标：用户数市场占有率、收入市场占有率等。

2. 市场需求分析及预测

3. 竞争对手情况分析

- 分析角度：时间、竞争对手、用户背景属性、用户服务属性等。
- 分析指标：用户数、用户新增数、用户流失数、通信次数、通信时长等。

竞争对手情况分析如表 2-10 所示。

表 2-10 竞争对手情况分析

项目 \ 指标	用户总量	用户净增量	用户流失量	通信业务量	通信收入	用户满意度
时间	√	√	√	√	√	√
地域	√	√	√	√	√	√
竞争对手	√	√	√	√	√	√
业务品牌	√	√	√	√	√	√
竞争对手促销活动	√	√	√	√	√	√

4. 供应商市场行为特征分析

5. 代理商市场行为特征分析

6. 地区对比分析

市场竞争分析如图 2-12、图 2-13、图 2-14 所示。从图 2-12 可看出，中国通信行业各大运营商各季度(月)收入增长情况，反映出了哪家企业市场竞争力较强，发展潜力较大。图 2-13 反映了各运营商增量收入在总增量中的结构比例。图 2-14 反映了各运营商收入在总收入中的比例，占比越高，市场竞争力越强。

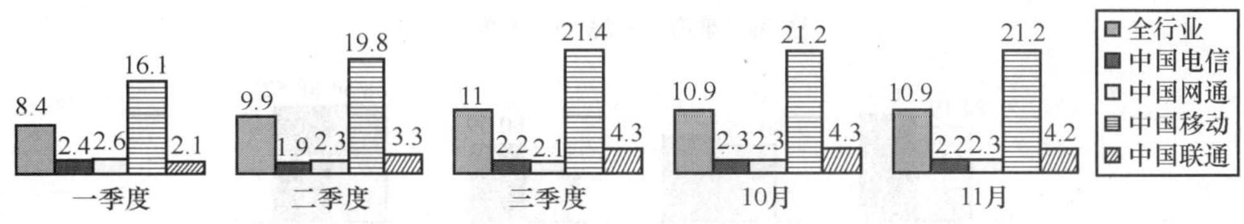

图 2-12　2006 年各主要运营商收入增长情况

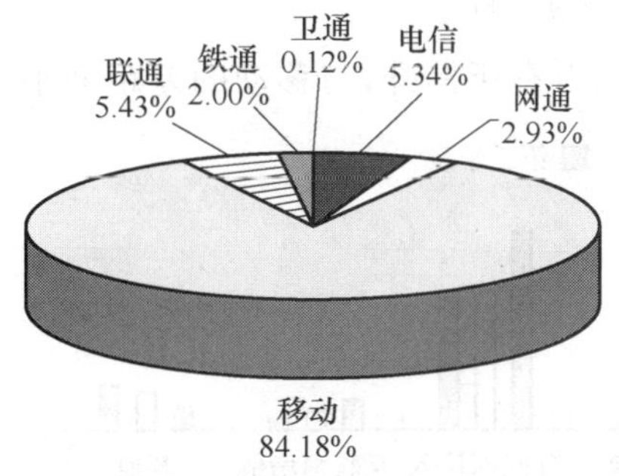

图 2-13　2006 年 1—11 月增量收入份额

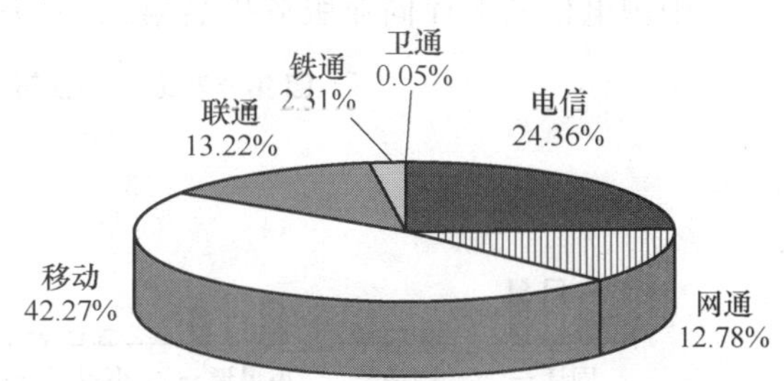

图 2-14　2006 年 1—11 月收入市场份额

五、基于服务质量的分析

1. 用户服务质量分析

- 分析角度：时间、地域、检查方法等。
- 分析指标：A 类指标、B 类指标、C 类指标等。

2. 用户服务时限分析

- 分析角度：时间、地域、服务类型、检查方法等。
- 分析指标：实际平均服务时间、服务时限等。

3. 用户咨询、查询焦点分析

- 分析角度：时间、用户背景属性、用户联系属性、咨询/查询途径、咨询/查询类型等。
- 分析指标：人数、人次数等。

4. 用户投诉焦点分析

- 分析角度：时间、用户背景属性、投诉途径、投诉类型等。
- 分析指标：投诉的人数、人次数、回复及时率、回复满意率、重复投诉率等。

5. 用户满意度分析

- 分析角度：时间、用户背景属性、用户服务属性等。
- 分析指标：用户满意度、价格差异弹性、服务差异弹性、业务差异弹性等。

6. 用户忠诚度分析

- 分析角度：时间、用户背景属性、用户扩展属性等。
- 分析指标：用户忠诚度、在网时长、交费及时率等。

服务质量分析如图 2-15、图 2-16 所示。

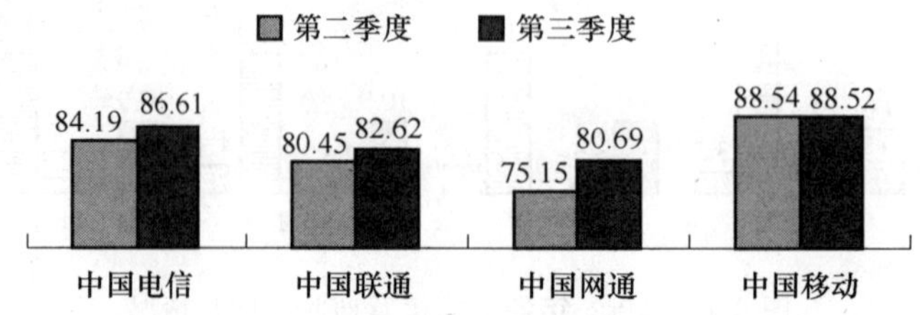

图 2-15 各运营商服务满意度分析

中国电信营业厅同业服务排名第二，服务、营销能力有所提升，与移动的差距缩小。

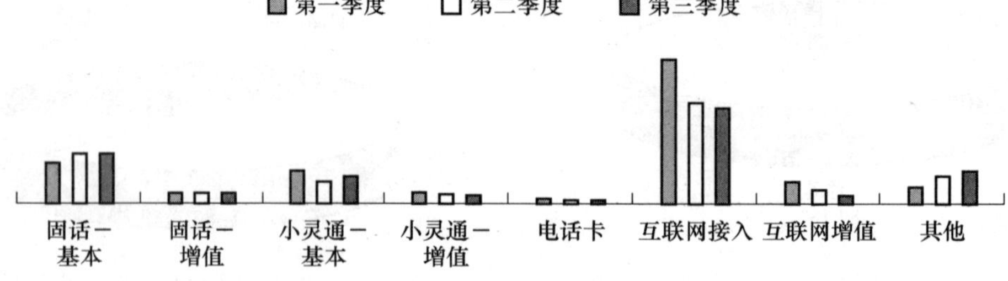

图 2-16 用户投诉情况分析

用户投诉量及投诉问题分布相对平均，互联网接入服务与上半年相比呈下降趋势。

六、基于营销的分析

1. 市场价格分析

价格弹性分析：当居民收入水平不变时，某种产品购买变化率与价格变化率之比。

价格弹性 ＝ 购买量变化率/价格变化率

收入弹性分析：当商品价格不变时，消费者对商品购买量的变化率与收入变化率之比。

收入弹性 ＝ 购买量变化率/收入变化率

2. 营销渠道作用分析

3. 营销人员素质分析

4. 营销宣传市场效果分析

5. 促销行为市场效果分析

6. 业务消费分析

(1) 通话时段分析

(2) 通话时长分析

(3) 通信流向分析

(4) 新业务使用分析

(5) 节假日消费行为分析

(6) 用户欠费行为分析

(7) 业务消费模式分析

对于用户消费行为的分析,可采用表 2-11 所列出的分析维度和分析指标进行。

表 2-11　用户消费行为分析

项目 \ 指标	呼叫行为							费用行为			
	平均呼叫时长	平均呼叫次数	主被叫比例	呼叫时段分布	呼叫类型分布	平均开机率	平均漫游率	交费率	欠费率	交费类型	平均话费
时间	√	√	√	√	√	√	√	√	√	√	√
地域	√	√	√	√	√	√	√	√	√	√	√
用户年龄	√	√	√	√	√	√	√	√	√	√	√
用户性别	√	√	√	√	√	√	√	√	√	√	√
消费层次	√	√	√	√	√	√	√	√	√	√	√
用户类型	√	√	√	√	√	√	√	√	√	√	√
用户职业	√	√	√	√	√	√	√	√	√	√	√
信用等级	√	√	√	√	√	√	√	√	√	√	√
业务品牌	√	√	√	√	√	√	√	√	√	√	√
业务种类	√	√	√	√	√	√	√	√	√	√	√

7. 产品交叉销售分析

交叉销售作为提升用户价值的主要手段,在营销实践中的应用也较为成熟,目前已经成为用户关系管理中重要的管理工具和营销策略。

交叉销售是指借助各种分析技术和经验判断,发现现有用户的多种相关需求,通过适当的渠道满足其需求而销售多种相关产品和服务的一种营销理念,是一种发现用户多种需求,并满足其多种需求,从横向角度开发产品市场的营销方式。交叉销售的核心是向用户销售多种相关的服务或产品。交叉销售具有 5 个基本要点:

① 交叉销售是用户导向的一种商业策略;

② 交叉销售的实施对象是企业的现有用户;

③ 交叉销售从横向角度和纵向角度两个维度开发市场;

④ 交叉销售不仅是一种营销策略,还是一种营销理念或称营销哲学;

⑤ 交叉销售是用户资源在各产品及服务间的共享,是在拥有一定市场资源的情况下向自己的用户或者合作伙伴的用户进行的一种推广手段,是一种发掘用户多种需求,并满足其多种需求的营销方式,是一种主要从横向角度开发产品市场的销售技术。

产品交叉销售分析方法,是根据历史数据和服务提供者的特征,开展营销活动的有效性分析和成本-收益分析。产品交叉销售分析的结果就是实行针对性促销。

任务二　构建企业经营分析常用的指标体系

企业经营分析常用的指标按照类别不同，可以划分为用户类主题分析、财务类主题分析、网络/资源类主题分析、市场营销类主题分析、合作伙伴/供应商类主题分析、产品/服务类主题分析等六大类，每个大类下面又分为若干小类，如图 2-17 所示。

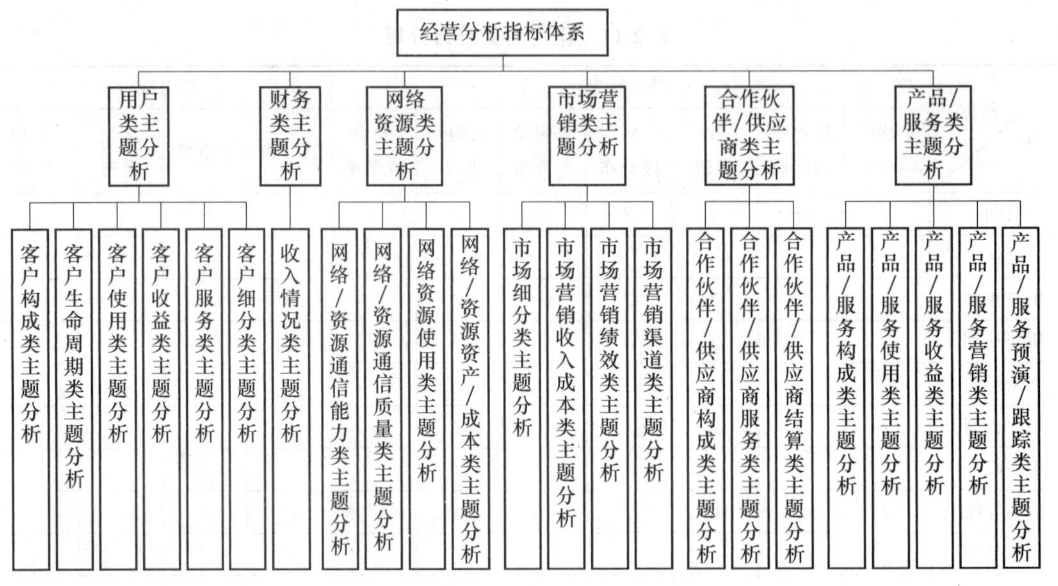

图 2-17　企业经营分析常用的指标体系

一、用户类主题分析

- 用户构成类主题分析
- 用户生命周期类主题分析
- 用户使用类主题分析
- 用户收益类主题分析
- 用户服务类主题分析
- 用户细分类主题分析

二、财务类主题分析

- 收入情况类主题分析

三、网络/资源类主题分析

- 网络/资源通信能力类主题分析

- 网络/资源通信质量类主题分析
- 网络/资源使用类主题分析
- 网络/资源资产/成本类主题分析

四、市场营销类主题分析

- 市场细分类主题分析
- 市场营销收入/成本类主题分析
- 市场营销绩效类主题分析
- 市场营销渠道类主题分析

五、合作伙伴/供应商类主题分析

- 合作伙伴/供应商构成类主题分析
- 合作伙伴/供应商服务类主题分析
- 合作伙伴/供应商结算类主题分析

六、产品/服务类主题分析

- 产品/服务构成类主题分析
- 产品/服务使用类主题分析
- 产品/服务收益类主题分析
- 产品/服务营销类主题分析

任务三　执行企业经营分析的基本程序

企业经营分析的一般步骤和流程就是明确目标、资料收集、研究分析和结果表达，各部分又可划分为不同环节，如图 2-18 所示。

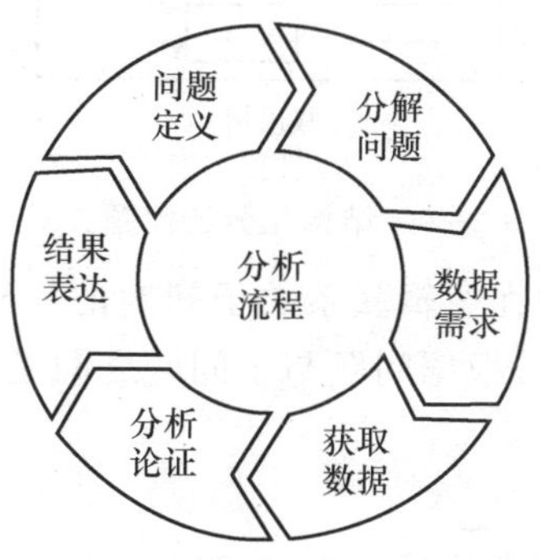

图 2-18　企业经营分析流程

一、明确目标

明确目标就是要解决当前的热点、难点和重点问题，是希望决策层注意的、希望阐明的，以及来自上次分析会需要落实的事情，包括问题定义和分解问题两部分。

1. 问题定义

问题定义是确定分析要解决或要回答的问题，即分析目的、分析对象和分析内容。问题定义的方法提出有目标导向和问题导向两种，如图 2-19 所示。

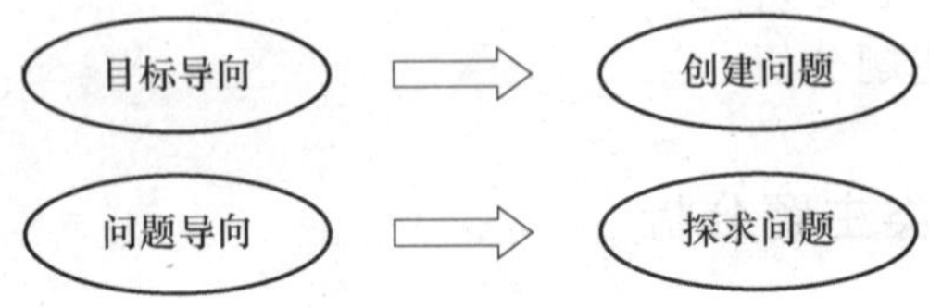

图 2-19　问题定义的方法

2. 分解问题

分解问题是通过层层分解将大的、不可控的问题分解为小的、可控的问题，从而确定分析工作所要解决的关键问题。分解问题的主要工作是将大的关键问题转化为小的相关问题，我们称这种方法为结构化的分解问题方式，具体有演绎树、假设树和问题地图 3 种形式，如图 2-20 所示。

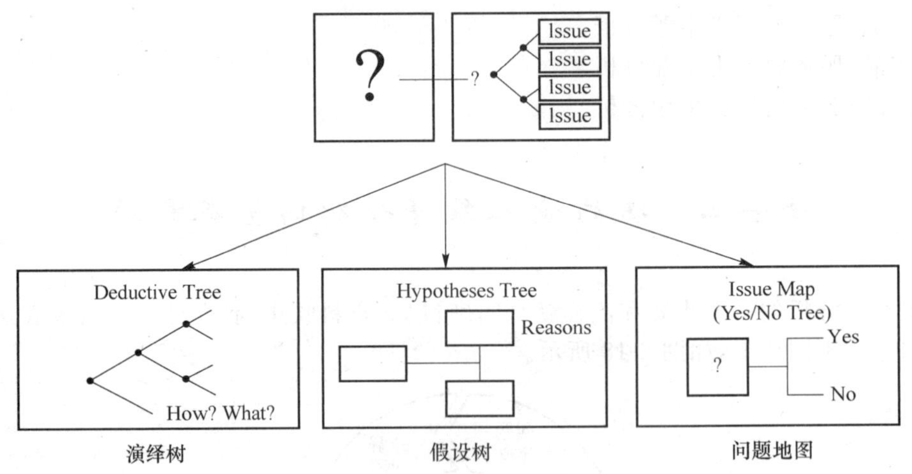

图 2-20　结构化分解问题方式

演绎树是将问题分解为有内在逻辑联系的子问题的一种工具，本质上是通过不断分解问题来探求问题。在分解过程中，根据问题与子问题之间是否存在数量关系，可将演绎分为定量演绎和定性演绎。

① 定量演绎

我们将问题与子问题之间存在数量关系的演绎方法称为定量演绎。定量演绎的优势在于由于问题与子问题之间存在数量关系，可以非常精确地将大的问题拆分为相对独立的各个子问题，而且不会出现遗漏。依据定量关系的具体种类，定量演绎又可分为结构分解和因素分解，如图 2-21 所示。结构分解是指问题与子问题之间是相加关系时的演绎方法，演绎过程也就是将问题按照其相加元素之间进行拆分。而因素分解是指问题与子问题之间是相乘关系时的演绎方法，演绎过程是利用指数分析法分解出各个因素对整体的影响程度。

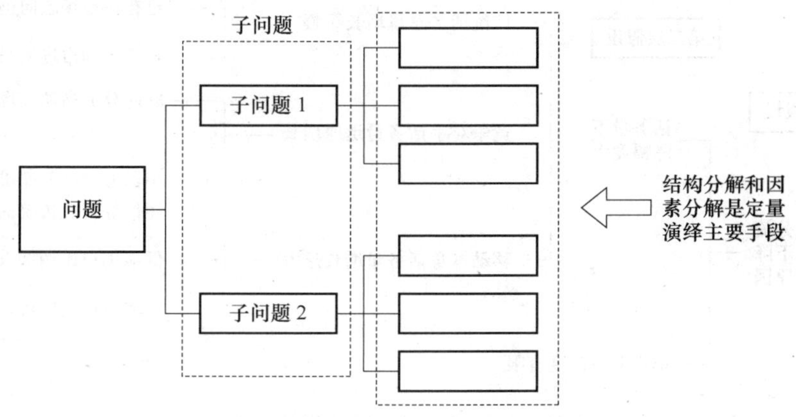

图 2-21　定量演绎示意图

② 定性演绎

在实际分析过程中，经常会遇到一些问题无法通过定量的方法分解成若干子问题，在这种情况下我们只能进行一些定性的分解，即定性演绎。通常情况下，定性演绎又称为鱼骨图，主要是因为其形状与鱼骨相似而得名。比如，分析今年为什么没有完成收入任务，可以得到如图 2-22 所示的鱼骨图。

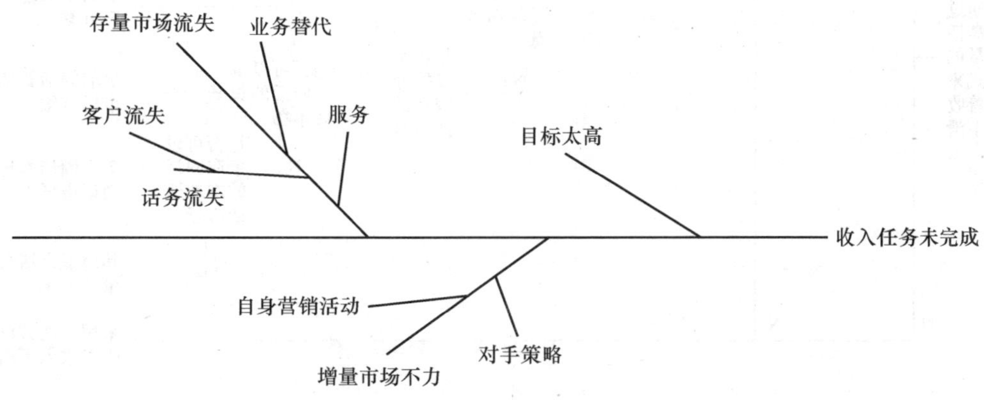

图 2-22　收入未完成的原因分析

假设树是直接给出引发问题的各种假设，然后通过分析来论证这种假设正确与否。假设树会比较集中于潜在的解决方案，可以从一定的程度上加快发现问题及解决问题的进程。比如，在确定是收入下降的主要原因之后，通过假设树先给出引发话务量下降的各种假设，如图 2-23 所示。

问题地图又称是否树，是用来协助确认行动方案的一种工具。在实际操作过程中，首先对整个问题提出一个假设，然后通过分析验证假设是否可行，如果假设可行则依据假设提出行动方案；如果假设不行则继续提出假设，就这样不断提出假设、验证假设、提出方案，并最终得到正确的行动方案。比如，对是否可以通过提高话务量的方式来改善收入下滑这个问题，我们可以构建如图 2-24 所示的问题地图，来寻求最佳的解决问题的行动方案。

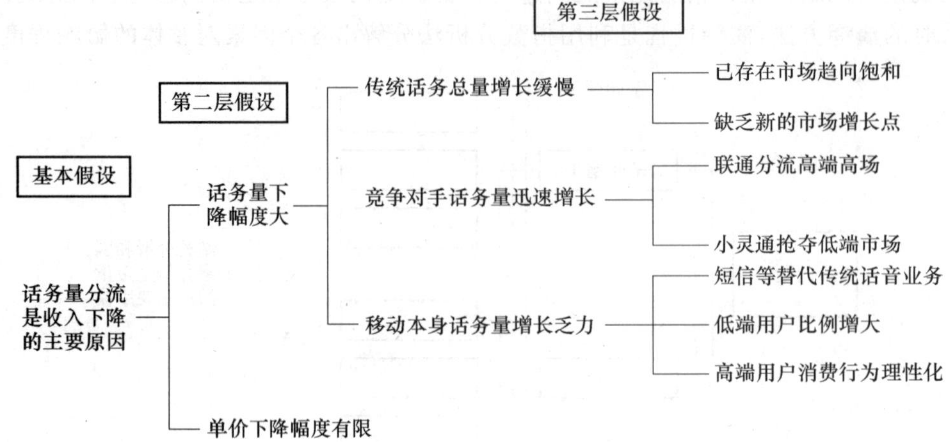

图 2-23　话务量下降原因的假设

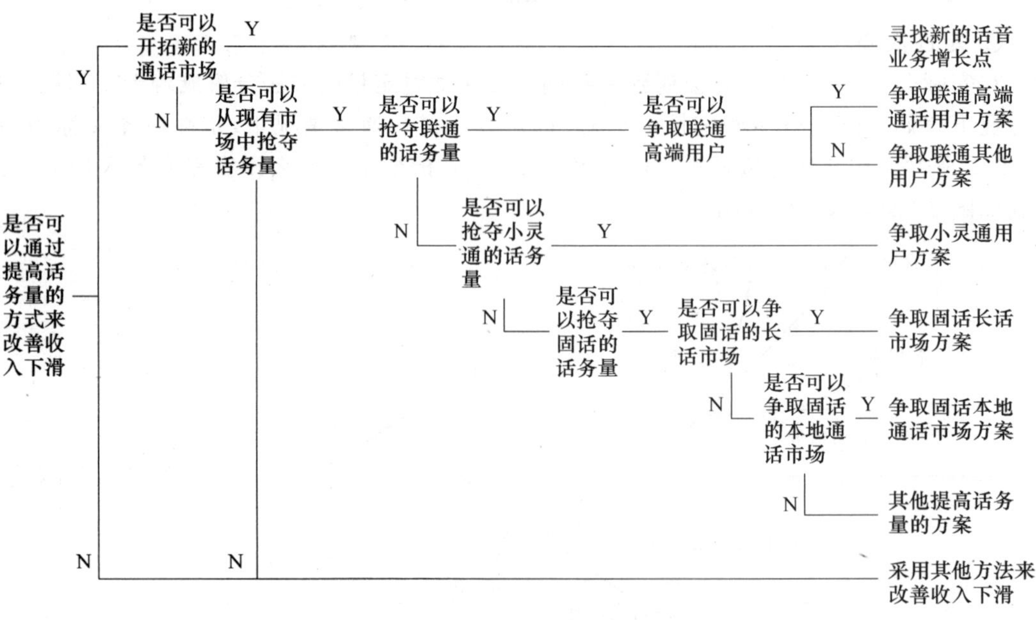

图 2-24　问题地图示例

二、资料收集

资料收集就是对资料进行筛选、优化、整理、汇总和提炼，包括数据需求和获取数据两部分。

1. 数据需求

根据第一个阶段确定的关键问题以及通过问题分解得到的相关子问题和相关假设，结合企业自身数据情况，提出分析的数据需求。数据需求是依据分析目的、分析对象和分析内容，确定分析所需的各种数据。依据企业信息化的程度，企业经营分析数据源大致可分为生产系统、统计报表和经营分析系统三类。

生产系统是指企业的生产经营系统，通常包括多个子系统，每个子系统都有相对独立的功能，比如业务受理系统、销售系统、账务系统、计费系统、网管系统等。生产系统中存储着企业最原始的数据，是企业内部数据的源头。

统计报表是指将企业部分指标统计汇总后生成的报表，主要包括统计报表、业务报表、财务会计报表、网络运营报表等。对于市场经营分析人员来说，主要是统计报表和业务报表。统计报表主要统计企业在运营过程中产生的各种收入，业务报表主要统计企业所提供的各种业务的使用量。

经营分析系统是为了应对激烈的市场竞争，拓宽和加深经营分析工作的广度和深度，将位于各个生产系统中的数据以用户为主线进行关联，形成用户统一视图，在数据理解、数据获取和数据分析方面都为经营分析人员提供极大的便利，如图 2-25 所示。

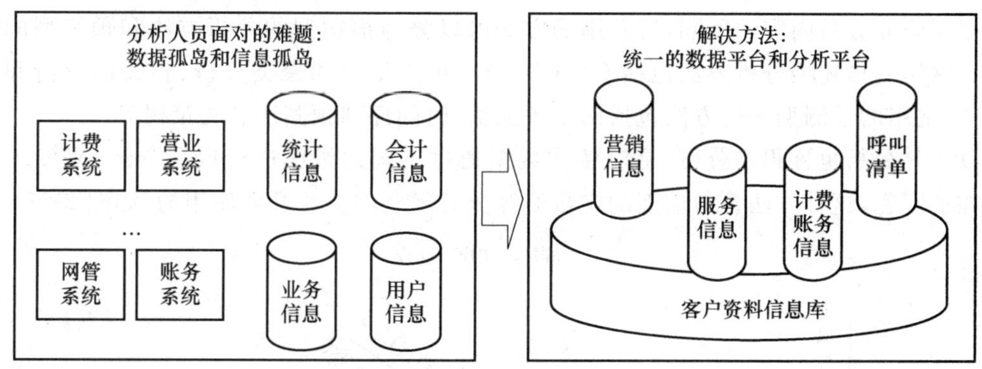

图 2-25　整合数据形成统一的经营分析平台

经营分析系统通过提供一些主题分析，从分析深度、分析手段等多方面大幅度提高经营分析工作的效率和效能，如图 2-26 所示。

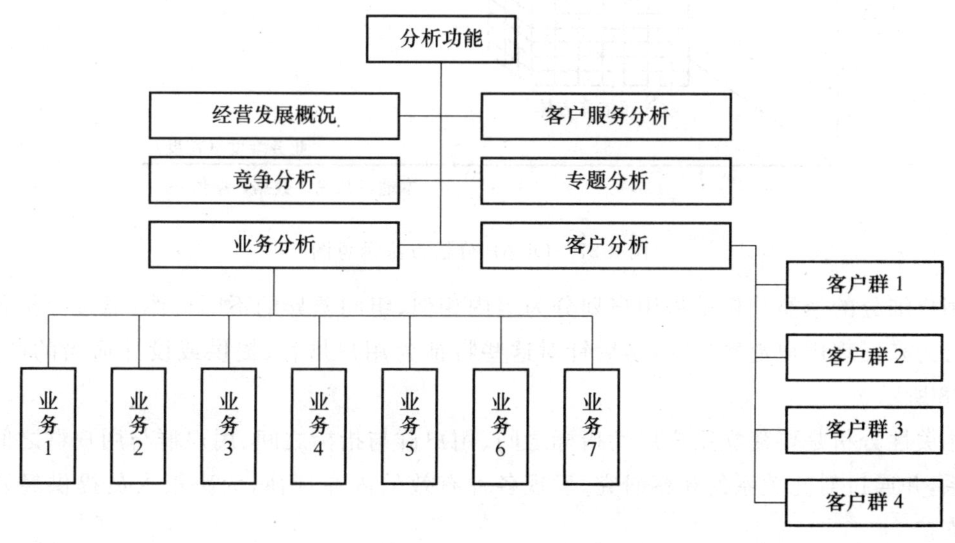

图 2-26　经营分析平台的分析主题

2. 获取数据

获取数据是依据数据需求从系统中提取所需数据，从外部收集数据和资料。企业内部数据的获取通常由业务支撑部门提供，外部数据通常由专业的调查公司负责，但这并不意味着经营分析人员在提供数据需求之后就可以静待结果的交付了。经营分析人员必须与数据获取人员保持紧密沟通，才能保证所获得的数据是真正想要的，不会因为数据获取反复而影响经营分析工作的按时保质完成。

三、研究分析

研究分析就是从分析目的出发，通过对分析对象的分析，实现对问题的层层分解，并验证事先提出的假设，最终实现分析目的，得到能够支撑相关经营决策的结论。也就是使用恰当的方法对所采集到的数据和资料进行分析、推理，得到分析结论。

根据研究分析内容的不同，所采用的方法可以分为描述型的分析方法和预测型的分析方法。常用的描述型分析方法包括 OLAP 分析、用户细分的聚类分析、相关性分析和关联分析等；常用的预测型分析方法包括回归预测法、时间序列预测法和决策树等。

OLAP 分析也称报表分析，是对整体数据通过不同的维度进行层层分解，来发现经营中存在的问题，这种方法是与前面的定量演绎分解问题的方法配合使用的，如图 2-27 所示。

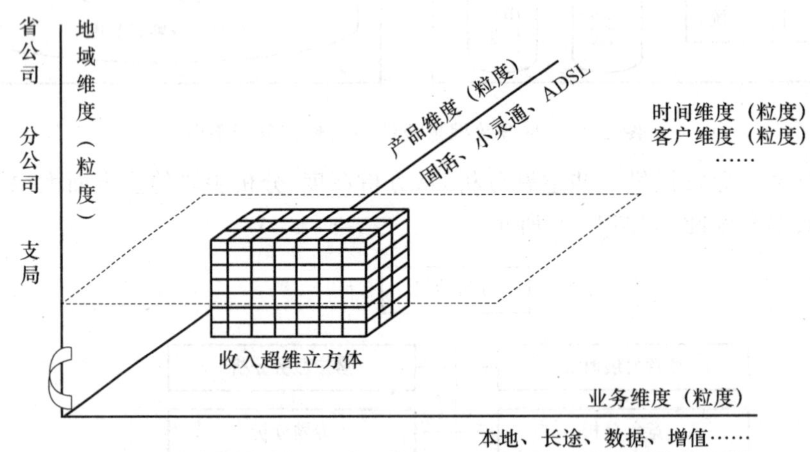

图 2-27　OLAP 分析方法示意图

用户细分的聚类分析是将用户划分为组内相似、组间差异的不同群体，通过分析各组用户的行为来发现用户消费特征，然后针对这些特征为用户推荐、提供或设计适当的产品，如图 2-28 所示。

相关性分析是要建立用户属性指标之间、用户群与指标之间、用户群与用户群之间的相互关系，并通过对此关系的观察研究，发现各种有效的内在规律，为决策人员提供经营管理决策支持。

关联分析是通过对用户消费行为的分析，来发现用户消费行为之间的关联性。营销业界比较典型的案例就是通过分析发现了“尿布和啤酒”之间存在较强的关联性。在电信行业，关联分析主要用于交叉销售，以提高用户的 ARPU 值。

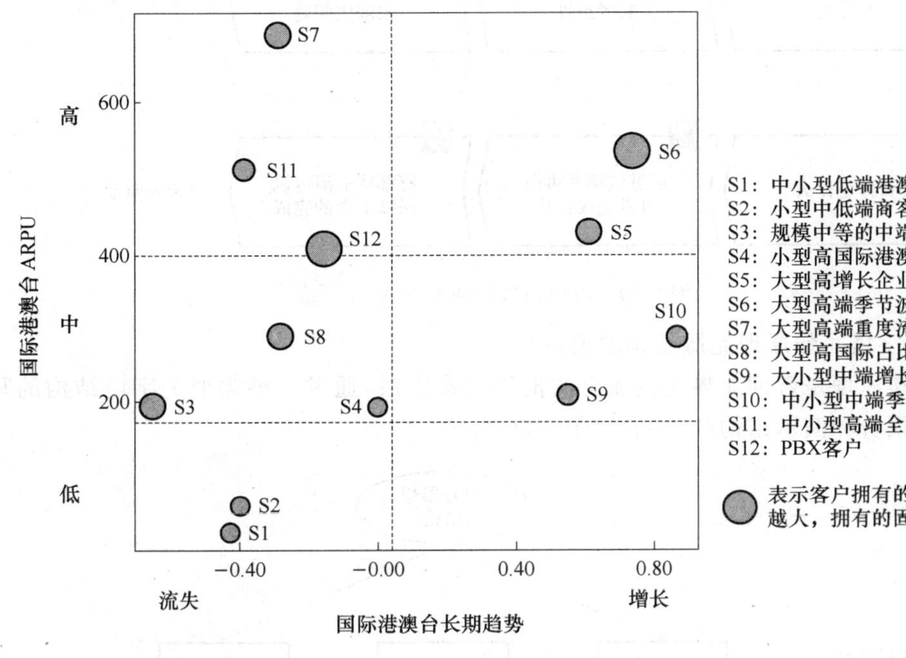

图 2-28　用户聚类分析示意图

四、结果表达

完成前面三项工作后，还需要把发现的问题和得到的结论清晰准确地传递到领导决策层，让他们能够根据分析的结果做出决策，这就是结果表达。结果表达就是制作分析报告并进行会议汇报。分析报告是将经营分析的成果通过文本方式准确无误地表现出来，并通过定期召开会议予以落实。

结果表达应注意以下几方面的技巧，才能获得良好的效果。

1. 明确汇报的目标

在经营分析人员进行汇报和演示之前，需要从五个方面来明确汇报和演示的目标。

① 目的：为什么要做这次汇报和演示？

② 对象：给谁汇报，要说服谁？

③ 时间：汇报的时间有多长？

④ 标准：他们希望了解什么情况？

⑤ 方法：分析中有哪些问题和结论可以利用？

2. 采用有效的内容组织方式

在明确了目标之后，就可以依据汇报和演示的目标来组织报告的内容。在经营分析报告的组织方面切忌没有主线的任意展开，要通过一定的技巧保证内容前后存在较强的逻辑关系。常见的组织内容的方式有问题导向型和目标导向型两种，如图 2-29 所示。

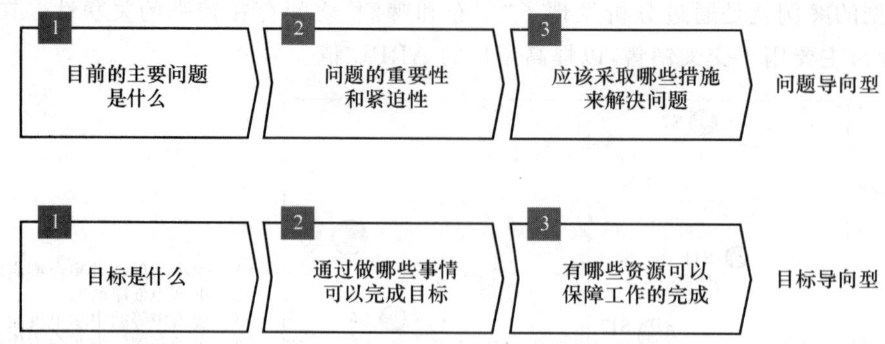

图 2-29　组织内容的两种方式

3. 采用金字塔写作原理克服结构的混乱

金字塔写作原理是咨询业界比较流行的报告写作方法，通过一种类似金字塔结构的写作方法来克服报告和演示结构的混乱，如图 2-30 所示。

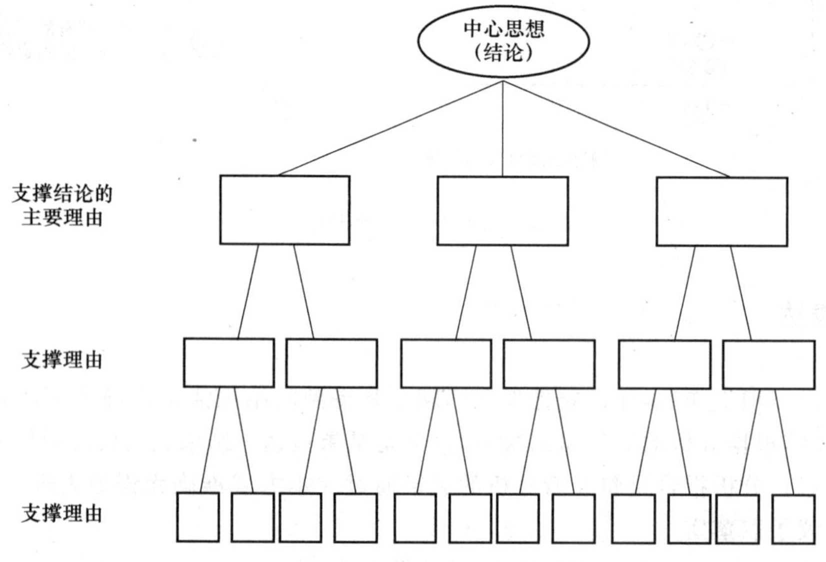

图 2-30　金字塔写作原理

4. 采用适当的图形化展示方法

成果展示中，经常听到“文不如表，表不如图”的说法。也就是说采用图形化的方式展示数据，能够更加突出重点，做到表达形象化、分析结构化，更加有利于信息的传递，有利于吸引听众的注意力，使汇报取得更好的效果。

不同的图形所能表达信息的逻辑性和复杂性是不同的，所以我们必须依据所要展示数据的实际情况来选择合适的图形，如图 2-31 所示。

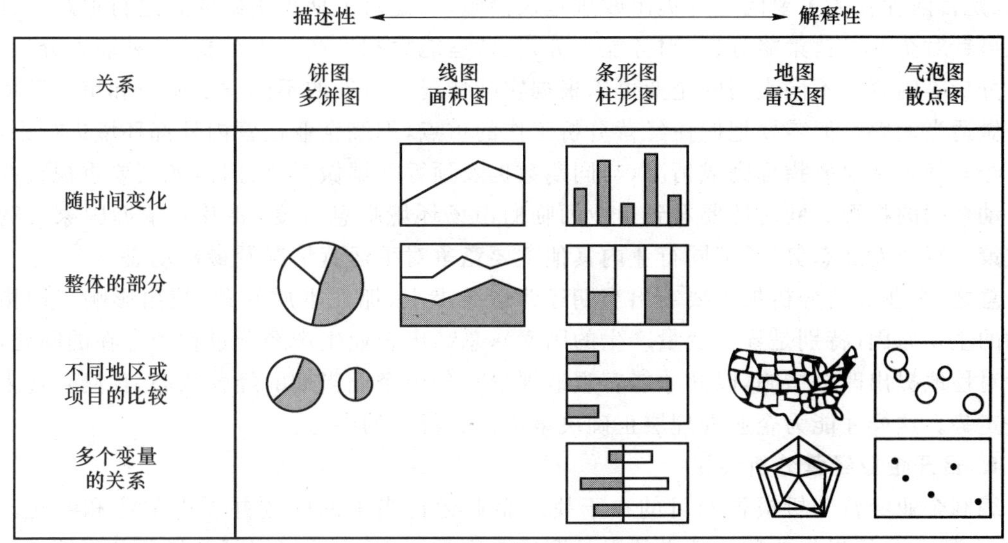

图 2-31　根据所要展示数据的实际情况选择合适的图形

五、重点说明

下面就企业经营分析流程的数据收集与处理、经营分析报告编制和经营分析会议等几个环节进行重点说明。

1. 以企业综合统计及财务数据资料为基础，编制经营分析数据库

各方面运行数据是企业经营分析工作得以顺利开展的基础，合理运用统计分析方法，通过对历史数据及相关因素的综合对比分析，可以总结归纳出其中蕴含的规律，可以帮助我们对企业当前内外部形势和未来发展趋势做出更加科学的判断和预测。而当前企业规模越来越大，关系到经营管理中的方方面面，涉及的各类报表种类繁多，因此，需要在参照综合统计及财务报表的基础上，建立一套适用于企业经营分析的基础数据库，归集企业生产经营全过程的关键数据资料。条件允许的情况下最好形成一套信息管理系统，通过系统集成数据，能够实现数据高效、精准的归集。此外，要结合企业生产经营实际，制作便于经营分析的表式，使其能成为经营分析的辅助工具。

2. 完善其他关键信息点的汇总收集

企业运行中出现的问题很少是由单因素导致的，往往是在其内在经营管理机制和外在市场环境等错综复杂的因素综合作用下产生的。因此，应健全企业信息管理机制，广泛收集生产、经营、市场、政策条件等相关信息，业务部门要根据自身职能特点围绕企业发展战略目标，对所构建综合指标体系做重点企业经营业绩评价。如销售部门应完善价格分析、供求分析、市场及其他经营指标和业绩考核相关指标等分析。此外，为避免信息孤岛，各职能及业务部门应将形成的分析报告统一报综合部门强化纵横交错的综合分析，进而形成系统全面的经营分析报告，实现信息的合理、有序使用及管理。

3. 编写企业经营分析报告

一份合理、有价值的企业经营分析报告大体应包括三方面内容：一是当期基本情况分析；二是目前存在的主要问题并提出改进建议措施；三是对上期提出的问题进行追踪。具体来说可针对企业经营策略分析、财务能力分析、营运能力和生产能力分析、盈利能力分析、稳健性分析等内容。不同类型的企业可以根据实际情况及所处的不同发展阶段和市场环境对模块做适当调整。但需要把握住经营分析工作的重点，围绕企业运营内外部环境进行评价，分析经营管理及财务指标完成情况，与同期数据及预算数据做对比分析，尤其要重视查找异常变动数据的根源。同时还要看到企业面临的市场环境瞬息万变，要及时掌握国家宏观经济政策及行业发展态势，了解同行业内其他主要竞争对手运营情况及最新动态。

总之，企业经营分析报告要突出当期经营情况重点，抓住本质问题，找出影响当期指标变动的主要原因（特别是异常变量产生的因素），总结出企业生产经营过程中存在的问题，并有针对性地提出改进措施，以此才能客观地评价和分析企业当期的经营状态，预测企业未来发展走势。这样才能为企业管理层正确决策提供有价值的参考。

4. 召开企业经营分析会议

编制企业经营分析报告的目的在于找出企业运行当中的问题并予以关注和纠正。因此，企业经营分析报告要落地就必须以月度或季度为周期，定期组织召开经营分析例会。管理层就经营分析报告中提出的问题进行讨论，寻求有效的解决途径。会议需对重点问题逐条研究对策，以实际行动为导向，将解决问题的方法转为具备可操作性的行动计划，统一思想，指定相关责任部门或责任人限期完成，以便抓好会议既定事项的落实。

以某省电信公司为例，市场部进行经营分析工作的流程如图 2-32 所示。

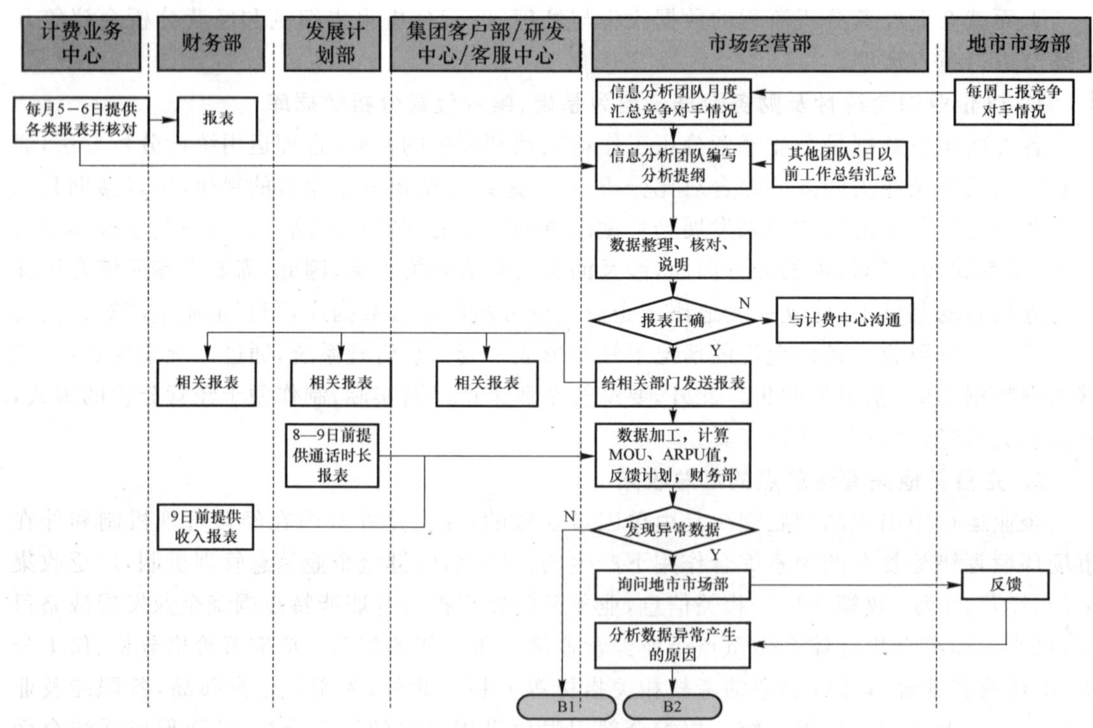

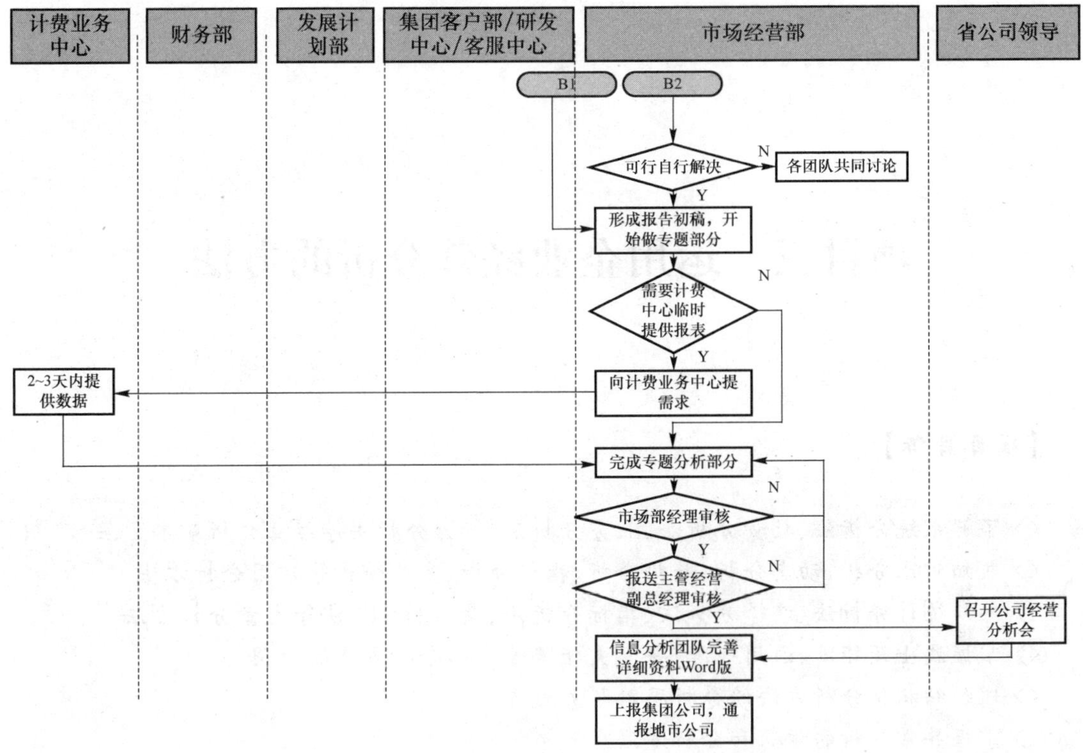

图 2-32　市场部经营分析工作流程

【思考与训练】

1. 简述业务分析五步法的内容。
2. 用户流失分析的主要内容有哪些？
3. 企业经营分析的基本步骤是什么？
4. 结构化的分解问题方式有哪几种形式？
5. 经营分析的结果表达技巧有哪些？
6. 企业经营分析报告的内容大体包括哪些？
7. 请以保险公司为例，分析其用户流失情况及其原因所在，并制定有针对性的相应措施对用户进行挽留。

项目三　运用企业经营分析的方法

【项目目标】

◇ 了解系统分析法、数量分析法、业务分析法、行为分析法等经营分析基本方法
◇ 熟知对比分析、动态分析、趋势分析、指数分析、多维分析等常用分析方法
◇ 熟知统计分析法、演绎分析法、指标分析法、量本利分析法等定量分析方法
◇ 掌握波士顿矩阵、通用矩阵、安索夫矩阵等产品分析方法的应用
◇ 理解结构化分析方法的分析思路与关键点
◇ 掌握异常分析的步骤和分析方法
◇ 了解常用的企业经营战略分析方法
◇ 掌握问题分解分析法中问题分解的基本原则
◇ 掌握 PDCA 循环四阶段八步骤及其特点
◇ 了解 KANO 模型定义的三种需求
◇ 掌握波特五力分析模型的内涵

企业经营分析的方法，一般可按统计分析法进行趋势和相关分析。从估计市场销售潜力的角度讲，也可以根据已有的市场调查资料，采取直接资料法、必然结果法和复合因素法等进行市场分析。

任务一　运用企业经营分析的基本方法

一、系统分析法

市场是一个多要素、多层次组合的系统，既有营销要素的结合，又有营销过程的联系，还有营销环境的影响。运用系统分析的方法进行市场经营分析，可以使研究者从企业整体上考虑企业经营发展战略，用联系的、全面的和发展的观点来研究市场的各种现象，既看到供给的方面，又看到需求的方面，并预见到它们的发展趋势，从而做出正确的营销决策。

二、数量分析法

数量分析又被称为定量分析，是对事物的数量特征、数量关系与数量变化的分析。在定量分析中，通常采用会计和统计的分析方法，如比较分析、因素分析、结构分析、平衡分析和边际分析等。而在进行经营分析工作过程中，由于企业经营效果综合地表现在各项报告尤其是财务报告中，这就需要把报告中的各项指标结合起来，从不同角度分析企业的经营状况。

三、业务分析法

业务分析法又称为组织分析法。对于企业经营分析工作而言，通过进行数量分析掌握企业运行结果等情况之后，必须要面对和解决的问题就是分析产生这些结果的原因——探究企业经营活动是怎样进行的，并挖掘出产生这种经营效果的内在原因，区分出优势和不足。这就不仅局限于以货币和实物单位表现的各种经营活动结果指标的分析，而更是着眼于包括管理分析、组织分析等企业运行过程方面的内容。

四、行为分析法

对企业来讲，经营过程中体现出的数量也好，管理架构和运行流程也好，基本都是固定和相对稳定的。但企业经营活动是由更具变化的企业员工的劳动实现的，因而人的因素在其中起着决定性作用，对员工的行为进行分析就显得愈发重要。人的能力和积极性决定了人对企业的贡献度，而企业的管理体制及组织结构决定了集体效率，因此业务分析要与行为分析互相配合使用。在行为分析过程中，还要采用行为科学的方法，对个人行为和群体行为进行心理学、人类学、社会学、经济学、政治学和语言学等的分析和解读。

五、调研分析法

调研分析法又称为调查法，它一般与上文提到的分析方法结合使用。它的开展形式主要包括在企业内部进行文献查阅、实地观察、座谈讨论、书面函询、专题调研、社区论坛、网络交流等。调研分析法主要用于搜集资料和情况，有助于了解和查清相关问题，分析需要了解的各方面状态和原因等。

总之，在企业经营分析过程中，要将企业视为一个有机生命体，由浅入深、由表及里地揭示出企业当前运营效果和经营过程中亟待解决的矛盾点。为了更好地达到工作效果，可以将上述方法结合应用，以便客观评价现状、深刻挖掘原因、有针对性地提出对策建议，确保企业经营分析工作落到实处，真正有益于企业发展。

任务二　运用企业经营分析的常用方法

一、结构化分析法

1. 分析思路

结构化分析方法是以自上向下，逐步求精为基点，以一系列经过实践的检验被认为是正确的原理和技术为支撑，以数据流图、数据字典、结构化语言、判定表、判定树等图形表达为主要手段，强调开发方法的结构合理性和系统的结构合理性的软件分析方法。也称为新生命周期法，是生命周期法的继承与发展，是生命周期法与结构化程序设计思想的结合。其基本思想是用系统工程的思想和工程化的方法，根据用户至上的原则，自始至终按照结构化、模块化，自上而下地对系统进行分析与设计。

结构化分析方法应用到企业经营分析中，要结合经营分析的实际进行结构化的设计，才能满足企业需要，提出更好的措施与建议。结构化分析是企业经营分析的总体要求和基本路径，其分析思路如图 3-1 所示。

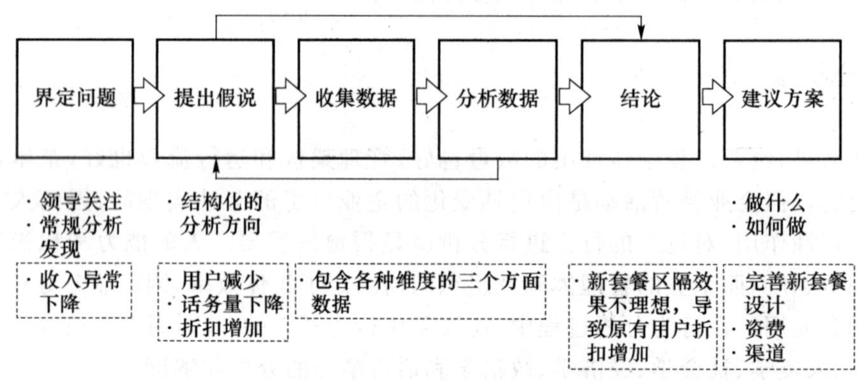

图 3-1　结构化分析方法的分析思路

2. 关键点

结构化分析方法的关键点在于如何提出假说，如果假说是错误的将会导致分析结果的错误。假说有效与否的评价标准是不重复、不遗漏。提出假说的常用方法，一是采用逻辑分析法，二是采用头脑风暴法，比如原因—结果分析。

二、常用分析方法

企业经营分析常用的分析方法，有宏观分析方法、产品分析方法和其他分析方法等，每一类中又可分为若干具体的分析方法，如图 3-2 所示。

1. PEST 分析方法

PEST 分析是指宏观环境的分析，P 是政治(Politics)，E 是经济(Economy)，S 是社会(Society)，T 是技术(Technology)。在分析一个企业外部所处环境的时候，通常是通过这四个因素来分析企业所面临的状况，如图 3-3 所示。

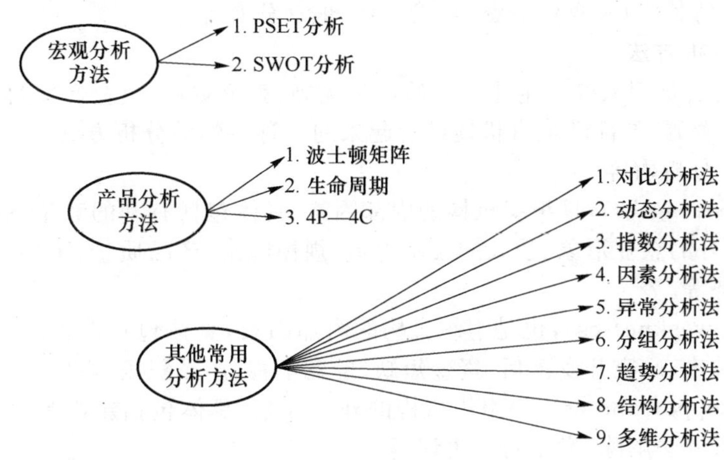

图 3-2 企业经营分析常用的分析方法

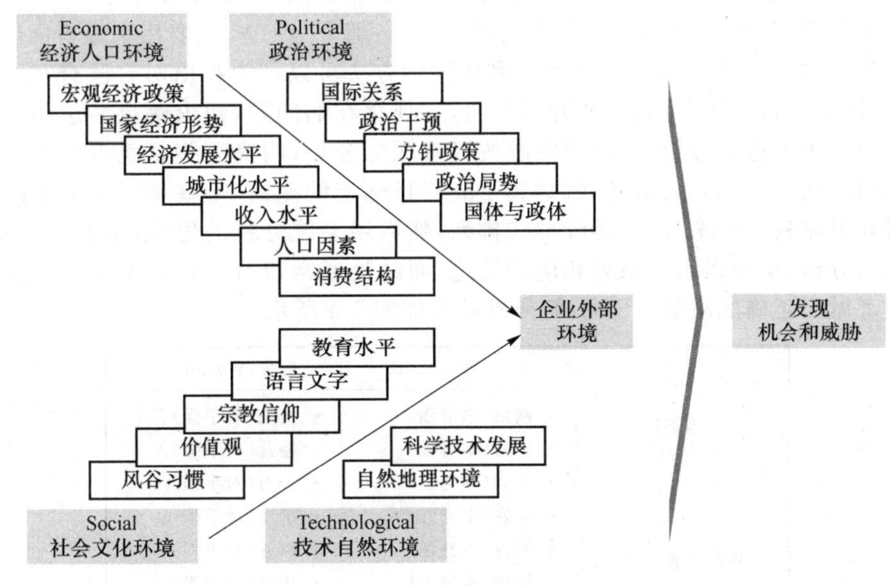

图 3-3 PEST 分析内容

(1) P-政治法律环境

政治法律环境主要包括国际关系、政治制度与体制、政治局势、政府的态度和有关的法律法规等。

(2) E-经济人口环境

经济人口环境主要包括经济政策、经济形势、经济发展水平、收入水平、消费结构、财政货币政策、通货膨胀、失业率水平，以及人口规模、年龄结构、人口分布、种族结构等。

(3) S-社会文化环境

社会文化环境主要包括组织所在社会中成员的民族特征、文化传统、价值观念、宗教信仰、教育水平以及风俗习惯等因素。

(4) T-技术自然环境

技术自然环境主要包括发明创造，与企业市场有关的新技术、新工艺、新材料的出现和发展趋势与应用背景，以及自然资源、自然条件、地理分布等。

2. SWOT 分析方法

SWOT 分析法是用来确定企业自身的竞争优势、竞争劣势、机会和威胁，从而将公司的战略与公司内部资源、外部环境有机地结合起来的一种科学的分析方法。

(1) SWOT 分析内容

- 优势(S-strengths)，是组织机构的内部因素，具体包括有利的竞争态势、充足的财政来源、良好的企业形象、强大的技术力量、规模经济、产品质量、市场份额、成本优势、广告攻势等。
- 劣势(W-weaknesses)，也是组织机构的内部因素，具体包括设备老化、管理混乱、缺少关键技术、研究开发落后、资金短缺、经营不善、产品积压、竞争力差等。
- 机会(O-opportunities)，是组织机构的外部因素，具体包括新产品、新市场、新需求、外国市场壁垒解除、竞争对手失误等。
- 威胁(T-threats)，也是组织机构的外部因素，具体包括新的竞争对手、替代产品增多、市场紧缩、行业政策变化、经济衰退、用户偏好改变、突发事件等。

从整体上看，SWOT 分析可以分为两部分：第一部分为 SW，主要用来分析内部条件；第二部分为 OT，主要用来分析外部环境。利用这种方法可以从中找出对自己有利的、值得发扬的因素，以及对自己不利的、要避开的东西，发现存在的问题，找出解决办法，并明确以后的发展方向。根据这个分析，可以将问题按轻重缓急分类，明确哪些是急需解决的问题，哪些是可以稍微拖后一点儿的事情，哪些属于战略目标上的障碍，哪些属于战术上的问题，并将这些研究对象列举出来，依照矩阵形式排列，然后用系统分析的思想，把各种因素相互匹配起来加以分析，从中得出一系列相应的结论，而结论通常带有一定的决策性，有利于领导者和管理者做出正确的决策。SWOT 分析矩阵如图 3-4 所示。

内部因素 / 外部因素	优势(Strength)	劣势(Weakness)
	• 网络(本身强) • 经营(本身强) • 人力(本身强) • 研发(本身强) • 财务(本身强) • 管理(本身强) • 商业模式(本身强)	• 网络(对手强) • 经营(对手强) • 人力(对手强) • 研发(对手强) • 财务(对手强) • 管理(对手强) • 商业模式(对手强)
机会(Opportunities)	SO	WO
• 政治(有利) • 经济(有利) • 社会(有利) • 科技(有利)	利用内部优势抓住外部机会	利用外部机会改进内部弱点
威胁(Theats)	ST	WT
• 政治(不利) • 经济(不利) • 社会(不利) • 科技(不利)	利用企业优势避免或减弱外部威胁	克服内部弱点和避免外部威胁的应对策略

图 3-4 SWOT 分析矩阵

(2) SWOT 分析方法举例

下面我们以中国电信公司为例，采用 SWOT 分析方法来确定自身的竞争优势、竞争劣势、市场机会和威胁，并把各因素有机组合起来加以分析，形成如图 3-5 所示的分析矩阵（请读者结合企业当前的实际将图中内容补充完整，并得出相应结论）。

内部因素 \ 外部因素	优势(Strength)	劣势(Weakness)
	• 网络资源丰富 • 产品丰富 • 信息业务运营经验	• 基础管理 • 商业模式
机会(Opportunities)	SO	WO
• 信息需求/获取方式 • 信息表示/信息传递	• 业务转型 语音信息-电话 多媒体信息-计算机	
威胁(Theats)	ST	WT

图 3-5　SWOT 分析方法在电信企业中的应用

(3) SWOT 与 PEST 的关系

SWOT 分析方法与 PEST 分析方法存在密切的联系，如图 3-6 所示。

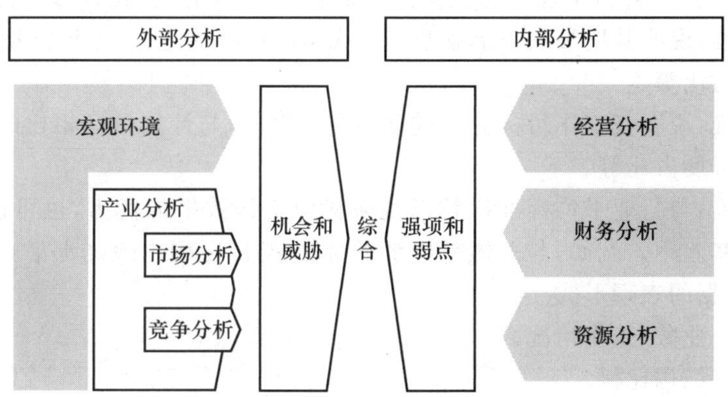

图 3-6　SWOT 与 PEST 的关系

3. 对比分析法

对比分析法，也称比较分析法，是根据经济现象之间的内在联系，对相关指标进行对比来揭示二者之间的差异，借以了解经济活动的成效和问题的一种分析方法。通常是把两个相互联系的指标数据进行比较，从数量上展示和说明研究对象规模的大小、水平的高低、速度的快慢，以及各种关系是否协调。在对比分析中，选择合适的对比标准是十分关键的步骤，对比标准选择合适，才能做出客观的评价，选择不合适，评价可能得出错误的结论。

对比分析法根据分析的特殊需要，又有绝对数对比和相对数对比两种形式。绝对数对比是利用绝对数进行对比，从而寻找差异，如业务发展增长情况；相对数对比是由两个有联系的指标对比计算的，用以反映客观经济现象之间数量联系程度的综合指标，其数值表现为相对数，如主线普及率的增长情况。

(1) 相对数的分类

由于研究目的和对比基础不同，相对数可以分为以下几种。

- 结构相对数：将同一总体内的部分数值与全部数值对比求得比重，用以说明事物的性质、结构或质量。如居民食品支出额占消费支出总额比重、产品合格率等。
- 比例相对数：将同一总体内不同部分的数值对比，表明总体内各部分的比例关系，如人口性别比例、投资与消费比例等。
- 比较相对数：将同一时期两个性质相同的指标数值对比，说明同类现象在不同空间条件下的数量对比关系。如不同地区商品价格对比，不同行业、不同企业间某项指标对比等。
- 强度相对数：将两个性质不同但有一定联系的总量指标对比，用以说明现象的强度、密度和普遍程度。如人均国内生产总值用“元/人”表示，人口密度用“人/平方千米”表示，也有用百分数或千分数表示的，如人口出生率用‰表示。
- 计划完成程度相对数：是某一时期实际完成数与计划数对比，用以说明计划完成程度。
- 动态相对数：将同一现象在不同时期的指标数值对比，用以说明发展方向和变化的速度。如发展速度、增长速度等。

(2) 对比分析主要的参照标准

根据比较的基础不同，企业市场经营分析中通常采用的主要比较参照标准有以下三种：

- 历史标准：说明其增长或发展速度。例如，与上期对比、与去年同期对比、与历史最好水平对比等。
- 计划标准：说明其工作目标完成进度情况。例如，与计划目标相比的完成情况、完成情况的进度占比等。
- 行业标准：与行业平均标准比较以说明横向工作效果的优劣，也可以和先进标准比较说明其差距。例如，与总体平均水平对比、与国际国内最好水平对比等。

(3) 对比数据的表现形式

- 表格——业务、工作情况。
- 饼图——结构比例。
- 曲线——发展趋势。
- 柱状图——横向比较分析或目标完成情况。
- 柱线组合图——业务的双指标完成情况。

4. 分组分析法

按照统计分组原则，对于一个总体或集合，其各层次的组成部分之间都有内在的联系。对这些指标的分析就可以利用一系列相互联系、相互补充的统计分组，从不同的侧面、按照不同的标志去解剖总体、分析总体，以便从总体的内部结构和内在联系中去发现问题。

(1) 统计分组含义

分组就是根据研究的目的和客观现象的内在特点，按某个标志或几个标志把被研究的总体划分为若干个不同性质的组，使组内的差异尽可能小，组间的差异尽可能大。分组分析法是在分组的基础上，对现象的内部结构或现象之间的依存关系从定性或定量的角度做进一步分析研究，以便寻找事物发展的规律，正确的分析问题和解决问题。

分组时必须遵循两个原则，即穷尽原则和互斥原则。所谓穷尽原则，就是使总体中的每一个单位都应有组可归，或者说各分组的空间足以容纳总体所有的单位。所谓互斥原则，就是在特定的分组标志下，总体中的任何一个单位只能归属于某一个组，而不能同时或可能归属于几个组。

(2) 常用的分组标准

在企业市场经营分析中，通常采用的分组标准有以下三种，如图 3-7 所示。

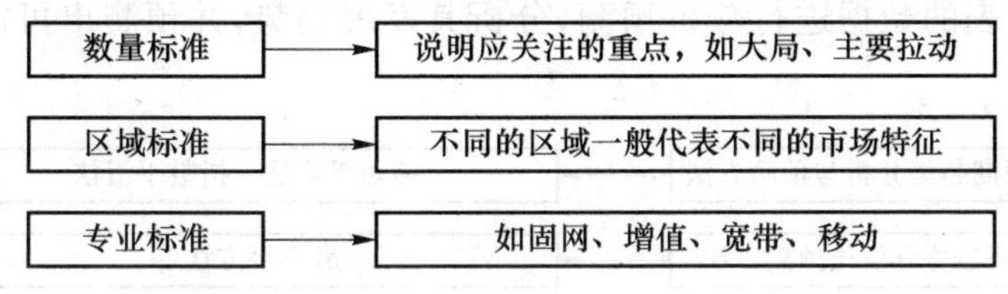

图 3-7　常用的分组标准

5. 动态分析法

企业经营是动态的过程，经营指标基本都是在动态变化过程中，围绕这些动态现象进行的分析就是动态分析。

(1) 动态分析含义

动态分析是对经济变动的实际过程所进行的分析，其中包括分析有关变量在一定时间过程中的变动，这些经济变量在变动过程中的相互影响和彼此制约的关系，以及它们在每一个时点上变动的速率等。动态分析法的一个重要特点是考虑时间因素的影响，并把经济现象的变化当作一个连续的过程来看待。

动态分析法又叫时序分析法，它是将不同时期的指标数值进行比较，观察其事物的变化发展趋势，研究其事物的发展速度和变化规律的一种分析方法。如商品销售额在时间上的变化、商品寿命周期的变化、价格变化、市场供求情况变化等。动态分析法是对比分析法的推广。

(2) 动态分析指标

动态分析指标可分为传统动态指标(社会经济统计上的)和其他动态指标(资金时间价值上的)，如图 3-8 所示。

$$\text{发展速度}=\text{报告期水平}\div\text{基期水平}\times 100\%$$

$$\begin{aligned}\text{增长速度}&=\text{增长量}\div\text{基期水平}\times 100\%\\&=(\text{报告期水平}-\text{基期水平})\div\text{基期水平}\times 100\%\\&=\text{发展速度}-1\end{aligned}$$

$$\text{平均发展速度}=\sqrt[n]{\frac{a_1}{a_0}\times\frac{a_2}{a_1}\times\cdots\times\frac{a_n}{a_{n-1}}}=\sqrt[n]{\frac{a_n}{a_0}}$$

$$\text{平均增长速度}=\text{平均发展速度}-1$$

6. 趋势分析法

趋势分析法是通过对统计报表中各类相关数据资料，将两期或多期连续的相同指标或

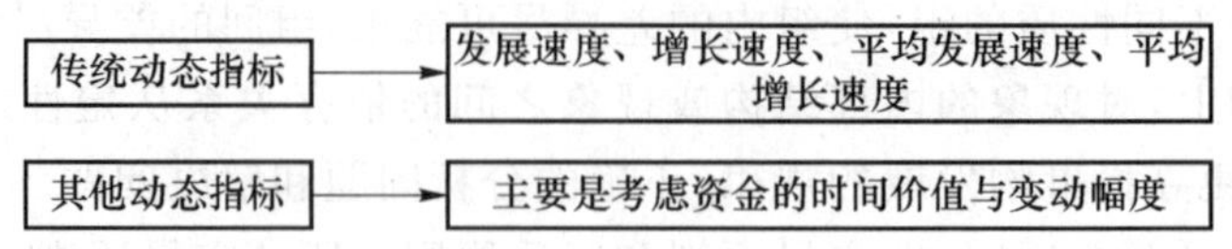

图 3-8　动态分析指标

比率进行定基对比和环比对比，得出它们的增减变动方向、数额和幅度，以揭示企业财务状况、业务经营情况和现金流量变化趋势的一种分析方法。趋势分析法总体上分四大类：纵向分析法、横向分析法、标准分析法和综合分析法。

此外，趋势分析法还有一种趋势预测分析。趋势预测分析运用回归分析法、指数平滑法等方法来对统计报表的数据进行分析预测，分析其发展趋势，并预测出可能的发展结果。如图 3-9 所示。

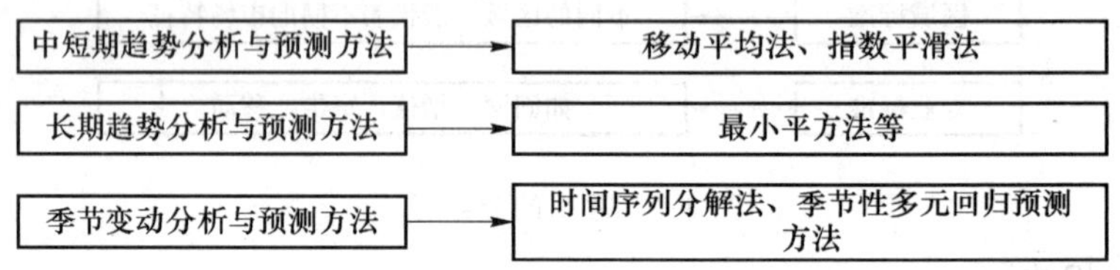

图 3-9　趋势预测分析方法

7. 相关分析法

社会经济现象之间存在着大量的相互联系、相互依赖、相互制约的数量关系。这种关系可分为两种类型：一类是函数关系。它反映着现象之间严格的依存关系，也称确定性的依存关系。在这种关系中，对于变量的每一个数值，都有一个或几个确定的值与之对应。另一类为相关关系。在这种关系中，变量之间存在着不确定、不严格的依存关系，对于变量的某个数值，可以有另一变量的若干数值与之相对应，这若干个数值围绕着它们的平均数呈现出有规律的波动。例如，企业某产品产量与相对应的单位产品成本，某些商品价格的升降与消费者需求的变化就存在着这样的相关关系。

相关分析法是就是测定经济现象之间相关关系的规律性，并据以进行预测和控制的分析方法。在企业经营分析实践中，进行相关分析需要依次解决以下问题。

① 确定现象之间有无相关关系以及相关关系的类型。对不熟悉的现象，则需收集变量之间大量的对应资料，用绘制相关图（即散点图，如图 3-10 所示）的方法做初步判断。从变量之间相互关系的方向看，变量之间有时存在着同增同减的同方向变动，是正相关关系；有时变量之间存在着一增一减的反方向变动，是负相关关系。从变量之间相关的表现形式看有直线相关关系和曲线相关关系，从相关关系涉及的变量的个数看有一元相关关系和多元相关关系。

② 判定现象之间相关关系的密切程度，通常是计算相关系数及绝对值，相关系数在0.8以上表明高度相关，必要时应对相关系数进行显著性检验。

③ 拟合回归方程，如果现象间相关关系密切，就要根据其相关关系的类型，建立数学模型，用相应的数学表达式——回归方程来反映这种数量关系，这就是回归分析。

④ 判断回归分析的可靠性，要用数理统计的方法对回归方程进行检验。只有通过检验的回归方程才能用于预测和控制。

⑤ 根据回归方程进行内插、外推预测和控制。

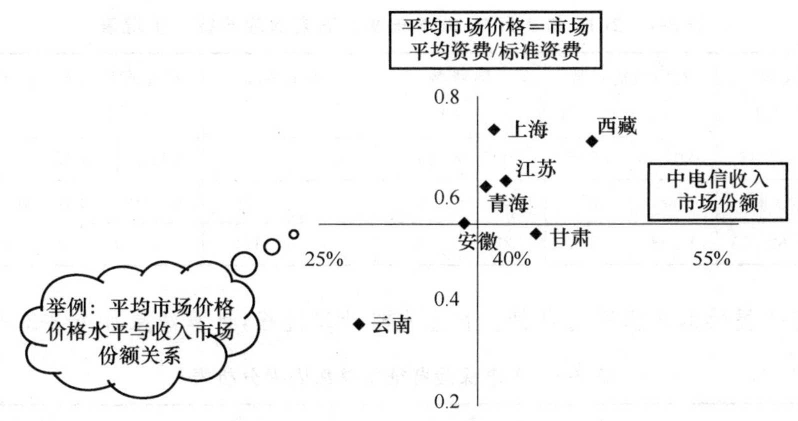

图 3-10　相关分析中的散点图

8. 因素分析法

因素分析法是依据分析指标与其影响因素的关系，从数量上确定各因素对分析指标影响方向和影响程度的一种方法。因素分析法既可以全面分析各因素对某一经济指标的影响，又可以单独分析某个因素对经济指标的影响。使用这种方法能够使研究者把一组反映事物性质、状态、特点等的变量简化为少数几个能够反映出事物内在联系的、固有的、决定事物本质特征的因素。

因素分析法主要用于分析有明确数量关联关系的各因素之间的变动对总变动量的影响程度，从而揭示现象动态中的具体情况和原因。因素分析法的前提条件是经济指标与它的构成因素之间要有明确的函数关系。运用因素分析法要注意以下几点：各因素之间的连环替代的顺序，基期数量要注意选择；各因素影响量之和等于总变化量；分析某一因素影响时，必须假设其他因素不变。

【专题案例】因素分析法在社会保险基金统计中的应用

因素分析法是以统计分析方法中指数体系为基本依据的。若干因素指数的乘积应当等于总变动指数，若干因素影响差额的总和应当等于实际发生的总差额。根据这个原则，社会保险费征缴总额指数可以分解为四个指数形成一个指数体系：

征缴总额指数＝参保人数指数×平均缴费工资指数×费率指数×征缴率指数。

因素分析法的结果既可以用相对数表示，也可以用绝对数表示。如征缴率分析的结果用相对数表示为报告期比基期增加或减少的百分比，用绝对数则表示为由于征缴率的增减影响征缴额增加或减少的实际金额。

某市社会保险费实行“据实结算”管理以来，对社会保险费征缴相关统计指标做了调整。社会保险费应征总额和实征总额两项指标已分别用核定缴费额和核定结算额替代，征缴率已用结算率替代。为客观分析一个时期内当期社会保险费征缴各因素的变化对征缴总额的影响，在使用因素分析法时，应剔除历年补征集、补欠缴及个人窗口缴费等因素，使各项因素保持相同的统计口径。

下面以某市某区养老保险征缴情况为例，某区社会保险经办机构 2015 年和 2016 年 9

月养老保险费征缴情况如表 3-1 所示。

表 3-1　2015 年 9 月与 2016 年 9 月养老保险费征缴情况表

性质	缴费人数（月均/人）		人均缴费基数（元/人/月）		缴费率（%）		结算率（%）		核定缴费总额（万元）		核定结算总额（万元）	
	2015	2016	2015	2016	2015	2016	2015	2016	2015	2016	2015	2016
	a0	a1	b0	b1	c0	c1	d0	d1	a0b0c0	a1b1c1	a0b0c0d0	a1b1c1d1
合计	50 314	62 725	1 808	2 129	28	28	100	100	2 547	3 739	2 547	3 739

根据表 3-1 提供的数据进行计算。在此省略计算过程，计算结果如表 3-2 所示。

表 3-2　养老保险费征集总额因素分析表

因素	征集总额（万元）		指数	2016 年 9 月比 2015 年 9 月增减额（万元）
	2015 年 9 月	2016 年 9 月		
因素共变影响	2 547	3 739	146.80	1 192
缴费人数影响	2 547	3 176	124.70	629
平均缴费基数影响	3 176	3 739	117.73	563
费率影响	3 739	3 739	100.00	0
结算率影响	3 739	3 739	100.00	0

通过因素分析表可以看出各因素的变化对 2016 年 9 月当期养老保险费征缴额的影响：

1. 由于缴费人数增加使养老保险费征缴额增加 629 万元，增长了 24.70%；
2. 由于平均缴费基数增长使养老保险费征缴额增加 563 万元，增长了 17.73%；
3. 由于费率没有调整，养老保险费征缴额未受到影响；
4. 由于结算率没有调整，养老保险费征缴额未受到影响。

共变因素影响使 2016 年 9 月比 2015 年 9 月多征缴养老保险费 1 192 万元，增长 46.80%。缴费人数增加和缴费基数的增长是养老保险费征缴额增长的主要因素。

以上分析结果表明，在费率基本稳定的情况下，要使社会保险费征缴额不断增长，关键是要努力扩大征缴覆盖面，增加参保人数，加强征缴管理，提高缴费结算率。

因素分析法是社会保险基金统计分析方法之一，它还可以运用到基金支付分析中去。在社会保险基金统计分析中，要把诸多分析方法相结合，并把所反映的数字指标用活。要从统计数字中找出原因、总结经验、发现问题，还需带着分析数据深入实际调查研究，使统计分析与经办管理融为一体，才能做出有数字、有情况、有份量的分析。只有这样的统计分析，才能全面、准确、具体，并以正确的分析结论供领导决策，充分发挥统计的作用。

9. 异常分析法

何谓异常？即应该做到而没有做到，不应该发生而发生，即经营活动发生了问题，实绩比管制基准差。发生异常时，应立刻进行异常分析。有人说管理的核心就是异常情况管理。对企业经营管理中的各种经济现象中比较突出的部分进行分析，就基本可以找到问题所在和解决办法，这种方法可以称为异常分析法。

(1) 判断异常的标准

判断经营情况是否异常有两种主要的标准,如图 3-11 所示。

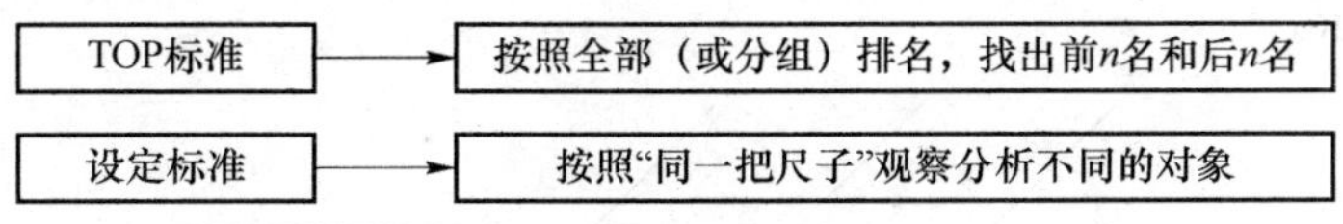

图 3-11 判断异常情况的标准

(2) 异常分析的步骤

按照企业实践经验,我们可将异常分析方法归纳为三大步骤和五个过程,分别为发现-定位-管控三大步骤和 Whether-Who-What-Where-How 五个过程,如图 3-12 所示。

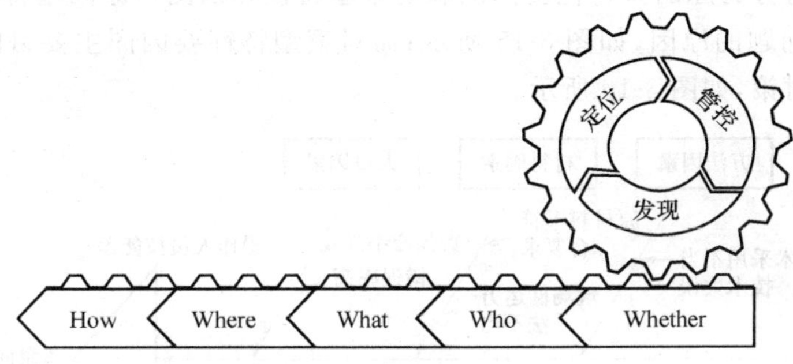

图 3-12 异常分析方法的步骤

① 发现—定位—管控三大步骤

- 发现(Discovery):及时发现当前市场经营中是否存在异常情况。
- 定位(Location):通过分析定位出异常情况的根源、类型、运作模式以及具体的位置,为下一步的管控提供全面的信息。
- 管控(Control):利用现有资源,及时实现对异常情况的管理和控制,消除异常情况对业务正常运转的影响。

② Whether-Who-What-Where-How 五个过程

- Whether:通过分析,大致判断市场经营是否存在异常情况?
- Who:若存在异常情况,异常情况都与谁有关?
- What:异常情况是什么类型的?异常情况的运作机制怎样?
- Where:异常情况相关的原因分布在什么位置?
- How:如何实现对异常情况的及时管理和控制?

(3) 问题分析方法

在企业经营工作中,导致异常情况的问题特性是由许多要因造成的。寻找要因的办法通常是采用问题分析方法,即运用特性要因图(鱼骨图),如图 3-13 所示。

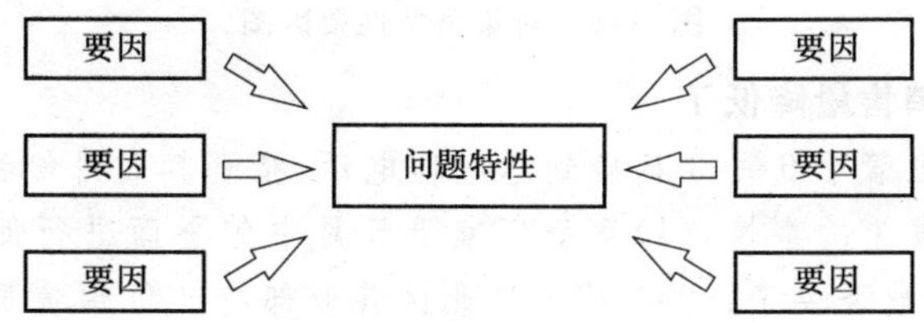

图 3-13 特性要因示意图

问题分析方法的特性要因图是将主题置于鱼头(即问题),沿主骨干展开思考,先以导致问题的主因作一次展开,再以导致主因的要因作二次展开,直到可掌握为止,每次展开4～6项,如图3-14所示。

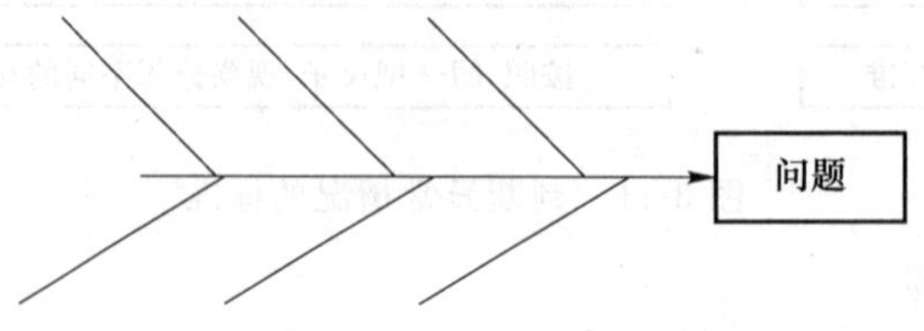

图3-14　特性要因图

特性要因图可分为原因型特性要因图和对策型特性要因图。原因型特性要因图主要目的在于寻找导致问题的原因,如图3-15所示;而对策型特性要因图主要目的在于要解决问题需要采取哪些对策,如图3-16所示。

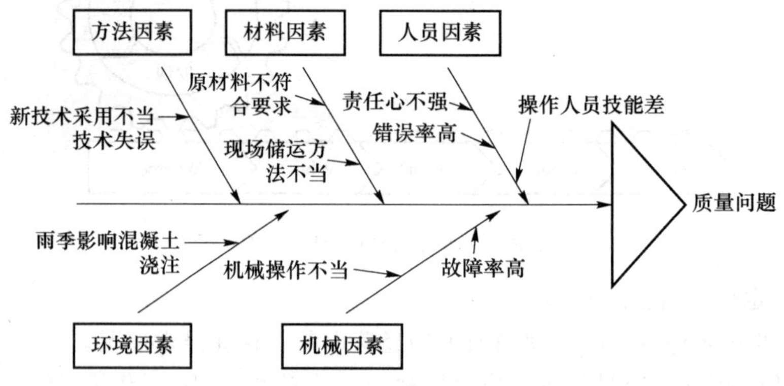

图3-15　原因型特性要因图

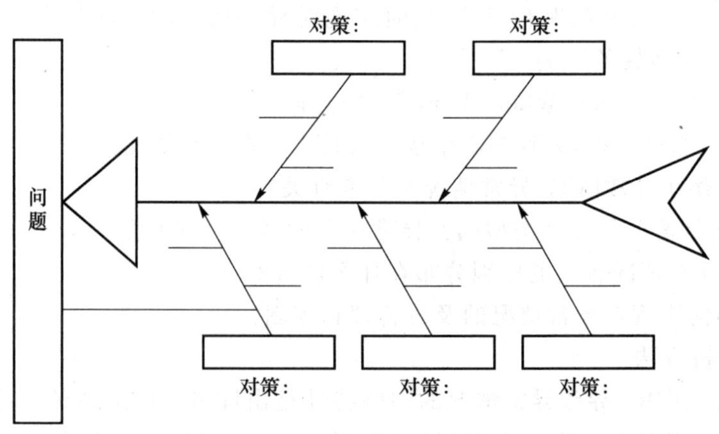

图3-16　对策型特性要因图

【专题案例】企业销售量降低了

某公司销售部门主管于6月3日接到总经理电话,指责其5月份销售业绩明显降低了。该主管回想5月份所发生的事情:(1)竞争厂家于5月中旬全面进行促销宣传,他曾建议总经理采取同样步骤,但被否决了;(2)5月5日北区营业部有2位销售员离职,他虽好几次催促人事部门补人,但到5月25日才补足缺额;(3)5月20日南区营业部的一个销售员升为销售助理,他认为该销售员能力强,如此安排可强化南区的销售阵容。除了以上3点外,他想不出还有什么重大变化,于是他下了个结论:5月份销售异常的原因为(1)竞争厂家进行促销,而公司未行动。(2)人员离职补充太慢。请问您同意销售主管的结论吗?为什么?

A君问:区分"南区"与"中区""北区"的特点是什么?

销售主管答:想不出来。

我们对于北区、中区和南区3月至5月的销售量,采用推移分析,如图3-17所示。从图3-17中可以看出导致销售量下降的主要原因在南区,南区才是异常点。

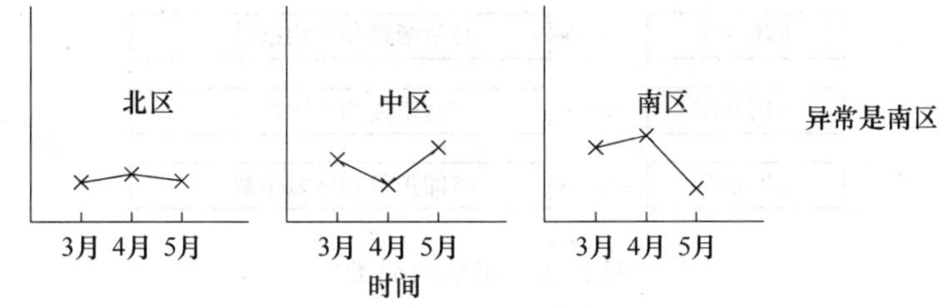

图3-17　区域销售量的推移分析

A君问:区分5月26日以前与5月26日以后的特点是什么?

销售主管答:还是想不出来。

我们针对发生异常情况的南区,进行5月销售量的推移分析,如图3-18所示。

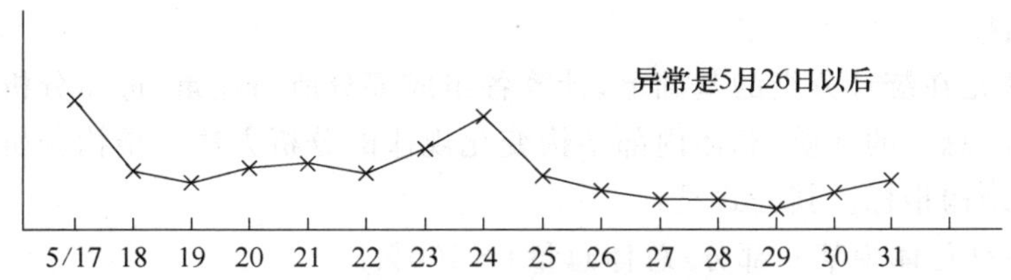

图3-18　南区5月销售量推移分析

我们分别作南区各销售员5月销售推移图,各销售员的销售量于5月26日以后普遍下降,而非某几个销售员销售量下降。由以上分析,请推演出5月份销售量异常的最可能原因是什么?理由如何?当然,下一步主管就须根据各位推演的最可能原因,继续查证,以确定真因。为查证最可能的原因,6月5日该主管赶到南区营业部,对各销售员进行个别谈话,发现销售员对于从销售员新升上来的销售助理普遍不满。

再深入分析探讨如下:销售量降低,Why?销售员发牢骚而不售货,Why?销售员对销售助理怀恨,Why?销售助理摆威风,Why?销售助理奉令兼督导工作,但未明令通告。异常情况的真正原因目前已经明确,您会建议该主管如何做好异常处理?

10. 指数分析法

指数分析法是利用指数体系,对现象的综合变动从数量上分析其受各因素影响的方向、程度及绝对数量。该方法主要用于分析数量的相对变化程度。

从不同角度,指数可以划分为不同类别,如图3-19所示。指数按其所表明现象特征与内容不同,分为数量指标指数和质量指标指数;按其计算方法或形式的不同,分为综合指数和平均数指数;按其说明现象的范围不同,分为个体指数和总指数;按其在因素分析中用于反映的现象不同,可分为总量指标指数和平均指标指数;按其在动态数列中所采用的基期不同,可分为定基指数和环比指数;按其对比的场合不同,可分为时间指数和区域指数。

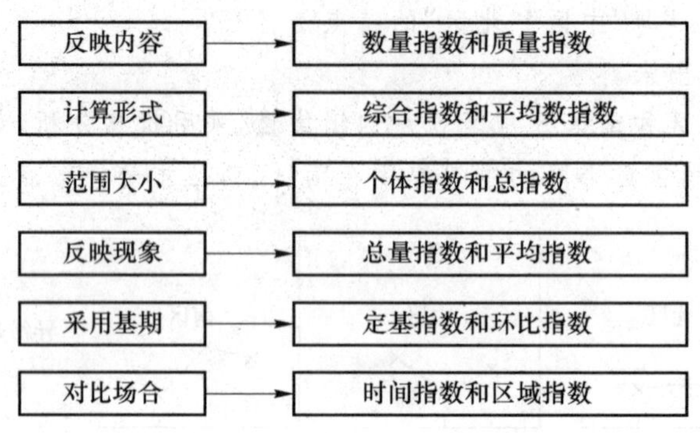

图 3-19 指数的分类

11. 结构分析法

结构分析法是指对企业经营系统中各组成部分及其对比关系变动规律的分析。如企业收入中各种业务产品的结构分析、销售增长中各因素作用的结构分析等。结构分析主要是一种静态分析,即对一定时间内企业经营系统中各组成部分变动规律的分析。如果对不同时期内经营结构变动进行分析,则属动态分析。

(1) 结构指标

结构分析法是在统计分组的基础上,计算各组成部分所占比重,进而分析某一总体现象的内部结构特征、总体的性质、总体内部结构变化规律的分析方法。结构分析法的基本表现形式,就是计算结构指标。其公式是:

结构指标 =(总体中某一部分/总体总量)×100%

结构指标就是总体各个部分占总体的比重,因此总体中各个部分的结构相对数之和,必须等于100%。

(2) 结构分析的参考标准

在企业经营分析中,结构分析的主要参照标准有三种,如图 3-20 所示。

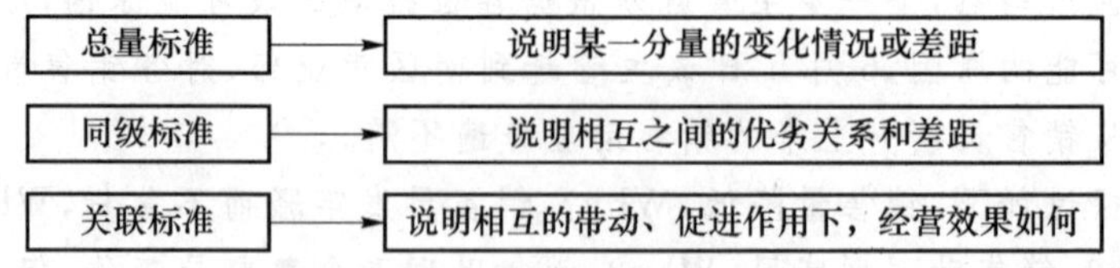

图 3-20 结构分析的参考标准

12. 多维分析法

多维分析法就是把一种产品或一种市场现象,放到一个两维以上的空间坐标上来进行分析。比如一个三维坐标的市场组合模型,其中的 X 轴代表市场占有率、Y 轴代表市场需求成长率、Z 轴代表利润率。如果我们要研究某一种产品在市场上的销售情况,就可以用多维分析法来分析。美国有一家啤酒厂生产一种啤酒,开始他们把这种啤酒的顾客和价位定位在女性和高价位上，后来，他们发现放在这个空间位置上市场面很小，购买者不多，因此，他们把市场从女性和高价的空间位置上移向男性和比较便宜的位置上来，结果销售量就增多了。

对同一经济现象或指标按不同维度进行分解分析，是界定问题的有效方法。维度标准十分复杂，基本上是所有的指标类别都可作为其维度，如时间、区域、产品、渠道、用户等。但必须注意的是：维度不能太多，否则会找不到主要问题；常用维度要与工作分工相对应，否则找到问题也难以落实相应措施。

任务三　运用企业经营分析的定量方法

一、统计分析方法

统计分析方法包括逻辑思维方法和数量关系分析方法。在统计分析中二者密不可分，应结合运用。

1. 逻辑思维方法

逻辑思维方法是指辩证唯物主义认识论的方法。统计分析必须以马克思主义哲学作为世界观和方法论的指导。唯物辩证法对于事物的认识要从简单到复杂，从特殊到一般，从偶然到必然，从现象到本质。坚持辨证的观点、发展的观点，从事物的发展变化中观察问题，从事物的相互依存、相互制约中来分析问题，对统计分析具有重要的指导意义。

2. 数量关系分析方法

数量关系分析方法是运用统计学中论述的方法对社会经济现象的数量表现，包括社会经济现象的规模、水平、速度、结构比例、事物之间的联系进行分析的方法。如对比分析法、平均和变异分析法、综合评价分析法、结构分析法、平衡分析法、动态分析法、因素分析法、相关分析法等。

① 状态分析。对于客观存在的事物，需要经常研究一定时间、地点、条件下的状态，分析其量变情况，这属于状态分析。状态分析可以细分为若干不同性质的种类，有静态分析，有动态分析，有简单总体的状态分析，有复杂总体的状态分析。不同性质的状态分析，要分别选用不同的统计分析方法，静态分析一般用总量指标、相对指标、平均指标、抽样指标推断等方法，动态分析一般用时间数列、统计指数等方法。

② 对比分析。对比分析是把两个或两类事物的市场资料相比较，从而确定它们之间相同点和不同点的逻辑方法。对一个事物是不能孤立地去认识的，只有把它与其他事物联系起来加以考察，通过比较分析，才能在众多的属性中找出本质的属性。可以采用纵向或横向对比分析(最好—平均—最差)，开展本期经营状况与国内外同类企业相比，以及本企业经营状况与历史同期相比，可以看出本企业相对于历史时期和同行企业的发展差距。

③ 比例分析。市场经营分析中，研究实际完成指标占计划完成指标的比重，说明计划完成任务的程度，通常采用计划/定额完成情况(时间、单位)分析，具体有生产计划完成情况、财务计划完成状况、成本计划完成状况、销售计划完成状况等。

④ 结构分析。在市场经营分析中，通过市场调查资料，分析某现象的结构及其各组成

部分的功能,进而认识这一现象本质的方法,称为结构分析法。结构分析是在统计分组的基础上,计算各组成部分所占比重,进而分析某一总体现象的内部结构特征、总体的性质、总体内部结构依时间推移而表现出的变化规律性的统计方法。结构分析法的基本表现形式,就是计算结构指标。其公式是:结构指标(%)=(总体中某一部分/总体总量)100%。结构指标就是总体各个部分占总体的比重,因此总体中各个部分的结构相对数之和,即等于100%。

⑤ 因素分析。因素分析是对构成事物的要素、成分和决定事物发展的内部条件进行定量分析。这是在统计分析中最常见的一种分析。例如,分析计划完成好坏的原因,分析产品产量增加的原因,分析经济效益好坏的原因等。通过因素分析,可以揭示事物内部最本质的联系,发现规律,还可以提出新的理论概念。

⑥ 联系分析。社会经济现象是相互联系的,在其联系中存在因果关系、比例关系、平衡关系等。联系分析就是利用这种社会经济现象相互联系进行数量关系的分析,以研究其中存在的规律性。事物的发展变化,内因是根据,外因是条件。联系分析主要有用于因果关系的相关回归法,用于比例关系的比例法,用于平衡关系的平衡法等。

⑦ 趋势分析。社会经济现象的发展变化受许多因素影响,有长期起作用的基本因素,也有短期因素和偶然因素。趋势分析就是排除短期偶然因索的影响,使动态数列呈现出长期因素所造成的长期趋势,以揭示事物发展规律,据以预测未来。趋势分析的方法既有数学模型法,如趋势线配合法,也有非数学模型法,如时距扩大法、移动平均法等对于趋势线配合法的运用。具体配合什么样的趋势线,首先也要作定性分析,即对客观现象发展的形态进行判断,一种判断方法是画散点图,另一种判断方法是根据动态指标来判定,当动态数列的逐期增长量大体相同,基本趋势是直线型的,可配合直线方程式;若二级增长量大体相同,基本趋势是抛物线型的,可配合指数抛物线方程式。

⑧ 决策分析。决策分析是人们现在一定条件下,为寻找优化目标和优化地达到目标须采取的行动方案,而进行的一系列分析研究、对比选择工作。决策方法很多,不同的内容,不同的情况,要选用不同的决策方法。例如,按照掌握的信息情报资料的不同,有确定型决策、风险型决策和不确定型决策,各自要选择相应的决策方法。

⑨ 多层次分析。有些问题比较简单,一两个层次就能把问题分析清楚。有些问题则比较复杂,需要进行多层次的分析,层层解剖,才能找到问题的本质和规律。对于多层次的分析,每一层次都要经过定性—定量—定性的分析过程。

【专题案例】利用统计分析方法改进员工绩效考核体系

(一)我国企业员工绩效考核体系的现状

企业的重要目标之一就是追求良好的工作绩效,它不但能充分调动员工的工作积极性、提高工作能力与业务素质,更能推动企业业务的可持续发展。因此建立一套科学、有效、合理、公正的绩效考核体系非常重要。由于我国大多数企业目前普遍推行的绩效考核手段,仍以传统的考核方式为主,科学性、系统性不强,具有较大的主观性和盲目性,从而造成考核结果的较大偏差。

考核结果的不准确使得企业缺乏可靠的激励依据,从而导致激励出现偏差,在很大程度上挫伤了管理者和员工的积极性,造成了组织效率的低下及企业目标实现的困难。因此建立和完善科学合理的绩效考核体系是企业人力资源开发与管理的当务之急。

从现有研究文献和企业管理实践来看，现行绩效考核体系的常见缺陷主要是缺乏明确的考核标准和客观的衡量尺度。考核结果不为广大员工认可：考核方法的设计不科学，缺乏可操作性；考核结果与员工报酬、升迁的联系不紧密；考核缺乏反馈制度或者反馈只是流于形式；考核方法得出的结果和材料不规范。其中，关注重点是绩效考核体系本身及其运行过程中存在的问题，主要包括员工对现有考核体系的态度、关键指标的确定及其权重、考核主体的选择与素质要求等问题。

（二）研究方法及思路

此处主要试图通过案例研究来对样本企业现有的绩效考核体系进行分析与探讨，并提出如何改进该企业现有绩效考核体系。

在研究过程中使用了多种统计分析方法。主要有描述性统计分析、相关系数分析、主成分分析、层次分析法。其中相关系数分析主要用来分析原有考核方法的信度及各变量之间的相关关系；主成分分析法一方面用来将企业绩效考核表上原有的考核准则予以简化，另一方面是为了避免指标间相互依存关系所导致的计分加重情形的出现，从而建立独立性更强的综合考核指标；层次分析法主要用来确定各考核指标及准则更为合理的权重。研究中的所有数据均来自于样本公司的年度考核数据，并使用统计分析软件 SPSS1.0.0 来进行分析处理。

在研究过程中，首先运用描述性统计分析对搜集的资料予以整理，并通过使用主成分分析法来对 M 公司的年度考核资料的分析来简化原有的各项考核准则，构建出新的综合考核指标。然后再利用层次分析法，主要通过问卷分析的形式，将新的综合考核指标和原有的考核准则同时列入到问卷中，并对该公司的员工进行问卷调查，以得到公司所有员工对考核指标权重重新分配的观点，并根据调查分析的结果，重新拟定各指标的权重分配，以作为今后绩效考核的基础。同时在研究过程中主要使用相关系数来了解考核方法的信度和效度，以保证整个研究的科学性。

（三）研究结果分析样本

M 公司是一家属于广电领域的高科技公司，公司在完成有关人力资源变革后发现许多员工对整个变革并不满意。分析后发现原因在于原有的绩效考核制度没有大的变动，每个人实际绩效与最终所得报酬并无直接关系。由于绩效考核所提供的信息并不能反映实际的情况，所以据此所得的结果很难使员工满意。因此，为了很好地配合 M 公司的人力资源变革，首先需要对考核制度的运行现状进行分析，找出其中存在的问题，从而提供较为客观、能真正反映员工实际绩效的考核信息。

(1) 原有考核结果的相关分析。在相关分析中主要利用该公司历史时期的考核记录，对数据进行有关离散程度、考核方法的信度及有效性进行分析。首先从考核结果的离散程度来看，各类员工的评议结果的最大值和最小值之间差距很小，反映不出员工之间实际绩效的差距。其次对考核结果的信度分析，主要利用重测信度进行分析。通过随机抽样的结果来看，高层管理者对中层人员考核结果间具有很高的相关性，说明考核者的态度比较一致，其结果的可靠性较高。但中层人员对基层员工所做的评议，普遍达不到显著相关，其结果的可靠性较低。再次进行考核结果的有效性分析。从抽样结果分析来看，虽然考核者的打分结果都非常集中，但彼此之间的相关系数却不大。说明考核不但存在宽大心理误差，且对被考核者的认识并不一致。因此,认为不能真实反映被考核者的表现。最后进行考核结果的方差分析。据此判别考核者在对考核标准的把握上是否存在差异,结果发现考核者对考核标准的把握存在显著性差异。

(2) 原有考核指标的主成分分析。本部分的分析主要选取了某部门的考核记录作为数据来源,采用了主成分分析的方法来分析该部门成员的考核记录,以考察原主要考核指标,考核体系主要有纪律性、出勤率、素质提高、工作改进、工作业绩、协作交往、创造性、合作精神八个指标设置的合理性。在研究中规定用累积贡献度大于0.75来决定主成分的个数。经数据分析后得到4个因子,其中第一主成分代表了纪律性及出勤率两项准则;第二主成分则涵盖了协作交往与合作精神两项准则的变异;第三主成分表达了工作改进及创造性两项准则;第四主成分则代表了素质提高与工作业绩。

根据各主成分的内在含义,可分别为其命名:代表纪律性和出勤率的第一主成分称为纪律指标;考核协作交往和合作精神的第二主成分称为人际关系指标;表达工作改进及创造性的成分称为创新能力指标;代表素质提高与工作业绩的成分称为自我开发指标。

(3) 层次分析问卷及结果分析。从上面的分析可知,原有考核体系的八项主要考核指标因部分具有高度的相关性,因此将其合并为四个指标,合并后指标权重的分配采用层次分析法来确定。

根据主成分分析法得到的四项综合指标及原八项主要考核指标形成关系设计成问卷模式,然后将该问卷发放至各部门填写,其主要目的在于取得所有人员对各考核指标权重分配的看法。

从原始数据分析来看,仅岗位类别一项在权重分配上存在差异,各岗位从业人员都认为人际关系指标和自我开发指标均比纪律指标和创造能力指标更重要。但是在具体分配权重时,管理岗位人员认为这两项指标的重要程度明显要高于其他两类人员。进一步的分析发现人际关系指标与自我开发指标权重值中明显差异是来自于工作业绩和协作交往,而创造能力与纪律指标部分则是由于工作改进与出勤率两项指标的权重值差异所形成的。为更深入地了解产生这种差异的原因,根据问卷情况选取部分人员进行了深度访谈。访谈后发现由于在上一年人员的出勤率和工作改进方面表现均不尽如人意,公司为改变这种状况制定了与此相关的奖惩制度,从而使得工程技术人员和其他人员直觉上认为公司相当重视此两项指标,所以填写问卷时此两项所占比重较大。

而对管理人员而言,由于奖惩制度的实施,有效地改善了出勤和工作改进情况,因此,他们认为,未来管理的重点应当放在协作交往和工作业绩方面。

从上面的分析可以看出,管理岗位人员所提出的权重分配可视为一领先指标,而其他两类岗位人员所填写的权重分配则为过去管理的结果(落后指标)。因此在最终确定权重分配时应采用管理岗位权重值的平均值为主,其他两类岗位的平均权重值可作为参考。

(四) 研究结论

从以上的分析中可以明显地发现在M公司原有的绩效考核体系及其执行过程中主要存在以下问题。

(1) 指标体系问题较多。考核指标是考核内容或考核标准的操作化的表现形式,它应当包括考核要素和要素定义。而在M公司的考核表中则只有考核要素而无要素定义,且原指标间存在相关性,从而导致考核者对同一考核对象的评定相差甚远的结果。从前面的分析中也可以看出，由于没有明确的标志，无论是考核方法的信度还是其有效性都不能令人满意。

(2) 考核业务培训缺乏。在正式考核实施前，一般要对所有执行考核的人进行考核业务培训。但在M公司，尽管公司上层也比较重视绩效考核，但每次考核时并没有对相应的人员进行培训，加以原有制度的缺陷及主观上的原因，使得考核工作越来越招致更多员工的反对。

(3) 信息反馈不足。对考核结果给予反馈是整个考核体系中的一个重要环节，可增强员工对考核系统的公平感，了解自己有待改进的绩效领域。尽管M公司也有结果反馈，但主管与员工之间很少就绩效问题进行沟通，员工从结果中也得不到有价值的信息，无益于个人绩效的改进和提高。

(五) 措施建议

经过整体分析结果可知，为实现公司的组织发展目标从人力资源管理的角度来看，M公司的绩效考核中有以下几项应进行适当的调整。

(1) 绩效考核指标的确定，包括其权重的分配应与公司阶段性任务目标一致。指标本身及其权重应能很好地向员工传达公司的相关信息。

(2) 绩效考核办法确定后，在绩效考核的期初应广为宣传，以便所有人员都能了解考核的内容.要求及公司的目标。

(3) 要定期检查考核项目及其权重，根据环境的变化及时地进行相应的调整。

(4) 原有的八项主要绩效考核准则中，存在高度的相关性，不是独立的考核准则。根据本研究的结果，可将其简化为四项指标作为其考核准则。

(5) 根据各类人员的岗位特点，设置关键业绩指标，并对各指标进行明确定义。

(6) 加强部门主管的绩效反馈面谈技能培训，通过有效的反馈沟通可以进一步改进和提升员工的绩效水平。

二、演绎分析法

演绎分析法又称演绎推理(Deductive reasoning)，是把市场整体分解为各个部分、方面、因素，形成分类资料，并通过对这些分类资料的研究分别把握其特征和本质，然后将这些通过分类研究得到的认识联结起来，形成对市场整体认识的逻辑方法。

演绎分析法是人们以一定的反映客观规律的理论认识为依据，从服从该认识的已知部分推知事物的未知部分思维方法。是由一般到个别的认识方法。演绎法是认识“隐性”知识的方法。演绎分析法具有以下特点。

① 演绎分析法的前提的一般性知识和结论的个别性知识之间具有必然的联系，结论蕴含在前提中，没超出前提知识范围。

② 演绎分析法的结论是否正确，既取决于作为出发点的一般性知识是否正确反映客观事物的本质，又取决于前提和结论之间是否正确地反映事物之间的联系。如果前提是经过实践检验的正确反映事物本质的普遍原理或公理，演绎过程中又遵循了逻辑规则，那得出的结论可靠。

③ 演绎分析法的思维运动方向是由一般到个别，由抽象到具体，即演绎的前提是一般性知识，是抽象性的，而它的结论却是个别性知识，是具体的。

三、指标分析方法

1. 指标分析法的含义

指标分析法就是将企业运营能力、偿债能力、获利能力和发展能力指标等诸方面纳入一个有机的整体之中，全面地对企业经营状况、财务状况进行解剖与分析。主要指标包括财务类指标，如资产负债率、资金周转率、资产报酬率；经营生产类指标，如资本收益率、投入产出率、劳动生产率；销售市场类指标，如销售增长率、销售利润率、销售成本率、市场占有率；企业盈利能力指标，如销售毛利率、所有者权益率等。

2. 指标分析法的分类

指标分析方法主要有杜邦财务分析体系和沃尔比重评分法。

(1) 杜邦财务分析体系

杜邦财务分析体系(简称杜邦体系)，是利用各财务指标间的内在关系，对企业综合经营理财及经济效益进行系统分析评价的方法。该体系以净资产收益率为核心，将其分解为若干财务指标，通过分析各分解指标的变动对净资产收益率的影响来揭示企业获利能力及其变动原因。杜邦体系各主要指标之间的关系如下：

净资产收益率＝总资产净利率×权益乘数

＝销售净利率×总资产周转率×权益乘数

其中：

销售净利率＝净利润÷销售收入

总资产周转率＝销售收入÷平均资产总额

权益乘数＝资产总额÷所有者权益总额＝1 ÷(1－资产负债率)

在具体运用杜邦体系进行分析时，可以采用因素分析法，首先确定营业净利率、总资产周转率和权益乘数的基准值，然后顺次代入这三个指标的实际值，分别计算分析这三个指标的变动对净资产收益率的影响方向和程度；还可以使用因素分析法进一步分解各个指标并分析其变动的深层次原因，找出解决的方法。

【专题案例】MA 公司杜邦分析法的案例分析

一、传统杜邦分析法

现代财务管理的目标是股东财富最大化，权益资本报酬率是衡量一个公司获利能力最核心的指标。权益资本报酬率表示使用股东单位资金(包括股东投进公司以及公司盈利以后该分给股东而没有分的)赚取的税后利润。杜邦分析法从权益资本报酬率入手：

权益资本报酬率＝(净利润÷股东权益)＝(净利润÷总资产)×(总资产÷股东权益)

＝(净利润÷销售收入)×(销售收入÷总资产)×(总资产÷股东权益)

＝(净利润÷销售收入)×(销售收入÷总资产)×[1÷(1－负债÷总资产)] (1)

式(1)很好地揭示了决定企业获利能力的三个因素。

① 成本费用控制能力。因为销售净利润率＝净利润÷销售收入＝1－(生产经营成本费用＋财务费用本＋所得税)÷销售收入，而成本费用控制能力影响了算式中的生产经营成

本费用＋财务费用＋所得税，从而影响了销售净利润率。

② 资产的使用效率，用资产周转率反映。它表示融资活动获得的资金(包括权益和负债)，通过投资形成公司的总资产的每一单位资产能产生的销售收入。虽然不同行业资产周转率差异较大，但对同一个公司，资产周转率越大，表明该公司的资产使用效率越高。

③ 财务上的融资能力，用权益乘数(总资产÷股东权益)反映。若权益乘数为4，表示股东每投入1个单位资金，公司就能借到3个单位资金，即股东每投入1个单位资金，公司就能用到4个单位的资金。权益乘数越大，即资产负债率越高，说明公司过去的债务融资能力越强。

公式可以进一步细化，并用图形直观地表示出来，现以MA公司为例进行说明，如图3-21所示。每个方框中第一个数字表示分析期MA公司当期的数据，第二个数字表示比较的对象，根据分析的目的和需要来定，可以是同行业其他公司的同期数据，也可以是行业的平均水平或本公司基期数据。本例中采用的是行业中优秀企业的同期数据。

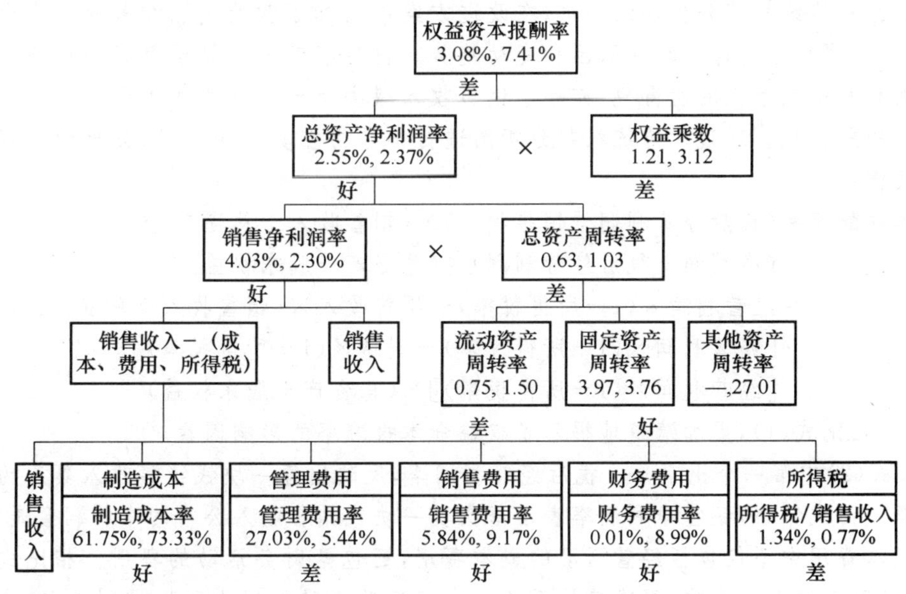

图3-21　传统杜邦分析图

如图3-21所示，MA公司获利能力相对较差(3.08%＜7.41%)，经过分析可知这不是因为总资产净利润差(2.55%＞2.37%)，而是财务融资能力差(1.21＜3.21)。经过进一步分析可以发现，总资产净利润率对获利起了作用。而资产净利润高，不是因为资产使用效率高(0.63＜1.03)，而是因为成本费用控制得好(4.03%＞2.30%)。资产使用效率低，不是因为固定资产(3.97%＞3.76%)、其他资产使用效率低，而是因为流动资产使用效率低(0.75＜1.50)成本费用控制得好，是因为制造成本、销售费用、财务费用均起了贡献作用(61.75%＜73.33%，5.84%＜9.17%，0.01%＜8.99%)。

上述财务比率分析是杜邦分析法的主要方面。通过分析可以看出，MA公司获利能力较低，是由于财务融资能力差、流动资产使用效率低、管理费用高、税金高。通过上述分析，同时可以看出传统杜邦分析法存在两个缺陷：

第一，杜邦分析法不能完整地评价财务融资活动。在上述实例中，MA公司的资产负债率为 17.19%，权益乘数为 1.21，公司利用债务融资能力不强，因为其股东每出 1 个单位资金，公司仅能用到 1.21 个单位的资金，而行业中优秀企业的股东每出 1 个单位资金，企业能用到 3.12 个单位的资金。由于 MA 公司的负债率较低，利息支出相对较低，故财务费用也较低，它对公司的获利能力起了贡献作用。那么 17.19% 的资产负债率对提高该公司的获利能力到底是件好事还是坏事？然而，传统杜邦分析法对此不能给出答案。

第二，企业全部活动分为经营活动和财务活动，因而企业的财务比率与经营活动紧密相连。从图上可以看出，左边部分的资产净利润率并不能准确地反映企业经营活动的获利能力，销售净利润率不能准确地反映经营活动的成本费用控制水平。因为它的分子中包括了财务费用，也考虑了所得税的影响。在图中杜邦分析法虽然也将企业的活动分为经营活动和财务活动，但这种分法并不能彻底反映经营活动获利能力的资产净利润率还夹杂着财务费用的影响。

二、杜邦分析法的改进方案

为了弥补传统杜邦分析法的不足，在改进方案中增加了营业利润和营业资产比率的分解，进一步说明财务指标变动的原因和变动趋势。税后经营利润等于经营利润减去经营活动产生的利润所应承担的所得税，亦等于销售收入减去生产经营的成本费用和和经营活动所应承担的所得税。通过对传统杜邦分析图进行推导再在其式中分子、分母同乘以税后经营利润便得：

权益资本报酬率＝(税后经营利润÷销售收入)×(销售收入÷总资产)×
(净利润÷税后经营利润)×(总资产÷股东权益)
＝经营利润×(1－所得税率)÷销售收入×(销售收入÷总资产)×
[经营利润×(1－所得税率)－利息×(1－所得税率)]÷
[经营利润×(1－所得税率)]×(总资产÷股东权益)　　(2)

式(2)相比式(1)，更加清楚地揭示了权益资本报酬率的影响因素。

(1) 式(2)中第一个比率——税后经营利润率，反映出每一块钱销售收入真正为公司带来的利润。而式(1)的销售净利润率表示每实现一块钱销售收入公司的净利润会是多少，它扣除的成本费用中不仅包括经营活动的成本费用，还包括财务活动的费用。相比式(1)，式(2)剔除了财务费用的影响，更准确地反映了生产经营活动的成本费用控制水平、企业的议价能力、技术水平和日常管理制度等诸方面因素均会影响经营活动的成本费用支出水平。

(2) 式(2)中第二个比率资产周转率反映了资产使用效率是企业投资决策水平的最终反映。若企业在长期投资决策中失误造成固定资产闲置，则固定资产的周转率低；若企业在短期投资决策中水平低下，则流动资产的周转率低。

(3) 式(2)中第三个比率称为财务费用比率，等于净利润÷税后经营利润。利息×(1－所得税税率)是考虑了税后的财务费用，是真正利用债务所发生的费用。该财务费用比率考虑了利息的节税作用，更加贴切地反映出利息对企业获利能力的影响。该比率总是小于或等于 1，说明财务费用对企业获利能力的影响总是负面的。

当企业有借款并归还利息时，该比率就小于 1，它反映了借款利息对企业获利能力所起负作用的大小。

(4) 式(2)中第四个比率为权益乘数，又称为财务结构比率，因为其分子等于它的分母加负债，所以该比率总是大于或等于 1。说明通过借款能给生产经营提供更多资金，对企业获利能力具有正面影响。当企业有负债时，该比率一定大于1，反映了通过借款为企业提供资金对获利能力的贡献程度。

对照改进后的杜邦分析图，以MA公司为例可以说明以下几点。

在图中，前两个比率被称为企业获利能力的两大驱动因素：控制成本和有效使用资产，它们对企业的获利能力具有决定性的影响。MA公司这两个指标均较好，反映了企业的生产经营活动具有较强的获利能力；两者的乘积是资产经营利润率，也是税后的经营利润，其资产经营利润率准确地反映出企业每使用一块钱所真正赚的钱，即准确地反映出企业经营活动的获利能力，从而有效地弥补了传统杜邦分析法的第二个不足。

如图3-22所示，MA公司的资产经营利润率为2.56，反映出企业每使用1块钱，经营活动真正赚得2.56块钱。(2)中第二排四个比率相乘，反映了财务决策对获利能力的影响。企业借款对获利能力既有正作用——为经营活动提供更多资金，也有负作用——支付利息，若财务费用比率与权益乘数两者乘积大于1，说明正作用大于负作用，其借款决策对企业是有利的；若其两者乘积小于1，说明用借来的资金赚取的经营利润小于所要支付的利息，即借款的负作用大于正作用，削弱了企业的获利能力。如改进后的杜邦分析图中，其两者之乘积等于1.21，说明权益乘数对公司获利的正作用大于财务费用所起的负作用。总体来说，MA公司的负债水平对公司获利能力起了促进作用，从而有效地弥补传统杜邦分析法的第一个不足。

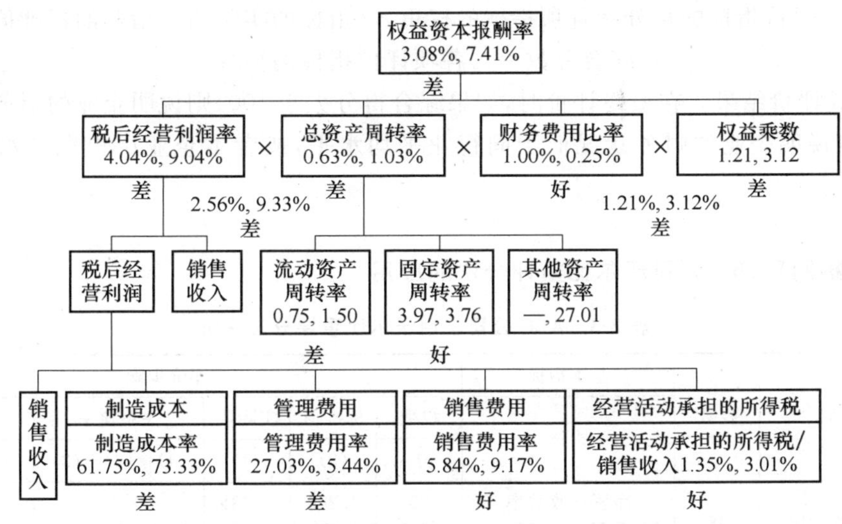

图3-22　改进后的杜邦分析图

三、其他说明

① 在实际应用中，应该首先对财务报表进行调整，调整财务报表部分见佩因曼(2005)相关论述。

② 如果想要定量地评价出每个财务比率以及经营活动、融资决策对企业获利能力变化的影响方向和影响程度，可以对式(2)进一步采用连环替代法进行分析。

③ 分析流动资产、固定资产、其他资产对获利能力的影响时，不能用流动资产、固定资产、其他资产分别除以总资产，这只是在进行结构分析。正确的做法是要用流动资产、固定资产、其他资产分别去除销售收入。

(4) 分析制造成本、管理费用、销售费用对获利能力的影响时，不能用制造成本、管理费用、销售费用分别除以总成本费用，这也只是在做结构分析。正确的做法是要用制造成本、管理费用，销售费用分别除以销售收入。

(2) 沃尔比重评分法

沃尔比重评分法是指将选定的财务比率用线性关系结合起来，并分别给定各自的分数比重，然后通过与标准比率进行比较，确定各项指标的得分及总体指标的累计分数，从而对企业的信用水平做出评价的方法。

沃尔比重评分法的基本步骤包括以下几步。

① 选择评价指标并分配指标权重。可以参考财政部《企业效绩评价操作细则(修订)》中的企业效绩评价指标体系，建立评价指标和各评价指标的权数。

② 确定各项评价指标的标准值。财务指标的标准值一般可以行业平均数、企业历史先进数、国家有关标准或者国际公认数为基准来加以确定。表 3-3 中的标准是根据《企业绩效评价标准值》大型工业企业优秀值填列的。

③ 计算企业在一定时期各项比率指标的实际值。表 3-3 中的相关数据是根据 ABC 公司基本财务比率计算结果取得。

④ 对各项评价指标计分并计算综合分数。各项评价指标的计分按下列公式进行：

各项评价指标的得分＝各项指标的权重×(指标的实际值÷指标的标准值)

综合分数＝∑各项评价指标的得分

⑤ 形成评价结果。在最终评价时，如果综合得分大于100，则说明企业的财务状况比较好；反之，则说明企业的财务状况低于同行业平均水平，或者本企业历史先进水平等评价指标。

【专题案例】ABC 公司沃尔比重评分法的应用

表 3-3 ABC 公司采用沃尔比重评分法评价

评价内容	权数	基本指标	评价步骤				
		指标	权数	标准值	实际值	关系比率	实际得分
			(1)	(2)	(3)	(4)＝(3)÷(2)	(5)＝(4)×(1)
一、财务效益状况	38	净资产收益率	25	14.20%	29.98%	2.11	52.79
		总资产报酬率	13	13.10%	21.55%	1.64	21.38
二、资产营运状况	18	总资产周转率	9	1.5	1.05	0.70	6.28
		流动资产周转率	9	4.5	1.98	0.44	3.95
三、偿债能力状况	20	资产负债率	12	43.50%	54.37%	1.25	15.00
		已获利息倍数	8	7.2	5.43	0.75	6.03
四、发展能力状况	24	销售(营业)增长率	12	26.70%	61.11%	2.29	27.47
		资本积累率	12	23.10%	35.82%	1.55	18.61
合计	100		100				151.51

由于 ABC 公司的综合得分为 151.51 分，大于 100 分，说明其财务状况的整体水平优于评价标准。

四、量本利分析

量本利分析又称盈亏平衡分析、保本点分析，是根据产品的业务量（产量或销量）、成本、利润之间的相互制约关系的综合分析，用来预测利润、控制成本、判断经营状况的一种数学分析方法。它是指在成本习性分析的基础上，运用数学模型和图式，对成本（固定成本、变动成本）、利润、业务量与单价等因素之间的依存关系进行具体的分析，研究其变动的规律性，以便为企业进行经营决策和目标控制提供有效信息的一种定量分析方法，如图 3-23 所示。

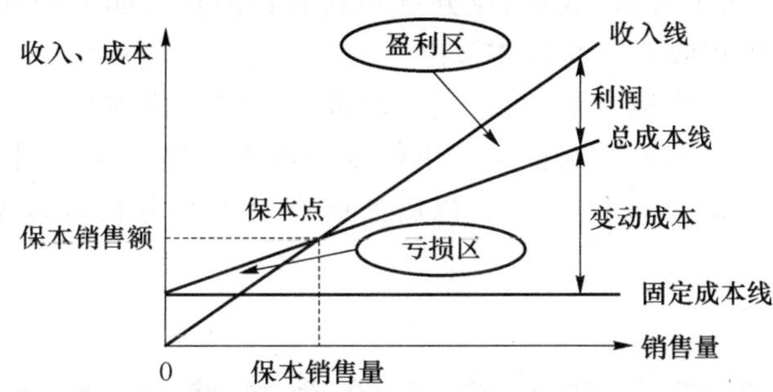

图 3-23　量本利分析方法示意图

量本利分析着重研究产品业务量、价格、成本和利润之间的数量关系。各种不确定因素（如投资、成本、销售量、产品价格、项目寿命期等）的变化会影响投资方案的经济效果，当这些因素的变化达到某一临界值时，就会影响方案的取舍。量本利分析的目的就是找出这种临界值，即盈亏平衡点，判断投资方案对不确定因素变化的承受能力，为决策提供依据。

1. 量本利分析的关键

确定盈亏临界点，是进行量本利分析的关键。所谓盈亏临界点，就是指使得贡献毛益与固定成本恰好相等时的销售量，即保本点。此时，企业处于不盈不亏的状态。

盈亏临界点可以采用下列两种方法进行计算。

① 按实物单位计算，其公式为：

盈亏临界点的销售量（实物单位）＝固定成本 ÷ 单位产品贡献毛益

其中：单位产品贡献毛益＝单位产品销售收入 － 单位产品变动成本

② 按金额综合计算，其公式为：

盈亏临界点的销售量（用金额表现）＝固定成本 ÷贡献毛益率

其中：

贡献毛益率＝贡献毛益 ÷ 销售收入

贡献毛益＝销售收入 － 变动成本

贡献毛益是指产品的销售收入扣除变动成本之后的金额，表明该产品为企业做出的贡献，也称边际贡献、边际利润，是用来衡量产品盈利能力的一项重要指标。

2. 量本利分析的基本关系

在进行量本利分析时，应明确认识下列基本关系。

① 在销售总成本已定的情况下,盈亏临界点的高低取决于单位售价的高低。单位售价越高,盈亏临界点越低;单位售价越低,盈亏临界点越高。

② 在销售收入已定的情况下,盈亏临界点的高低取决于固定成本和单位变动成本的高低。固定成本越高,或单位变动成本越高,则盈亏临界点越高;反之,盈亏临界点越低。

③ 在盈亏临界点不变的前提下,销售量越大,企业实现的利润便越多(或亏损越少);销售量越小,企业实现的利润便越少(或亏损越多)。

④ 在销售量不变的前提下,盈亏临界点越低,企业能实现的利润便越多(或亏损越少);盈亏临界点越高,企业能实现的利润便越少(或亏损越多)。

3. 量本利分析的基本公式

量本利分析是以成本习性分析和变动成本法为基础,其基本公式是变动成本法下计算利润的公式,该公式反映了价格、成本、业务量和利润各因素之间的相互关系。即:

税前利润=销售收入－总成本

=销售价格×销售量－(变动成本+固定成本)

=销售单价×销售量－单位变动成本×销售量－固定成本

该公式是量本利分析的基本出发点,以后的所有量本利分析可以说都是在该公式基础上进行的。

任务四　实施企业经营战略分析方法

常用的经营战略分析方法,包括战略举措优先排序法、PEST 分析模型、问题分解分析法、PDCA 分析模型、KANO 分析模型、BCG 分析矩阵、SCP 分析模型、SWOT 分析模型、波特五力分析模型、战略钟模型等。

一、战略举措优先排序法

现在,不论是国有企业、民营企业还是外资企业,许多企业都有比较大的规模、都经营着不止一种业务,这样企业就面临着人力、物力、财力、信息等资源的分配问题。企业必须解决的问题是:如何在多种业务中选择出一种最重要的业务(即企业主营业务)来重点发展,然后考虑一些相对次要的业务、甚至剥离部分问题比较大的业务。

一般来说,企业原有业务重新排序的流程是:对企业内、外部环境作全面分析,其中,内部环境主要是指现有的核心业务领域,外部环境主要是通过 PEST 分析和行业分析对企业外部的宏观环境作分析;从企业整体能力和各个单项业务能力两个维度,分析企业内部资源的优劣势;通过 SWOT 分析,讨论企业具有竞争力的业务整合的新模式;用波士顿矩阵决定每一业务的基本战略定位;将各业务进行优先排序;综合上述结果,考虑利益相关者的期望,明确企业的发展使命与愿景;拟定未来企业的战略发展方向;在确定战略方向的基础上,拟定企业的整体战略。

战略举措优先排序法就是从两个维度出发,既要考虑战略实施的收益性,又要考虑战略实施的难易性,该方法可用于衡量技能要求、资金要求、人员要求、价值创造、协同效应等,如图 3-24 所示。

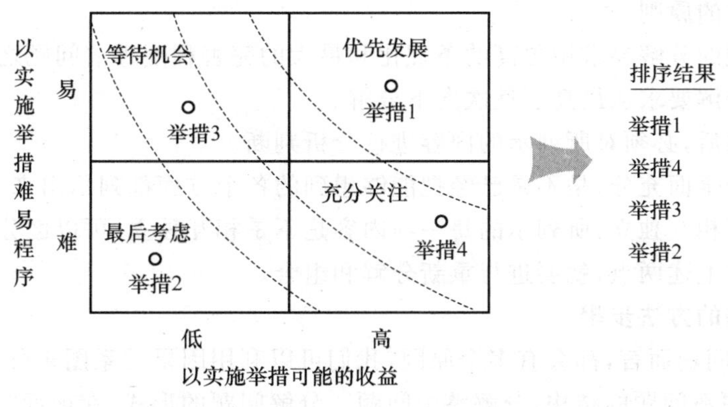

图 3-24 战略举措优先排序法示意图

二、PEST 分析模型

PEST 分析模型是一个常用的分析工具，它通过四个方面的因素分析从总体上把握宏观环境，并评价这些因素对企业战略目标和战略制定的影响。在任务二"企业经营分析常用方法"中已进行了详细阐述，在此仅作简单说明。

1. P 即 Politics，政治要素

包括对组织经营活动具有实际与潜在影响的政治力量和有关的法律、法规等因素。当政治制度与体制、政府对组织所经营业务的态度发生变化时，当政府发布了对企业经营具有约束力的法律、法规时，企业的经营战略必须随之做出调整。

2. E 即 Economic，经济要素

包括一个国家的经济制度、经济结构、产业布局、资源状况、经济发展水平以及未来的经济走势等。构成经济环境的关键要素有：GDP 的变化发展趋势、利率水平、通货膨胀程度及趋势、失业率、居民可支配收入水平、汇率水平等。

3. S 即 Society，社会要素

包括组织所在社会中成员的民族特征、文化传统、价值观念、宗教信仰、教育水平以及风俗习惯等因素。构成社会环境的要素有：人口规模——直接影响着一个国家或地区市场的容量，年龄结构——决定消费品的种类及推广方式，种族结构、收入分布、消费结构和水平、人口流动性等。

4. T 即 Technology，技术要素

不仅仅包括那些引起革命性变化的发明，还包括与企业生产有关的新技术、新工艺、新材料的出现和发展趋势以及应用前景。

三、问题分解分析法

通过对问题的分解，可以把一个复杂、难以解决的问题分解成易于控制解决的几个部分，同时对分解后的几个部分进行区分、并设置优先权。判断分析哪些问题的解决是当务之急，哪些问题可以暂缓解决。

1. 问题分解的原则

① 对于问题的分解要求用更高的条理化和最大的完善程度理清问题之间的相互关系。

② 问题的分解要求从最高层逐次向下分解。

③ 问题分解后,必须对所列示的内容进行分析判断。

- 分解是否全面充分,是不是已经把能够想到的各个方面都列示出来?
- 分解是否相互独立,所列示的每一项内容是不是相互独立,可以区分的事情?
- 不能满足上述两点,就要进行重新分解和组合。

2. 问题分解的方法步骤

对于大部分问题而言,都会有多个原因,我们可以利用因果关系图来分析不同的因素之间的相互关系,厘清问题的结构,分解整个问题。分解问题的形式,在前面“企业经营分析的基本程序”中已做阐述,在此仅作简单说明。

(1) 鱼骨图

从问题开始逐步分解;使用推理、假设逻辑树解决问题;树的结束点就是问题。如图3-25所示。

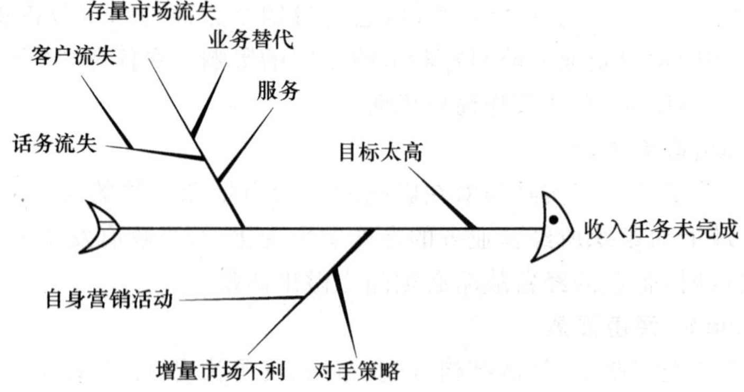

图 3-25 采用鱼骨图进行问题原因分析

(2) 问题图

给出假设,通过分析来论证假设正确与否;集中于潜在的解决方案,从一定的程度上加快发现问题及解决问题的进程,如图3-26所示。

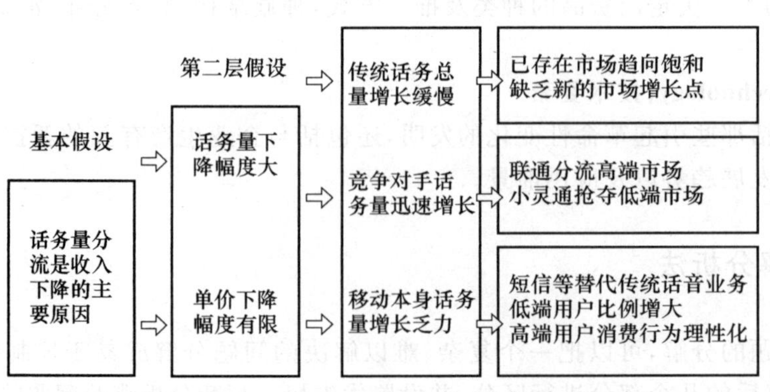

图 3-26 采用假设树进行问题原因分析

(3) 流程图

提出一系列可以用“是”或“否”回答的问题,并按逻辑排序,从而找出相关事实,形成各种选择,如图 3-27 所示。

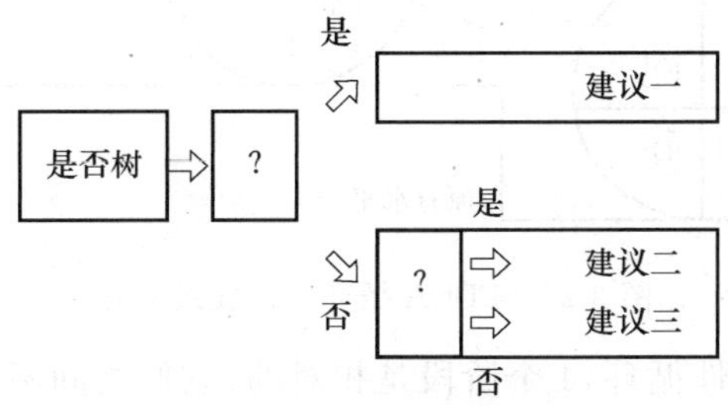

图 3-27 采用流程图进行分析

四、PDCA 分析模型

PDCA 循环又叫戴明环,是美国质量管理专家戴明博士提出的,它是全面质量管理所应遵循的科学程序。全面质量管理活动的全部过程,就是质量计划的制订和组织实现的过程,这个过程就是按照 PDCA 循环,周而复始地运转的。

1. PDCA 循环的四个阶段

- P:Plan 即计划,确定方针和目标,确定活动计划。
- D:Do 即实施,实地去做,实现计划中的内容。
- C:Check 即检查,总结执行计划的结果,注意效果,找出问题。
- A:Action 即处理,对总结检查的结果进行处理,成功的经验加以肯定并适当推广、标准化;失败的教训加以总结,以免重现,未解决的问题放到下一个 PDCA 循环。如图 3-28 所示。

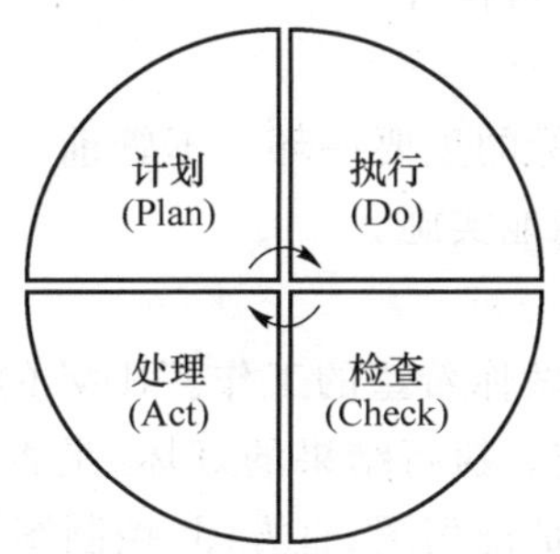

图 3-28 PDCA 循环的四个阶段

2. PDCA 循环的特点

PDCA 循环,可以使我们的思想方法和工作步骤更加条理化、系统化、图像化和科学化。它具有如下特点。

- 大环套小环,小环保大环,互相促进,推动大循环。
- PDCA 循环是螺旋式上升的循环,每转动一周,质量就提高一步,如图 3-29 所示。

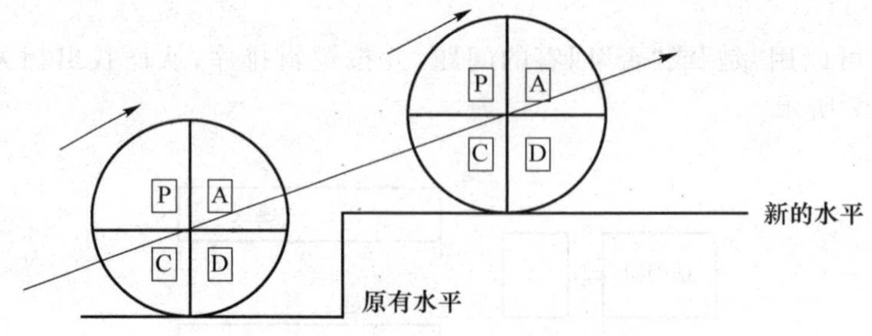

图 3-29 PDCA 循环的螺旋式上升

- PDCA 循环是综合性循环，4 个阶段是相对的，它们之间不是截然分开的。
- 推动 PDCA 循环的关键是"处理"阶段。

3. PDCA 循环的八个步骤

(1) 分析现状，找出问题

强调的是对现状的把握和发现问题的意识、能力，发现问题是解决问题的第一步，是分析问题的条件。分析的主要方法是排列图、直方图、控制图等。

(2) 分析产生问题的原因

找准问题后分析产生问题的原因至关重要，可以运用头脑风暴法等多种集思广益的科学方法，把导致问题产生的所有原因统统找出来。分析的主要方法是因果图。

(3) 找出主要影响因素

导致产生质量问题的因素很多，区分主要因素和次要因素是最有效解决问题的关键，主要因素的解决会带动次要因素的解决。分析的主要方法是排列图、相关图等。

(4) 拟定措施、制定计划

采用 5W1H 方法，即：为什么制定该措施(Why)？达到什么目标(What)？在何处执行(Where)？由谁负责完成(Who)？什么时间完成(when)？如何完成(How)？措施和计划是执行力的基础，尽可能使其具有可操性。

(5) 执行措施、执行计划

高效的执行力是企业完成目标的重要一环。不管前一步制定的计划多周密、措施多有力，关键在于能否正确、高效、精准地实施。

(6) 检查验证、评估效果

"下属只做你检查的工作，不做你希望的工作。"IBM 的前 CEO 郭士纳的这句话将检查验证、评估效果的重要性一语道破。执行结果的好坏、是否达到规定要求，必须要经过检查评估才能确定。采用的主要方法是排列图、直方图、控制图等。

(7) 总结经验，固化成绩，制定标准

标准化是维持企业治理现状不下滑，积累、沉淀经验的最好方法，也是企业治理水平不断提升的基础。可以这样说，标准化是企业治理系统的动力，是固化已有成绩和好的经验，没有标准化，企业就不会进步，甚至下滑。

(8) 处理遗留问题

所有问题不可能在一个 PDCA 循环中全部解决，未解决的和新出现的问题会自动转进下一个 PDCA 循环，如此反复，周而复始，螺旋上升。

PDCA 循环的八个步骤，如图 3-30 所示。

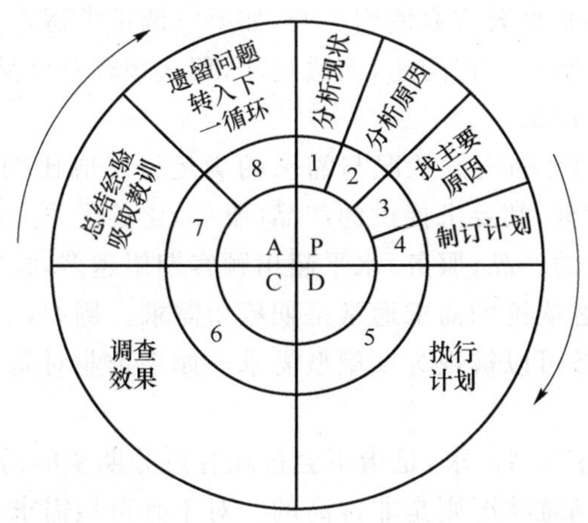

图 3-30　PDCA 循环的八个步骤

五、KANO 分析模型

KANO 模型分析方法是狩野纪昭基于 KANO 模型对顾客需求的细分原理，开发的一套结构型问卷和分析方法。KANO 模型分析方法并不直接用来测量顾客的满意程度，主要用于识别顾客需求，帮助企业了解不同层次的顾客需求，确定使顾客满意的关键要素。

1. KANO 模型定义的三种需求

KANO 模型定义了三个层次的顾客需求：基本型需求、期望型需求和兴奋型需求，如图 3-31 所示。这三种需求根据绩效指标分类就是基本因素、绩效因素和激励因素。

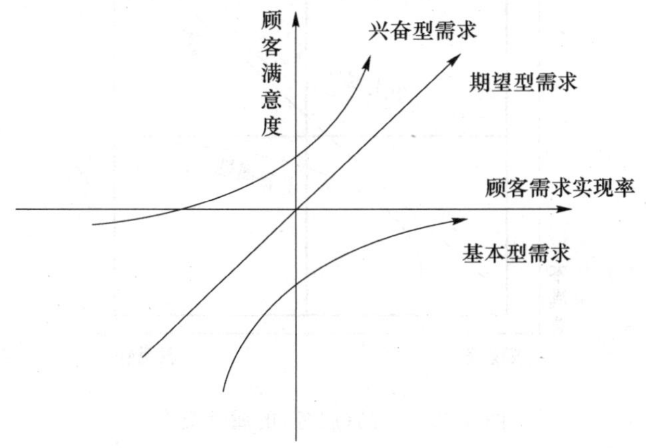

图 3-31　KANO 模型定义的顾客需求

① 基本型需求是顾客对企业提供的产品（服务）因素的基本要求。这是顾客认为产品（服务）“必须有”的属性或功能。当其特性不充足（不满足顾客需求）时，顾客会很不满意；当其特性充足（满足顾客需求）时，顾客也可能不会因此而表现出满意。对于基本型需求，即使超过了顾客的期望，但顾客充其量达到满意，不会对此表现出更多的好感。不过只要稍有一

些疏忽，未达到顾客的期望，则顾客的满意度将一落千丈。对于顾客而言，这些需求是必须满足的，理所当然的。例如，夏天家庭使用空调，如果空调正常运行，顾客不会为此而对空调质量感到满意；反之，一旦空调出现问题，无法制冷，那么顾客对该品牌空调的满意水平则会明显下降，投诉、抱怨随之而来。

② 期望型需求是指顾客的满意状况与需求的满足程度成比例关系的需求。期望型需求没有基本型需求那样苛刻，其要求提供的产品（服务）比较优秀，但并不是"必需"的产品属性或服务行为。企业提供的产品（服务）水平超出顾客期望越多，顾客的满意状况越好，反之亦然。在市场调查中，顾客谈论的需求通常是期望型需求。例如，质量投诉处理在我国的现状始终不令人满意，该服务可以被视为期望型需求。如果企业对质量投诉处理得越圆满，那么顾客就越满意。

③ 兴奋型需求又称魅力型需求，是指不会被顾客过分期望的需求。但兴奋型需求一旦得到满足，顾客表现出的满意状况则是非常高的。对于兴奋型需求，随着满足顾客期望程度的增加，顾客满意也会急剧上升；反之，即使在期望不满足时，顾客也不会因而表现出明显的不满意。这要求企业提供给顾客一些完全出乎意料的产品属性或服务行为，使顾客产生惊喜。顾客对一些产品/服务没有表达出明确的需求，当这些产品/服务提供给顾客时，顾客就会表现出非常满意，从而提高顾客的忠诚度。例如，一些著名品牌的企业能够定时进行产品的质量跟踪和回访，发布最新的产品信息和促销内容，并为顾客提供最便捷的购物方式。对此，即使另一些企业未提供这些服务，顾客也不会由此表现出不满意。

2. 产品（服务）的属性类型

按照对顾客满意度的影响不同，把产品（服务）的多种属性划分为以下几种，如图 3-32 所示。

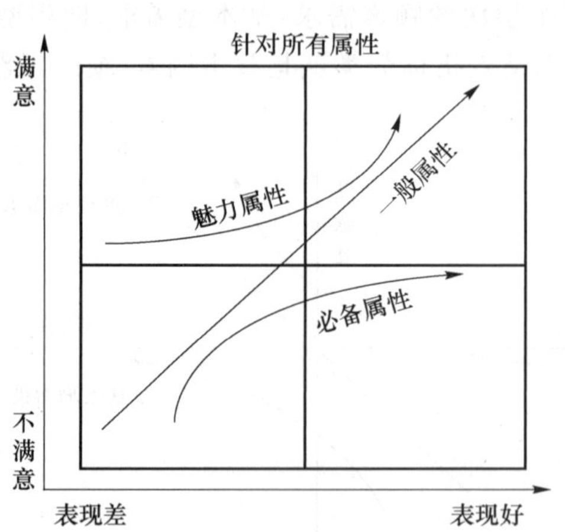

图 3-32　产品（服务）的属性类型

① 必备属性：产品（服务）如果具备这种属性顾客认为是应该的，如果不具备这种属性顾客会感到极度失望。

② 一维属性：产品（服务）如果具备这种属性顾客会很满意，如果不具备这种属性顾客会很不满意。

③ 魅力属性：产品（服务）如果不具备这种属性不会引起顾客不满，如果具备则这种属性会使顾客感到非常满意。

④ 可有可无属性：产品(服务)无论具不具备这种属性顾客都无所谓，这对顾客而言是多余的属性。

根据 KANO 模型分析，我们可以进一步明确产品(服务)属性对顾客满意度的影响，并据此确定新产品属性开发的优先权、产品属性的改进点。

六、SCP 分析模型

SCP(structure-conduct-performance，结构-行为-绩效)模型是由美国哈佛大学产业经济学权威贝恩(Bain)、谢勒(Scherer)等人建立的。该模型提供了一个既能深入具体环节，又有系统逻辑体系的市场结构(Structure)—市场行为(Conduct)—市场绩效(Performance)的产业分析框架。SCP 框架的基本含义是，市场结构决定企业在市场中的行为，而企业行为又决定市场运行在各个方面的经济绩效。

SCP 模型从特定行业结构、企业行为和经营绩效三个角度来分析外部冲击的影响。外部冲击主要是指企业外部经济环境、政治、技术、文化变迁、消费习惯等因素的变化。

1. 行业结构

主要是指外部各种环境的变化对企业所在行业可能的影响，包括行业竞争的变化、产品需求的变化、细分市场的变化、营销模型的变化等。

2. 企业行为

主要是指企业针对外部的冲击和行业结构的变化，有可能采取的应对措施，包括企业方面对相关业务单元的整合、业务的扩张与收缩、营运方式的转变、管理的变革等一系列变动。

3. 经营绩效

主要是指在外部环境方面发生变化的情况下，企业在经营利润、产品成本、市场份额等方面的变化趋势。

【专题案例】某省财产保险市场 SCP 分析研究

一、市场结构分析

市场结构主要是指市场内竞争程度及价格形成等产生战略性的市场组织的特征，决定市场结构的因素主要是市场集中程度、产品差异化程度和进入壁垒的高低。

1. 市场集中度

在分析保险市场的集中度时，一般采用卖方集中度指标，即采用某一保险市场中少数几个最大保险企业的市场份额来衡量该保险市场的集中程度。集中度越高，市场支配势力越大，竞争程度越低，越容易形成规模垄断。衡量市场集中度的指标有行业集中度(CRn，规模最大的前几位企业累积市场占有率)、HHI 指标(赫菲尔德-赫希曼指数)。表 3-4 为某省 2011—2016 年财产保险市场集中度情况。

表 3-4　2011—2016 年某省财产保险市场 CR4 值

年份	2011	2012	2013	2014	2015	2016
CR4	100%	100%	99.93%	97.86%	94.84%	88.52%

从上表我们可以看出,2011年以来,某省财产保险市场CR4值逐步趋于下降。主要原因是2011年以前某省财产保险市场主体偏少,只有人保、太平洋产险、平安产险三家保险公司;2012年以来,随着华安产险、天安保险、大地产险、安邦产险、都邦产险等保险公司逐步进入某省,财产保险市场的竞争逐步加剧,原有老三家保险公司的市场份额不断下降。但从总体来看,某省财产保险市场的CR4值仍维持在较高水平,2016年的CR值为88.52%,按照贝恩的市场结构分类标准,某省财产保险市场仍属于典型的寡头垄断型市场。

由于CR4反映的是最大几个企业的总体规模,无法反映这几个企业的相对规模情况和其他公司的规模分布情况,以及市场份额的变化情况,因此,我们进一步选取HHI指标来考察某省财产保险市场的结构。HHI是特定行业市场上所有企业的市场份额的平方和,由于它包含了市场上所有企业的规模信息,因此能够全面反映一个市场的集中度。我们可以计算出2011—2016年某省财产保险市场的HHI值,如表3-5所示。

表3-5　2011—2016年某省财产保险市场HHI值

年份	2011	2012	2013	2014	2015	2016
HHI	0.6933	0.6704	0.6512	0.5495	0.4904	0.4029

2. 产品差异化程度

保险产品是保险行业竞争的核心部分,保险产品的差异主要体现在险种设置、保险责任和保险费率等方面。一方面,对保险公司来说,保单上关于承保范围、保险价格、险种设置都必须以文字进行清晰地描述,并进而公示投保人知晓。

保单的公开性使得对保险产品极易被同业公司模仿,从而造成保险公司之间产品同质性十分严重;另一方面,目前我国保险产品管理高度集中,保险产品的设计开发一般由总公司完成,各分支机构执行总公司的条款费率,从而造成保险公司分支机构产品开发的积极性严重不足。从目前某省各财产保险公司业务分布情况来看,保险公司的业务主要集中在车险、企业险、家财险、责任险、农业险等主要几个险种上。车险是财产保险公司的第一大险种,2016年某省车险在财产保险业务的占比高达67.3%。车险主要涉及交强险和商业车险两大类,交强险是我国的法定政策性保险,执行统一的条款和费率,公司之间不存在差别;关于商业车险,目前各保险公司主要执行中国保险行业协会制订的机动车商业保险行业基本条款(A,B,C款)的其中一款,各条款之间的差异不大。关于其他主要险种,各公司之间的产品差异性较小,基本没有形成具有公司特色的主打产品。

3. 进入壁垒

这里所指的进入壁垒主要是某省区外保险企业进入某省保险市场时遇到的各种障碍,主要表现为:规模经济、产品差异化、资本要求、转移成本以及政府政策等,其中除政府政策外其余四项均为市场因素。从某省财产保险市场来看,新公司的进入壁垒主要是市场因素。一是原有保险公司已经构建了较为完善的机构网络,形成了一定程度的规模经济;二是原有保险公司通过较长时期的经营,已经建立起一定的品牌知名度;三是保险业人才资源稀缺,新进入保险公司可能面临人才紧缺的问题。而在政府政策上,中国保监会2004年颁布的《保险公司管理规定》第十四条就保险公司设立省级分支机构做出如下规定:注册资本金达到2亿元的最低要求的,每申请设立一家省级分公司增加资本金2 000万元人民币,注册资本金超过5亿元,只要偿付能力充足,设立分公司不需要增加资本金。同时,上述设立分公司的条件必须建立在偿付能力额度符合中国保监会规定、内控制度健全相关、受处罚记录符合规定的基础上。从中国的实际情况来看，这个政策壁垒门槛很低，绝大部分的财产保险公司均能达到要求。

二、市场行为分析

市场行为是指企业为实现其经营目标而根据市场环境采取相应行动的行为，它由市场结构决定，又反作用于市场结构。从某省财产保险市场来看，受寡头垄断市场结构的影响，各保险公司在竞争中通常采用以下的市场行为。

1. 品牌宣传

通过建立品牌的知名度和美誉度，可以培养用户对企业的认同感和忠诚度。近年来，随着某省财产保险市场主体的增多，各公司均在品牌宣传方面做足文章，致力于建立公司的品牌形象。如人保公司利用成为奥运会保险合作伙伴的契机塑造公司品牌；都邦财产保险公司提出“打造服务最好的保险公司”的广告；太平洋财产保险公司和平安财产保险公司则试图让“太平洋保险保太平”“中国平安、平安中国”在社会上深入人心。通过树立企业品牌，从而在市场上赢得用户的认同。

2. 机构扩张

占据一定的市场资源是企业在市场上立足的基础，而通过机构的扩张来扩大市场份额是一个快速见效的方法。从某省财产保险市场来看，通过机构扩张实现规模提升是新保险公司进入市场后的首要选择。如2015年进入某省的某两家财产保险公司，在开业1年多的时间内，就分别开设了75家和93家分支机构，服务网络在短时间内覆盖到某省的各个县市，2016年这两家公司在某省财产保险市场上的份额也分别达到5%和3.9%。

3. 人才竞争

保险业是人才密集型行业，对人才的依赖性极强。由于受长期以来寡头垄断市场结构的影响，某省财产保险市场的人才储备有限，人才培养的速度跟不上保险业快速发展的要求。近两三年来，随着某省财产保险市场主体迅速增多，人才特别是高级管理人才成为各家公司追逐的主要目标，公司间的人才竞争日趋激烈，部分老公司的管理人员成为新公司挖掘的主要对象。通过争夺人才，既打破了新公司进入市场的人才壁垒，也提升了新公司在市场上的竞争力。

4. 服务竞争

保险产品是无形商品，是一种规避风险或转嫁风险的无形服务。为用户提供优质服务、赢得用户信赖是保险公司提高竞争力的重要手段。随着某省财产保险市场竞争的日趋激烈，各家公司纷纷在服务手续、服务范围、服务理念上加大创新力度，致力于提升服务水平。例如，目前在某省的9家财产保险公司均开通了客服热线，全天24小时接受用户的报案和咨询投诉；一些公司为重点用户提供了风险检查和防灾防损服务；一些公司推出了诸如“事故查勘20分钟到现场”“小额赔款现场支付”“3 000元以下赔款24小时到账”等服务措施。

5. 价格竞争

价格竞争包括显性的和隐性的价格竞争。显性的价格竞争主要体现在费率优惠上，目前除了交强险，其他险种各公司都有一定的费率浮动权限，或是根据承保企业的风险状况确定费率标准。因此费率优惠是目前某省财产保险市场竞争的主要手段之一，当然这也有个别保险公司通过违规降费进行恶性竞争。隐性的价格竞争者主要体现在扩大保险责任或赠送其他保险等,如一些公司为获取大用户的保险业务,通过买主险赠送附加险的形式进行竞争。

三、市场绩效分析

所谓市场绩效是指在一定的市场结构下,通过一定的市场行为使某一产业组织在资源配置效率、技术效率、经济效益和市场外部性等方面所达到的现实状态。通过市场结构和市场行为的分析,我们可以看到,虽然目前某省财产保险市场仍处于明显的寡头垄断阶段,但是随着越来越多的保险公司进入某省财产保险市场,市场竞争已经日趋激烈,由此带来市场效率的改进。

1. 保险业务增速加快

新保险主体的进入既打破了原有的市场格局,同时也对新业务领域的拓展起到了积极的作用,促进某省财产保险业务的快速增长。2011—2012 年某省财产保险公司保费增幅分别为 9.5%和 11.4%。进入 2013 年以来,业务增速明显加快,2013 至 2016 年的平均增幅达到了 17.2%. 2016 年,某省财产保险市场保费收入达到 27.99 亿元,比 2011 年增长了 1.1 倍。

2. 经营效益稳中趋降

寡头垄断型市场的一大特点是少数公司可以借助对市场的垄断获得超额利润。从某省保险市场的集中度分析可知,某省财产保险市场属于典型的寡头垄断型市场,少数公司占有大部分市场份额。一方面,少数公司可以通过规模经济和维持高价格来获得超额利润;另一方面也造成了保险资源配置效率低下、市场开拓不足。从承保利润率这一指标看,2011 年以来某省财产保险公司的承保利润率基本保持在 8%以上,高于全国平均水平的 2 到倍,但随着近两年来财产保险市场竞争的加剧,各财产保险公司的承保利润呈现下降的趋势。

3. 保障功能日益显现

保险作为现代风险管理的重要手段,随着某省经济社会的发展,企业、家庭和个人参保的比例逐年提高。某省各财产保险公司承担的风险总额从 2011 年到 2016 年年均增长 40%左右,2011—2016 年累计向社会支付保险赔款 59 亿元。特别是机动车交通事故责任强制保险、承运人责任保险的实施,农业保险、农房保险试点工作的推进,某省财产保险业在参与社会管理、服务“平安某省”建设等方面的作用日益显现。

4. 服务领域有待拓宽

受寡头垄断市场结构的影响,近年来某省各财产保险公司的业务竞争基本集中在城市业务和效益型险种上,一些公司车险业务占比甚至高达 80%以上,其他业务占比较低,业务结构不够合理。特别是对于农村保险业务的拓展,各保险公司的积极性明显不高,造成农村保险供给严重不足,农民群众保障需求得不到有效满足。

四、某省财产保险市场发展的政策建议

通过对某省财产保险市场的 SCP 分析,我们可以得出如下结论:第一,当前某省财产保险市场仍然是一个典型的寡头垄断市场,但是在中国保险业快速发展的大环境下,随着保险主体的不断进入,正逐步向垄断竞争过渡;第二,受寡头垄断市场结构的影响,虽然整个行业经济效益较好,但经营行为较为粗放,市场资源配置效率有待提高,服务领域有待进一步拓宽。为有效协调某省财产保险市场结构、市场行为、市场绩效三者的关系,促进某省财产保险市场结构完善、经营行为规范和实现良好的经营绩效,我们提出以下建议。

1. 引进保险市场主体,完善保险市场体系

打破寡头垄断市场结构的关键因素在于引进和培育更多的市场主体。尽管目前某省财产保险市场已有9家保险公司,但由于少数几家老公司长期经营积累的品牌优势、人才优势、机构优势等,使得新进入公司短期内无法与老公司抗衡。为此,必须引进更多的保险市场主体,促进保险市场的竞争,逐步打破寡头垄断市场格局。对新进入某省市场的保险公司,地方政府和保险监管部门应制定相应的扶持政策,促进新市场主体的快速成长,提高新市场主体的竞争力。充分利用当前某省加快北部湾经济区开放开发的有利机遇,组建区域性财产保险公司法人机构,提升某省财产保险市场的整体实力。

2. 加大保险产品创新,扩大保险服务领域

在市场准入门槛较低和新主体不断进入的情况下,原有保险公司利用机构网络优势垄断市场的可能性越来越低,固守原有市场的观念逐步被屏弃,对保险市场的争夺逐步由巩固传统领域向巩固传统领域和扩大新领域并重过渡。为此,各保险公司必须要以市场为导向,以满足用户需求为出发点,加大保险产品的开发和创新力度,推出具有某省特色和公司特色的保险产品,扩大保险服务领域,才能迅速开拓和占领市场,提高竞争力,赢得主动权,建立并形成新的业务增长点和新的效益增长点。

3. 加强市场行为监管,规范保险市场秩序

在从寡头垄断向垄断竞争过渡阶段中,由于市场体系和公司治理结构不完善,在短期利益的诱导下,各市场主体必然会实施各种违规手段抢占市场造成市场秩序的混乱。从最近几年某省保险市场的状况来看,这种过渡阶段的特征是比较明显的。为此,保险监管部门应加强市场行为监管,加大对保险行业协会应加强对保险市场的自律协调,对竞争激烈、违规问题较多的领域组织保险公司制订自律公约并监督执行。

4. 加强人才队伍建设,夯实保险发展基础

随着保险市场主体的不断进入,人才紧缺问题必将会越来越突出,成为制约某省财产保险市场发展的瓶颈。为此,必须加强保险人才队伍建设,一是加强保险业与高等院校的合作,借助高等院校这一平台,着力培养储备一批复合型人才;二是制定人才引进的优惠政策和中长期规划,着力从某省区外引进一批高素质的高管人才;三是加大公司自身人才培养的力度,从公司自身业务发展需求,着力培养一批急需的专业人才。

七、波特五力分析模型

五力分析模型是迈克尔·波特(Michael Porter)于20世纪80年代初提出的,对企业战略制定产生了全球性的深远影响,用于竞争战略的分析,可以有效地分析用户的竞争环境。五力分别是供应商的讨价还价能力、购买者的讨价还价能力、潜在竞争者进入的能力、替代品的替代能力、行业内竞争者现在的竞争能力,如图3-33所示。

1. "五力"内涵分析

(1) 供应商议价能力(suppliers bargaining power)

供方主要通过其提高投入要素价格与降低单位价值质量的能力,来影响行业中现有企业的盈利能力与产品竞争力。供方力量的强弱主要取决于他们所提供给买主的是什么投入要素,当供方所提供的投入要素其价值构成了买主产品总成本的较大比例、对买主产品生产

过程非常重要，或者严重影响买主产品的质量时，供方对于买主的潜在讨价还价力量就大大增强。一般来说，满足以下条件的供应商会具有比较强大的讨价还价能力。

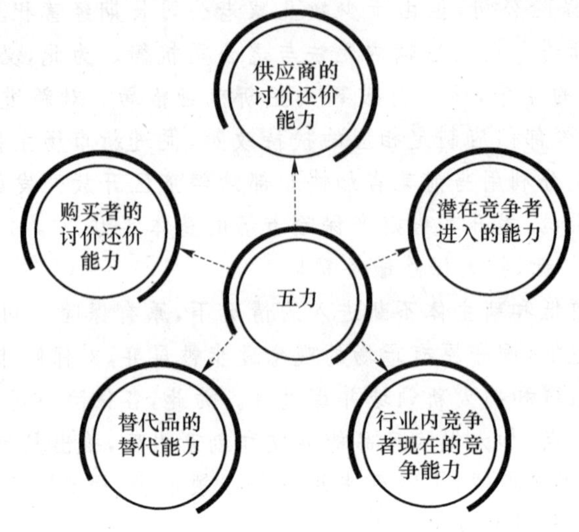

图 3-33　波特五力分析模型

——供方行业为一些具有比较稳固市场地位而不受市场剧烈竞争困扰的企业所控制，其产品的买主很多，以致于每一单个买主都不可能成为供方的重要用户。

——供方各企业的产品各具有一定特色，以致于买主难以转换或转换成本太高，或者很难找到可与供方企业产品相竞争的替代品。

——供方能够方便地实行前向联合或一体化，而买主难以进行后向联合或一体化。

(2) 购买者议价能力(buyer bargaining power)

购买者主要通过其压价与要求提供较高的产品或服务质量的能力，来影响行业中现有企业的盈利能力。一般来说，满足如下条件的购买者可能具有较强的讨价还价能力。

——购买者的总数较少，而每个购买者的购买量较大，占了卖方销售量的很大比例。

——卖方行业由大量相对来说规模较小的企业所组成。

——购买者所购买的基本上是一种标准化产品，同时向多个卖主购买产品在经济上也完全可行。

——购买者有能力实现后向一体化，而卖主不可能实现前向一体化。

(3) 新进入者威胁(potential new entrants)

新进入者在给行业带来新生产能力、新资源的同时，会希望在已被现有企业瓜分完毕的市场中赢得一席之地，这就有可能会与现有企业发生原材料与市场份额的竞争，最终导致行业中现有企业盈利水平降低，严重的话还有可能危及这些企业的生存。竞争性进入威胁的严重程度取决于两方面的因素，这就是进入新领域的障碍大小与预期现有企业对于进入者的反应情况。

——进入障碍主要包括规模经济、产品差异、资本需要、转换成本、销售渠道开拓、政府行为与政策(如国家综合平衡统一建设的石化企业)、不受规模支配的成本劣势(如商业秘密、产供销关系、学习与经验曲线效应等)、自然资源(如冶金业对矿产的拥有)、地理环境(如造船厂只能建在海滨城市)等方面，这其中有些障碍是很难借助复制或仿造的方式来突破的。

——预期现有企业对进入者的反应情况，主要是采取报复行动的可能性大小，则取决于有关厂商的财力情况、报复记录、固定资产规模、行业增长速度等。

总之，新企业进入一个行业的可能性大小，取决于进入者主观估计进入所能带来的潜在利益、所需花费的代价与所要承担的风险这三者的相对大小情况。

（4）替代品的威胁（Threat of substitute product）

两个处于不同行业中的企业，可能会由于所生产的产品是互为替代品，从而在它们之间产生相互竞争行为，这种源自于替代品的竞争会以各种形式影响行业中现有企业的竞争战略。

——现有企业产品售价以及获利潜力的提高，将由于存在着能被用户方便接受的替代品而受到限制。

——由于替代品生产者的侵入，使得现有企业必须提高产品质量，或者通过降低成本来降低售价，或者使其产品具有特色，否则其销量与利润增长的目标就有可能受挫。

——源自替代品生产者的竞争强度，受产品买主转换成本高低的影响。

总之，替代品价格越低、质量越好、用户转换成本越低，其所能产生的竞争压力就强。而这种来自替代品生产者的竞争压力的强度，可以具体通过考察替代品销售增长率、替代品厂家生产能力与盈利扩张情况来加以描述。

（5）行业竞争者的竞争（The rivalry among competing sellers）

大部分行业中的企业，相互之间的利益都是紧密联系在一起的，作为企业整体战略一部分的各企业竞争战略，其目标都在于使得自己的企业获得相对于竞争对手的优势，所以，在实施中就必然会产生冲突与对抗现象，这些冲突与对抗就构成了现有企业之间的竞争。现有企业之间的竞争常常表现在价格、广告、产品介绍、售后服务等方面，其竞争强度与诸多因素有关。一般来说，出现下述情况将意味着行业中现有企业之间竞争的加剧。

——行业进入障碍较低，势均力敌，竞争对手较多，竞争参与者范围广泛。

——市场趋于成熟，产品需求增长缓慢。

——竞争者企图采用降价等手段促销。

——竞争者提供几乎相同的产品或服务，用户转换成本很低。

——一个战略行动如果取得成功，其收入相当可观。

——行业外部实力强大的公司在接收了行业中实力薄弱企业后，发起进攻性行动，结果使得刚被接收的企业成为市场的主要竞争者。

——退出障碍较高，即退出竞争要比继续参与竞争代价更高。在这里，退出障碍主要受经济、战略、感情以及社会政治关系等方面考虑的影响，具体包括：资产的专用性、退出的固定费用、战略上的相互牵制、情绪上的难以接受、政府和社会的各种限制等。

行业中的每一个企业或多或少都必须应付以上各种力量构成的威胁，而且用户必面对行业中的每一个竞争者的举动。除非认为正面交锋有必要而且有益处，例如要求得到很大的市场份额，否则用户可以通过设置进入壁垒，包括差异化和转换成本来保护自己。当一个用户确定了其优势和劣势时（参见 SWOT 分析），用户必须进行定位，以便因势利导，而不是被预料到的环境因素变化所损害，如产品生命周期、行业增长速度等等，然后保护自己并做好准备，以有效地对其他企业的举动做出反应。

根据上面对于五种竞争力量的讨论,企业可以采取尽可能地将自身的经营与竞争力量隔绝开来、努力从自身利益需要出发影响行业竞争规则、先占领有利的市场地位再发起进攻性竞争行动等手段来对付这五种竞争力量,以增强自己的市场地位与竞争实力。

2. 波特五力模型与一般战略的关系

波特提出的行业五种力量,可以与成本领先战略、产品差异化战略和集中战略有机结合起来,从而提高自身的市场竞争力,如表 3-6 所示。

表 3-6　五力分析模型与一般战略的关系

行业内的五种力量	一般战略		
	成本领先战略	产品差异化战略	集中战略
潜在进入者的威胁	具备杀价能力以防止潜在者的进入	培育顾客忠诚度以打击潜在竞争者的信心	建立核心能力以阻止潜在竞争者的进入
买方议价能力	具备向大买家出更低价格的能力	因为选择范围小而削弱了买家的谈判能力	因为没有选择范围而使买家丧失谈判能力
供方议价能力	更好地抑制大卖家的砍价能力	更好地将供方的涨价部分转移到顾客	进货量低供方的砍价能力就高
替代品的威胁	能够利用低价抵御替代品	顾客习惯了一种产品或服务降低了替代品的威胁	特殊的产品和核心能力能够降低替代品的威胁
行业内对手的竞争	能更好地进行价格竞争	品牌忠诚度能使顾客不理睬竞争对手	竞争对手无法满足集中差异化的顾客

【专题案例】用波特的五力模型全面分析耐克和阿迪达斯

一、框架及市场

迈克尔·波特在其经典著作竞争战略中,提出了行业结构分析模型,即所谓的“5 力模型”,他认为行业现有的竞争状况、供应商的议价能力、购买者的议价能力、替代产品或服务的威胁、新进入者的威胁这 5 大竞争驱动力,决定了企业的盈利能力。对比这 5 种力量的作用,来分析一下美国运动鞋企业的竞争状态。

首先,这个领域存在较高的进入壁垒。美国运动鞋产业由“不用工厂生产”的品牌型公司组成,大公司在广告、产品开发以及销售网络、出口方面都更有成本优势。更重要的是,品牌个性与消费者忠诚度都给潜在的进入者设置了无形的屏障。

其次,供应商的议价能力较弱。因为大多数运动鞋产业的投入都是同质的,特别是在耐克发起了外购浪潮后,超过 90% 的生产都集中在低工资、劳动力远远供过于求的国家。

第三,运动鞋的终端消费者在意价格,同时对时尚潮流更加敏感,但是对于公司的利润率并没有极为负面的影响。因为如果存在利润的减少,那么这将通过降低在发展中国家的生产来弥补。此外,大多数品牌在产品差异化方面很成功,这阻止了购买者将品牌同不断转换的品牌形象联系起来。

第四,因为其他鞋类都不适宜运动,所以还没有运动鞋类的完全替代产品。

第五,美国运动鞋市场被看作具有挑战性并已饱和,充满激烈的竞争且增长缓慢,因此对于新进入者只有很小的空间。耐克、阿迪达斯和锐步,这些主要品牌抢占了超过一半的市场份额并保持相对稳定。

通过分析我们可以看到：一方面，这是一个令人垂涎的市场，不过壁垒高筑，有较低的供应商议价能力，适度的购买者议价能力并且没有知名品牌的替代产品，很难挤出利润。另一方面，当除了高度市场集中但没有任何垄断力量时，区域里的对抗十分激烈。因此，在这个竞争环境中，独立公司的超常利润的持续性在很大程度上依靠他们的策略。

二、Nike和Adidas

1. 耐克的领导地位

耐克起源于1962年，由菲尔·耐特首创，当时命名为“蓝丝带体育”，20世纪70年代正式更名为Nike。它初步超过阿迪达斯在美国运动鞋业内坐头把交椅，1980年占据约50%的美国市场份额。从那时起，耐克开始实行积极进取的市场活动，签约顶级运动员，并创造了“只管去做(Just Do It)”这一口号。

耐克将它的运动鞋定位为具有创新设计与技术、高价位的高品质产品。耐克凭借丰富的产品类型以及杰出的设计，2000年占据了超过39%的美国运动鞋市场，几乎是阿迪达斯市场份额的两倍。从20世纪70年代开始，耐克就从一家产品导向的公司逐渐转变为一家市场导向的公司。它在全球范围内运营，在公司内部设计高技术和高品质的产品，在低成本的国家生产，再成功地通过营销建立起作为青少年亚文化标志的品牌。耐克的独特资源包括专利产品和商标、品牌声誉，公司文化和公司独特的人力资产。

为了弄清耐克如何在其资源和实力的基础上发展成竞争优势，我们在以下将从生产、销售、市场营销几个方面分析他们的价值链。

(1) 在生产环节上，从20世纪70年代以后，耐克便把制造环节外包给很多亚洲国家。外包使耐克获得了廉价的劳动力，并从供应商那里得到大量折扣。而且，外包使顾客能更快从市场获得新产品，减少资本投入的风险。

(2) 在销售上，这种“期货”下单计划允许零售商提前5到6个月预先定下运输保证书，保证90%的订货会以确定的价格在确定的时间运到。这个策略成功地将存货减少到最少，并缩短了存货的周转。耐克有三种销售渠道：零售商、耐克城以及电子商务。耐克城建立于20世纪90年代，展示耐克最新或最具创意的产品系列，在主干道上做广告，耐克城与其说是一个销售渠道，不如说是一个营销手段。电子商务始于90年代的NIKE.com，耐克也允许其他网络公司销售其产品。电子商务策略使耐克重新点燃了与消费者之间的直接关系。

(3) 市场营销作为耐克的核心竞争力之一，不仅是做广告，更是吸引并留住顾客。耐克营销团队采用的市场策略始终反映公众意见。在20世纪八九十年代的大部分时期，专业运动员被像英雄一样崇拜，因此耐克投入大量资金，请成功、富有魅力的知名运动员为产品代言。例如，当迈克·乔丹1984年加入耐克团队，“像迈克一样”就成为切合了人们对迈克·乔丹仰慕之情的口号。而当乔丹1999年退役时，耐克无法找到一个运动员可以代替他的位置，因此，耐克转向一个名为“Nike Play”的新活动，这个活动由展示个人成就、鼓励所有人参与的系列短片组成。我们可以看到，市场策略要随着消费者的喜好而变。对市场变化作出快速反应，正是保持耐克在鞋类市场的核心竞争力的法宝。

2. 阿迪达斯扮演的挑战者角色

“为每位运动员提供最好的鞋。”在这个简单而又雄心勃勃的理念的鼓励下，20多岁的阿迪·德斯勒开始做鞋，终于在1948年建立起一家名为“阿迪达斯”的公司。公司生产大量各式各样的高品质的运动鞋,最终在20世纪60年代,成为全世界所有著名赛事的首要运动鞋供应商。60年代后期,阿迪达斯在运动鞋业内稳坐头把交椅。但是,进入70年代,阿迪达斯没有意识到平民运动已经成为一种潮流,还是专注于专业运动鞋。由于对销售预期的失败和对市场竞争状况的低估,阿迪达斯的地位受到了挑战,最后在70年代后期被耐克取代。

1997年与salmon联合之后,1998年到2000年阿迪达斯重建了其市场份额紧随耐克之后,稳居第二的市场位置。不过,在2002年公司的市场位置又跌至第三,比起耐克40.6%的市场份额,它仅有11.8%,2003年依然保持此位置。

从阿迪达斯的历史来看,它是第一家发起生产外包的鞋类公司。他们的生产公司分布于中国大陆、越南以及拉丁美洲。他们的供应链利用3种不同的供应商类型,包括承包商、下级承包商和本地原料公司。他们的外包策略对团体的成功至关重要,并被整个领域仿效。这种策略可以转移风险,降低劳动力成本并可将主要精力集中到阿迪达斯的核心策略——市场营销和研发上。

市场营销是阿迪达斯的两个核心策略之一。1997年,阿迪达斯宣告收购了所罗门公司,组建成为世界领先的体育用品集团公司之一,公司具有突出品牌的股份。这两家公司在产品和地域协调上互为补充。所罗门在北美和日本表现特别强劲,这对阿迪达斯提高在美国的市场份额很有帮助。他们重新聚焦、重新定位阿迪达斯品牌以全面发掘它的市场潜力,将所有产品整合到3个明确的用户组:永恒体育、独创和器械。这种划分在运动、体育和运动生活方式的顾客中,创造了更强大的市场渗透。阿迪达斯始终坚持邀请名人作产品代言人,并赞助体育联赛。科比·布赖恩特、安娜·库尔尼科娃以及贝克汉姆都是阿迪达斯旗下的超凡的天才。在巴塞罗那奥运会、欧洲足球冠军杯赛、法国足球世界杯、美国女子足球世界杯等等,阿迪达斯总是最大的赞助商之一。

除了市场营销,研发是阿迪达斯的另一个核心策略。他们建立了一个新的技术创新团队,每年至少投放一个大的创新。2003年,阿迪达斯建立了"大众定制"系统,可以根据顾客脚的不同情况、个人喜好和要求设计特别的鞋,领先者的优势使阿迪达斯在这一领域处于第一位。

三、各自市场策略

1. 阿迪达斯

阿迪达斯在研发方面有着非凡的能力,它需要的是更加以顾客为导向的营销策略。即使阿迪达斯和耐克可以相互模仿,它们也应该在有效的执行和协调方面尽量区别于对方。当耐克的营销和研发队伍更多关注北美消费者的需求时,阿迪达斯主动开始塑造自己的市场区隔(segmentations)。因为从两者的整体业绩来看,阿迪达斯的总资产回报率(ROA)和耐克是非常接近的,这就意味着从长期来讲,阿迪达斯完全有潜力与耐克一比高低。

(1) 产品实施本土化

作为一个德国的体育运动品牌,阿迪达斯应该把它在美国市场上投放的鞋类产品"美国化"。欧洲人喜欢的产品不一定符合美国人的胃口。阿迪达斯应该招纳和培养那些真正了解并且能够预测这个充满活力的市场的人才。这是一种无法模仿的资源。然后你就可以根据这些预测的结果来重新塑造你的市场区隔,这样一方面满足了美国消费者的需求,另一方面也保证了你在这个细分市场上有独到的优势。美国人更强调个人化,所以在广告方面,阿迪达斯应该把它的形象塑造得更加个性化,而且要减少明星的使用。

(2) 巩固质量优势,完善产品系列

一个企业选择怎样的战略决策依赖于它过往所走的路径。从这方面考虑,因为阿迪达斯长期以来就以其严格的质量控制体系而著称,这个体系保证了阿迪达斯产品的高质量,所以这一传统应该保持并且进一步弘扬。还有,在重夺全球霸主地位的战略企图的驱使下,阿迪达斯应该设计能够赢得所谓"动态效率"(dynamic efficiency)的新战略。尽管阿迪达斯已经建立了它的补充产品市场,但它们还可以通过强化"网络效应"来超越耐克。比如说,它们可以设计全系列的运动服、帽子、围巾和手提包来与它们的运动鞋配套。

(3) 发挥专利优势

耐克和阿迪达斯也可以说是一场"专利竞赛"的两个对手。阿迪达斯应该能够估计到耐克的研发投入。另外,在关注欧洲本土市场的同时,因为美国对阿迪达斯来说是一个海外市场,所以公司应该通过把更多的个性化元素引入其未来的产品设计以促进产品的本土化。

(4) 借鉴耐克的订货与分销战略

耐克的未来订货项目帮助公司迅速地成长。阿迪达斯应该与它的零售商一起实施类似的订货系统来模仿这一战略,这样能够将它们的库存保持在一个最优的水平。不过,阿迪达斯也必须认识到这一机制的成功运作是以许多条件为基础的,比如准确的销售预测、市场的强劲需求等等。另外,和耐克相比,阿迪达斯在电子商务领域做得不够成功。要想打赢这场关键战役,至关重要的就是阿迪达斯必须向耐克学习授权专业的电子商务企业来运作其在线销售。

2. 耐克

(1) 保持在本土市场的竞争力

阿迪达斯在美国市场上经营是非常有挑战性的,但爱国的美国消费者很可能会倾向于本国产品而不是进口货。耐克在本土管理实践、组织架构、公司治理以及本土资本市场的掌控方面都有优势。如果它们在白热化的本土竞争当中都能生存,它们在国际市场上就会更有竞争力。为了维护它在美国运动鞋市场的统治地位,耐克应该持续地专注于它的核心竞争力:营销与研发。在已有的高度的消费者忠诚、品牌意识和庞大的市场份额基础上,它们还必须在不断开发新产品的同时保持它们的品质标准,实施有效的营销方案以回应市场的变化。

(2) 隔离机制

即使阿迪达斯可以模仿耐克的战略,它们也不能简单地复制耐克的那些有企业专用性的竞争手段,比如说专利、品牌和人力资本。耐克可以通过提供丰厚的薪酬来留住它的骨干员工,提升他们对公司的忠诚度,以此来保护公司的人力资本。至于产品模仿,耐克可以采取法律手段,比如说产权、特许权和专利方面的有关规定。但是它们也必须意识到,保护知识产权并不是要把产品、流程和技术都模式化,在开放的竞争中最好把它们都看作是大海之中散布的岛屿(意即只露出一角而已)。如果你的秘密根本就没有机会暴露在你的竞争对手有可能接触的环境中,那岂不是更安全?另外,依靠已有的品牌声誉和市场规模,耐克在获取资源和消费者方面显然比竞争对手有太多的优势。还有就是,耐克的独特能力很多时候都包含着一些只可意会不可言传的隐性知识(tacit knowledge),很难为外人所理解。这些东西是它独特的企业历史积淀下来的,而且根植于复杂的社会变迁过程之中。

(3) 路线与时俱进

和阿迪达斯相比,耐克历史要短很多,它拥有的是以用户为导向的营销和产品。而且阿迪达斯面临销售滑坡,耐克正好利用这个领先优势加大对 NikeID 鞋的投入。因为消费者期望值很高,再加上它雄厚的财力和能力,这个市场前途无量。相反,阿迪达斯正处在企业第二个生命周期,它正在为提升市场份额而打拼,后面还有虎视眈眈的锐步(Reebok)。因为路径依赖的缘故,阿迪达斯继承了它以往的产品路线,适应比较广泛的市场人群。这一战略是否真的能够为它赢得更广泛的用户基础呢?没有这个战略他们会不会做得更好呢?很难说。路径依赖会约束一个企业的战略选择,限制它的机会。事实上,一个企业要迅速改变它的路线很难,但是如果它想在竞争中生存,在迅速变化的环境面前它的路线也必须与时俱进。总之,作为市场领导者的耐克必须避免平庸、保持创新,这样才能永远屹立在竞争的巅峰。

时下中国的旅游鞋市场同样也是充满竞争激烈,国内的、国外的,大的、小的品牌琳琅满目,这显然对处于发展、上升过程中的国产品牌形成了巨大压力。在这样的市场环境中,国产品牌除了要积极提炼自身品牌的核心价值外,也需要制定明确的市场品牌战略。只有这样,采取的营销攻势才具有针对性,才能做到有的放矢。遗憾的是,大多数国内旅游鞋生产厂家把精力主要集中在广告投放上,虽然这种名人代言的广告能在短期内迅速提高销售业绩,但无益于品牌的长期发展,也无益于保持短期内占领的市场份额。国产旅游鞋品牌要想真正确立自身的长远发展,有必要借鉴一下案例中耐克和阿迪达斯,规划清晰的战略目标。

八、战略钟模型

战略钟模型(Strategic Clock Model)是由克利夫·鲍曼(Cliff Bowman)提出的,“战略钟”是分析企业竞争战略选择的一种工具,这种模型为企业的管理人员和咨询顾问提供了思考竞争战略和取得竞争优势的方法。

战略钟模型假设不同企业的产品或服务的适用性基本类似,那么,顾客购买时选择其中一家而不是其他企业可能有以下原因:

① 这家企业的产品和服务的价格比其他公司低;

② 顾客认为这家企业的产品和服务具有更高的附加值。

战略钟模型将产品/服务价格和产品/服务附加值综合在一起考虑,企业实际上沿着以下 8 种途径中的一种来完成企业经营行为,如图 3-34 所示。其中一些路线可能是成功的路线,而另外一些则可能导致企业的失败。

1. 低价低值战略

采用途径 1 的企业,关注的是对价格非常敏感的细分市场的情况。企业采用这种战略,是在降低产品或服务附加值的同时降低产品或服务的价格。

2. 低价战略

采用途径 2 的企业,是建立企业竞争优势的典型途径,即在降低产品或服务的价格的同时,保持产品或服务的质量。但是这种竞争策略容易被竞争对手模仿,也降低价格。在这种情况下,如果一个企业不能将价格降低到竞争对手的价格以下,或者顾客由于低价格难以对产品或服务的质量水平做出准确的判断,那么采用低价策略可能是得不偿失的。要想通过这一途径获得成功，企业必须取得成本领先地位。因此，这个途径实质上是成本领先战略。

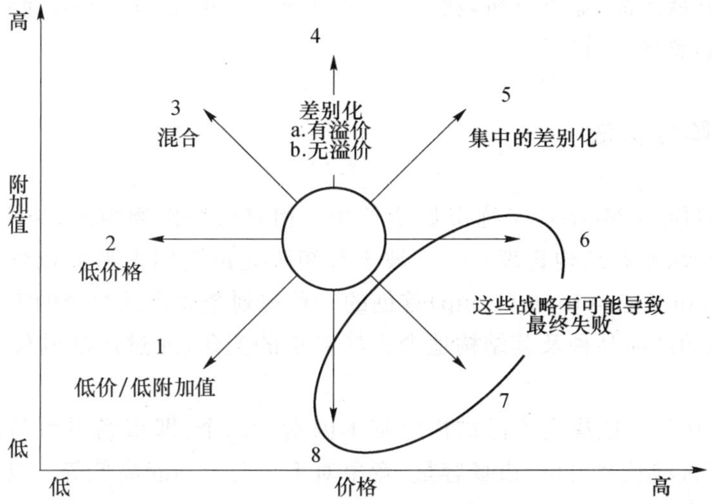

图 3-34　战略钟模型示意图

3. 混合战略

采用途径 3 的企业，在为顾客提供可感知的附加值同时保持低价格。而这种高品质低价格的策略能否成功，既取决于企业理解和满足用户需求的能力，又取决于是否有保持低价格策略的成本基础，并且难以被模仿。

4. 差别化战略

采用途径 4 的企业，以相同和略高于竞争对手的价格向顾客提供可感受的附加值，其目的是通过提供更好的产品和服务来获得更多的市场份额，或者通过稍高的价格提高收入。企业可以通过采取有形差异化战略，如产品在外观、质量、功能等方面的独特性；也可以采取无形差异化战略，如服务质量、用户服务、品牌文化等来获得竞争优势。

5. 集中差别化战略

采用途径 5 的企业，可以采用高品质高价格策略在行业中竞争，即以特别高的价格为用户提供更高的产品和服务的附加值。但是采用这样的竞争策略，意味着企业只能在特定的细分市场中参与经营和竞争。

6. 高价撇脂战略

采用途径 6、7、8 的企业一般都是处在垄断经营地位，完全不考虑产品的成本和产品或服务的附加值。这是产品刚刚进入市场时将价格定位在较高水平，在竞争者研制出相似的产品以前，尽快地收回投资，并且取得相当的利润。企业采用这种经营战略的前提是市场中没有竞争对手提供类似的产品和服务。否则，竞争对手很容易夺得市场份额，并很快削弱采用这一策略的企业的地位。

任务五　正确运用产品分析方法

企业经营的产品/业务很多，各种产品给企业创造的收入和利润各不相同，市场经营分析有必要研究哪些产品是企业的重点产品、拳头产品，哪些产品占用企业大量资源但收益不大，甚至亏损。开展产品/业务分析，就是在于把握重点，协调发展，确保企业业务结构更优，市场占有率更高，整体效益更好。

一、波士顿矩阵分析法

波士顿矩阵(BCG Matrix)又称市场增长率—相对市场份额矩阵、波士顿咨询集团法、四象限分析法、产品系列结构管理法等。波士顿矩阵是由美国大型商业咨询公司——波士顿咨询集团(Boston Consulting Group)首创的一种规划企业产品组合的方法。关键在于要解决如何使企业的产品品种及其结构适合市场需求的变化，通过产品的优化组合实现企业的现金流量平衡。

波士顿矩阵认为一般决定产品结构的基本因素有二个，即市场引力与企业实力。市场引力包括企业销售增长率、目标市场容量、竞争对手强弱及利润高低等。其中最主要的是反映市场引力的综合指标——销售增长率，这是决定企业产品结构是否合理的外在因素。企业实力包括市场占有率，技术、设备、资金利用能力等，其中市场占有率是决定企业产品结构的内在要素，它直接显示出企业竞争实力。销售增长率与市场占有率既相互影响，又互为条件：市场引力大，销售增长率高，可以显示产品发展的良好前景，企业也具备相应的适应能力，实力较强；如果仅有市场引力大，而没有相应的高销售增长率，则说明企业尚无足够实力，则该种产品也无法顺利发展。相反，企业实力强，而市场引力小的产品也预示了该产品的市场前景不佳。

通过以上两个因素相互作用，会出现四种不同性质的产品类型，形成不同的产品发展前景，如图 3-35 所示。在坐标图上，以纵轴表示企业销售增长率，横轴表示相对市场占有率，各以 10%和 1X 作为区分高、低的中点，将坐标图划分为四个象限，依次为问题类产品、明星类产品、现金牛类产品和瘦狗类产品。其目的在于通过产品所处不同象限的划分，使企业采取不同决策，以保证其不断地淘汰无发展前景的产品，保持“问题”“明星”“现金牛”产品的合理组合，实现产品及资源分配结构的良性循环。

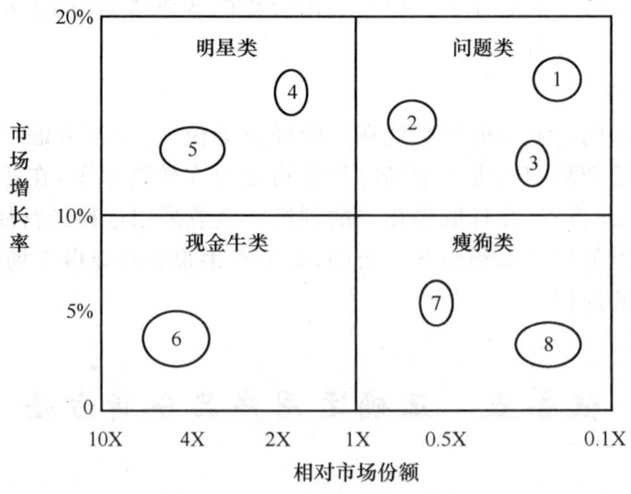

图 3-35　波士顿矩阵示意图

1. 明星产品(Stars)

它是指处于销售增长率和市场占有率“双高”的产品群,这类产品在高增长的市场上具有相对高的市场份额,通常需要大量的现金以维持增长,但具有较强的市场地位并将产生较高的利润回报,它们有可能成为企业的现金牛产品,需要加大投资以支持其迅速发展。采用的发展战略是:积极扩大生产规模和市场机会,以长远利益为目标,提高市场占有率,加强竞争地位。

2. 现金牛产品(Cash cow)

它是指处于销售增长率低、市场占有率高的产品群,已进入成熟期。其特点是销售量大,产品利润率高、负债比率低,可以为企业提供资金,而且由于增长率低,也无需增大投资。在低增长的市场上具有相对高的市场份额的业务将产生健康的现金流,可以支持其他产品,尤其明星产品投资提供资金保障。对这一象限内的大多数产品,市场占有率的下跌已成不可阻挡之势,因此可采用收获战略:即所投入资源以达到短期收益最大化为限。①把设备投资和其它投资尽量压缩;②采用榨油式方法,争取在短时间内获取更多利润,为其它产品提供资金。对于这一象限内的销售增长率仍有所增长的产品,应进一步进行市场细分,维持现存市场增长率或延缓其下降速度。

3. 问题产品(Question marks)

它是处于销售增长率高、市场占有率低的产品群。前者说明市场机会大,前景好,而后者则说明在市场营销上存在问题。其特点是利润率较低,所需资金不足,负债比率高。例如在产品生命周期中处于引入期、因种种原因未能开拓市场局面的新产品即属此类问题的产品。对问题产品应采取选择性投资战略:首先确定对该象限中那些经过改进可能会成为明星的产品进行重点投资,提高市场占有率,使之转变成“明星产品”;对其他将来有希望成为明星的产品则在一段时期内采取扶持的对策。

4. 瘦狗产品(Dogs)

它是处于销售增长率和市场占有率“双低”的产品群。其特点是利润率低、处于保本或亏损状态,负债比率高,无法为企业带来收益。在低增长的市场上具有相对低的市场份额的业务,经常是中等现金流的使用者。由于其虚弱的竞争地位,它们将成为现金的陷阱。对这类产品应采用撤退战略:首先应减少批量,逐渐撤退,对那些销售增长率和市场占有率均极低的产品应立即淘汰。其次是将剩余资源向其他产品转移。最后是整顿产品系列,最好将瘦狗产品与其他事业部合并,统一管理。

二、通用矩阵分析法

通用矩阵分析法(GE)又称行业吸引力矩阵、九象限评价法,是美国通用电气公司设计的一种投资组合分析方法。相对于 BCG 法,GE 法有较大的改进,在两个坐标轴上增加了中间等级,增加了分析因素。它运用加权评分方法分别对企业各种产品的行业引力(包括市场增长率、市场容量、市场价格、利润率、竞争强度等因素)和企业竞争力(包括生产能力、技术能力、管理能力、产品差别化、竞争能力等因素)进行评价,然后按加权平均的分值划分为大(强)、中、小(弱),从而形成 9 种组合方格以及 3 个区域,如图 3-36 所示。

企业竞争力

行业吸引力	强	中	弱
大	A ○ ○	A ○	B □ □
中	A ○ ○	B □ □	C ◎
小	B □ □	C ◎	C ◎

图 3-36　通用矩阵

1. 绘制 GE 矩阵

绘制 GE 矩阵，需要找出外部（行业吸引力）和内部（企业竞争力）因素，然后对各因素加权，得出衡量内部因素和市场吸引力外部因素的标准。当然，在开始搜集资料前仔细选择哪些有意义的产品业务单位是十分重要的。

① 定义影响因素。选择要评估业务（或产品）的企业竞争实力和市场吸引力所需的重要因素。下面列出的是经常考虑的一些因素（可能需要根据各公司情况做出一些增减）。确定这些因素的方法可以采取头脑风暴法，关键是不能遗漏重要因素，也不能将微不足道的因素纳入分析中。

影响市场吸引力的典型外部因素：市场规模、市场成长率、市场收益率、定价趋势、竞争强度、行业投资风险、进入障碍、产品/服务差异化机会、产品/服务需求变动性、市场分割、市场分销渠道结构、技术发展等。

影响企业竞争力的典型内部因素：业务单元自身资产与实力、品牌/市场的相对力量、市场份额、市场份额的成长性、顾客忠诚度、相对成本结构、相对利润、分销渠道结构及产品生产能力、技术研发及其他创新活动、产品/服务质量、融资能力、管理能力等。

② 估测内部因素和外部因素的影响。从外部因素开始，根据每一因素的吸引力大小对其评分。若某一因素对所有竞争对手的影响相似，则对其影响做总体评估，若某一因素对不同竞争者有不同影响，可比较它对自己业务的影响和重要竞争对手的影响。在这里可以采取五级评分标准（1＝毫无吸引力，2＝没有吸引力，3＝中性影响，4＝有吸引力，5＝极有吸引力）。然后也使用五级标准对内部因素进行类似的评定（1＝极度竞争劣势，2＝竞争劣势，3＝同竞争对手持平，4＝竞争优势，5＝极度竞争优势），在这一部分，应该选择一个总体上最强的竞争对手做对比的对象。

③ 对外部因素和内部因素的重要性进行估测，得出衡量实力和吸引力的简易标准。这里有定性和定量两种方法可以选择。

定性方法：审阅并讨论内外部因素，以在第二步中得到的分数为基础，按强中弱三个等级来评定该产品业务单位的实力和产业吸引力如何。

定量方法：将内外部因素分列，分别对其进行加权，使所有因素的加权系数总和为 1，然后用其在第二步中的得分乘以其权重系数，再分别相加，就得到所评估的产品业务单位在实力和吸引力方面的得分(介于1～5之间，1代表产业吸引力低或业务实力弱，而5代表产业吸引力高或业务实力强)。

④ 将该产品业务单位标在GE矩阵上。矩阵坐标纵轴为行业吸引力，横轴为企业竞争力。每条轴上用两条线将数轴划为三部分，这样坐标就成为网格图。两坐标轴刻度可以为高中低或1～5。

2. 应用GE矩阵的分析步骤

① 确定战略业务单位，并对每个战略业务单位进行内外部环境分析。根据企业的实际情况，或依据产品/服务，或依据地域，对企业的业务进行划分，形成战略业务单位，并根据针对每一个战略业务单位进行内外部环境分析。

② 确定评价因素及每个因素权重。确定行业吸引力和企业竞争力的主要评价指标，及每一个指标所占的权重。行业吸引力和企业竞争力的评价指标没有通用标准，必须根据企业所处的行业特点和企业发展阶段、行业竞争状况进行确定。但是从总体上讲，行业吸引力主要由行业的发展潜力和盈利能力决定，企业竞争力主要由企业的财务资源、人力资源、技术能力和经验、无形资源与能力决定。确定评价指标的同时还必须确定每个评价指标的权重。

③ 进行评估打分。根据行业分析结果，对各战略业务单位的行业吸引力和竞争力进行评估和打分，并加权求和，得到每一项战略业务单位的行业吸引力和竞争力最终得分。

④ 将业务单位标在GE矩阵上。根据每个战略业务单位的行业吸引力和竞争力总体得分，将每个战略业务单位用圆圈标在GE矩阵上。在标注时，注意圆圈的大小表示战略业务单位的市场总量规模。有的还可以用扇形反映企业的市场占有率。

⑤ 对各业务单位策略进行说明。根据每个战略业务单位在GE矩阵上的位置，对各个战略业务单位的发展战略指导思想进行系统说明和阐述。

对于不同区域应采取不同的投资策略，如图3-37所示。处于矩阵左上方的3个方格属于A区，分布于A区的产品线或产品项目最适于采取增长与发展战略，企业应优先分配资源。处于矩阵右下方的3个方格属于C区，分布于该区的产品线或产品项目，一般应采取收缩、停止、转移、撤退战略。处于矩阵对角线上的3个方格的产品线或产品项目，即B区，应采取维持或有选择地发展的战略，保护原有的规模，同时调整其发展方向。

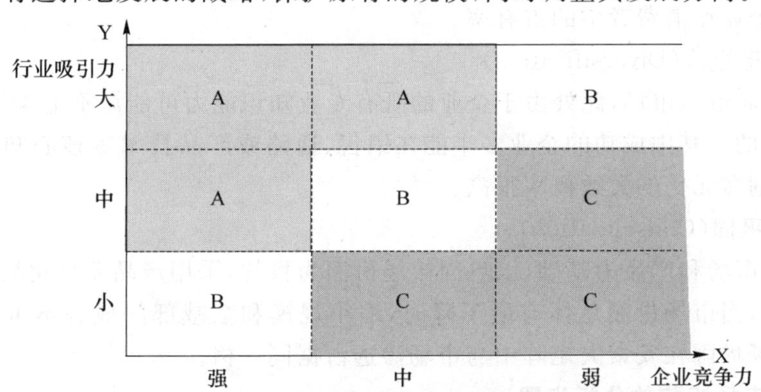

图3-37　不同业务单位的投资策略

三、产品-市场矩阵分析法

策略管理之父安索夫博士于1975年提出安索夫矩阵，如图3-38所示。以产品和市场作为两大基本维度，区别出四种产品/市场组合和相对应的营销策略，是应用最广泛的营销分析工具之一。安索夫矩阵是以2×2的矩阵代表企业企图使收入或获利成长的四种选择，其主要的逻辑是企业可以选择四种不同的成长性策略来达成增加收入的目标。

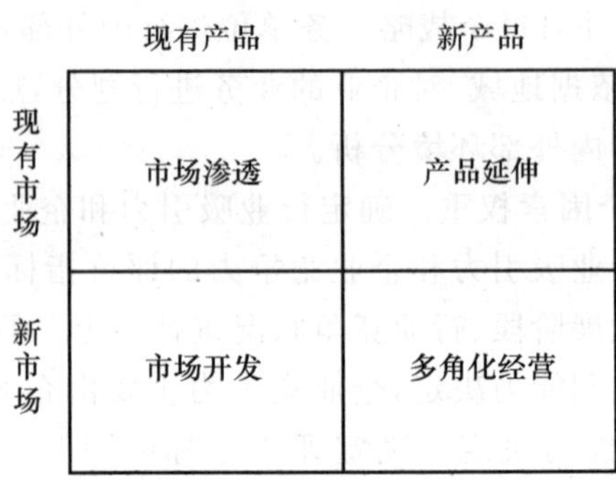

图3-38　产品-市场矩阵

1. 产品-市场组合策略

(1) 市场渗透(Market Penetration)

以现有的产品面对现有的顾客，以其产品市场组合为发展焦点，力求增大产品的市场占有率。采取市场渗透的策略，借助促销或是提升服务品质等方式来说服消费者改用不同品牌的产品，或是说服消费者改变使用习惯、增加购买量等。

(2) 市场开发(Market Development)

提供现有产品开拓新市场，企业必须在不同的市场上找到具有相同产品需求的使用者，这样往往产品定位和销售方法会有所调整，但产品本身的核心技术则不必改变。

(3) 产品延伸(Product Development)

推出新产品给现有顾客，采取产品延伸的策略，利用现有的顾客关系来借力使力，也称产品开发策略。通常是以扩大现有产品的深度和广度，推出新一代或是相关的产品给现有的顾客，提高企业在消费者中的占有率。

(4) 多元化经营(Diversification)

提供新产品给新市场，此处由于企业的既有专业知识能力可能派不上用场，因此多角化策略是最冒险的。其中成功的企业多半能在销售、通路或产品技术等核心知识上取得某种综合效应，否则多元化的失败概率很高。

(5) 市场巩固(Consolidation)

以现有的市场和产品为基础，以巩固市场份额为目的，采用产品差异化战略来加强用户忠诚度。同时，当市场份额总体有所下降时，缩小规模和缩减部门成为不可避免的应对措施。通常，市场巩固在安索夫矩阵中与市场渗透占据同一格。

2. 产品-市场矩阵的分析步骤

产品市场矩阵可以帮助企业科学地选择营销战略模式，但在使用该工具的时候，必须掌握其核心步骤：

① 考虑在现有市场上，现有的产品是否还能得到更多的市场份额(市场渗透战略)；

② 考虑是否能为其现有产品开发一些新市场(市场开发战略)；

③ 考虑是否能为其现有市场发展若干有潜在利益的新产品(产品开发战略)；

④ 考虑是否能够利用自己在产品、技术、市场等方面的优势，根据物资流动方向，采用使企业不断向纵深发展的一体化战略。

【专题案例】运用安索夫矩阵分析高校图书馆市场

安索夫是美国加州大学美国国际大学的战略管理教授。他在研究企业经营战略时提出了企业制定经营战略时首先要考虑的两大因素：产品(现有产品和新产品)和市场(现有市场和新市场)。竞争情报领域用此方法来发现竞争对手，现用安索夫矩阵来分析高校图书馆所面临的竞争对手和竞争局势，如图 3-39 所示。

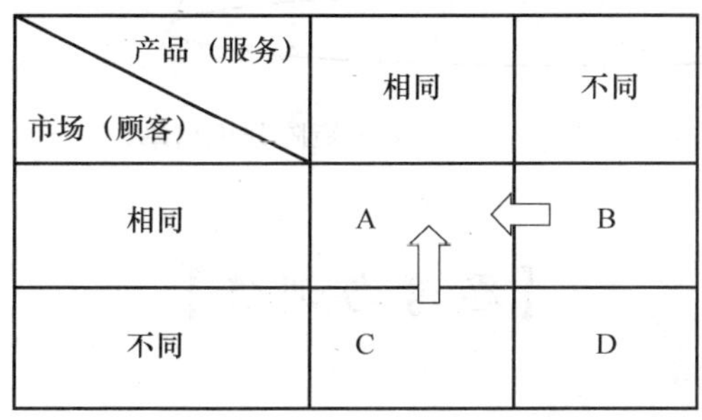

图 3-39　安索夫矩阵分析高校图书馆市场

由安索夫矩阵可以看出高校图书馆所面临的不同层次的竞争，分别对各层次竞争者进行分析。

1. D 类竞争者，是和所研究的高校图书馆相比，提供的服务不同，并且用户也不同的竞争者，因此要短期内成为直接竞争对手很难的，这类竞争者可为愿望竞争者。

2. C 类竞争者，是提供的服务相同，但是用户不同的竞争者，因为市场壁垒的存在，这类竞争者属于潜在竞争者，如果市场壁垒一旦消失，这类潜在竞争就会变成直接竞争者(即 A 类竞争者)。这类竞争者包括其他高校的图书馆和公共图书馆，随着馆际互借，一些图书馆网上服务的展开，高校图书馆的服务面不再限于本校学生了，开始向其他学校的学生扩展，这种情况下高校图书馆信息服务的市场壁垒就不那么明显了，就容易朝 A 类竞争者转换。

3. B 类竞争者，是提供的服务不同，但是用户相同的竞争者，这类竞争者属于平行竞争者，如果它要利用同用户建立的关系或建立起来的良好信誉而提供与高校图书馆相同的服务，就会变成直接竞争者。这类竞争者包括书店、信息咨询业、网上书店、搜索引擎和邮件定制等，如书店提供阅览服务，就变成了图书馆的直接竞争对手。

4. A 类竞争者，是提供的服务相同，用户也相同的竞争者，这类竞争者属于直接竞争者，包括数字图书馆，还有 B 类和 C 类转化而成的竞争者。

根据安索夫矩阵分析得来的各类竞争者的层次，可归纳如图 3-40 所示。

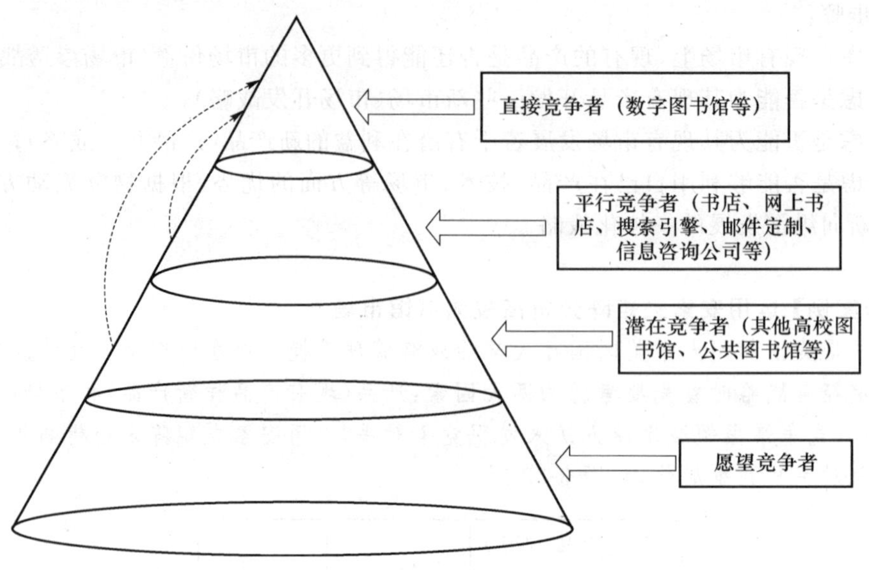

图 3-40　安索夫矩阵分析结果

【思考与训练】

1. 结构化分析方法的分析思路是什么？

2. 简述 PEST 分析法的基本内容。

3. 简述 SWOT 分析法的基本内容。

4. 异常分析的基本步骤是什么？

5. 特性要因图可分为哪两种，有何区别？

6. 什么是演绎分析法，有什么特点？

7. 问题分解的基本原则是什么？

8. 简述 PDCA 循环的四阶段八步骤。

9. 简述波特五力分析模型的内容。

10. GE 矩阵分析结果是形成不同的战略业务单位，针对不同的业务单位应采取什么样的投资策略？

11. 通过网络收集资料，就某企业与其竞争对手进行 SWOT 分析，并列出 SWOT 分析矩阵，明确实施的战略决策。

项目四　数据分析及图表制作

【项目目标】

◇ 了解数据分析的概念和类型
◇ 掌握数据分析的实施流程
◇ 理解 OLAP 分析的概念和操作步骤
◇ 掌握相关分析的概念、类型和内容
◇ 掌握趋势预测的概念、内容
◇ 了解聚类分析的概念、特征和步骤
◇ 理解弹性分析方法的具体应用
◇ 熟知经营分析 PPT 制作技巧
◇ 熟知经营分析的图形制作步骤和技巧

任务一　数据分析方法

一、数据分析概述

数据分析是指采用适当的统计分析方法对收集得来的大量数据进行分析，将它们加以汇总、整理，提取有用信息和形成结论而对数据加以详细研究和概括总结的过程。数据分析的目的是将隐藏在一大批杂乱无章的数据后面的信息集中并提炼出来，总结出研究对象的内在规律，以求最大化地开发数据功能，发挥数据的作用。

1. 数据分析的类型

在统计学领域，数据分析可分为描述性数据分析、探索性数据分析和验证性数据分析。其中，探索性数据分析侧重于在数据之中发现新的特征，而验证性数据分析则侧重于验证之前假设的真伪性。

描述性数据分析属于初级分析方法，常见的分析方法有对比分析法、平均分析法、交叉分析法等，是我们工作中最常用的数据分析方法。而探索性数据分析以及验证性数据分析属于高级分析方法，常见的分析方法有相关分析、因子分析、回归分析等，对分析者的数学功底以及逻辑能力具有较高的要求。

描述性数据分析是将研究中所得的数据加以整理、归类、简化或绘制成图表，以此描述和归纳数据的特征及变量之间的关系的一种最基本的分析方法。描述性分析主要涉及数据的集中趋势、离散程度和相关强度，最常用的指标有平均数、标准差、相关系数等。

探索性数据分析是指为了形成值得假设的检验而对已有的数据，特别是调查或观察得来的原始数据进行分析的一种方法。特别是当我们对这些数据中的信息没有足够的经验，不知道该用何种统计方法进行分析时，探索性数据分析就会非常有效。探索性分析一般表现为直方图和茎叶图。探索性数据分析的基本工具是图、制表和汇总统计量。

2. 数据分析实施过程

数据分析过程的主要活动由识别信息需求、收集数据、分析数据、评价并改进数据分析的有效性组成。

（1）识别信息需求

识别信息需求是确保数据分析过程有效性的首要条件，可以为收集数据、分析数据提供清晰的目标。识别信息需求是企业管理者的职责，管理者应根据决策和过程控制的需求，提出对信息的需求。就过程控制而言，管理者应识别需求要利用那些信息支持评审过程输入、过程输出、资源配置的合理性、过程活动的优化方案和过程异常变异的发现。

（2）收集数据

有目的的收集数据，是确保数据分析过程有效的基础。企业需要对收集数据的内容、渠道、方法进行策划。策划时应考虑：

① 将识别的需求转化为具体的要求，如评价供应方时，需要收集的数据可能包括其过程能力、测量系统不确定度等相关数据。

② 明确由谁在何时何处，通过何种渠道和方法收集数据。

③ 记录表应便于使用。

④ 采取有效措施，防止数据丢失和虚假数据对系统的干扰。

（3）分析数据

分析数据是将上一步收集的数据通过加工、整理、汇总和分析，使其转化为需要的信息。通常用方法有：

① 老七种工具，即排列图、因果图、分层法、调查表、散布图、直方图、控制图；

② 新七种工具，即关联图、系统图、矩阵图、KJ法（A型图解）、计划评审技术、PDPC法（过程决策程序图）、矩阵数据图。

（4）数据分析过程的改进

数据分析是质量管理体系的基础。组织的管理者应在适当时，通过对以下问题的分析，评估其有效性。

① 提供决策的信息是否充分、可信，是否存在因信息不足、失准、滞后而导致决策失误的问题。

② 信息对持续改进质量管理体系、过程、产品所发挥的作用是否与期望值一致，是否在产品实现过程中有效运用数据分析。

③ 收集数据的目的是否明确，收集的数据是否真实和充分，信息渠道是否畅通。

④ 数据分析方法是否合理，是否将风险控制在可接受的范围。

⑤ 数据分析所需资源是否得到保障。

二、主流的数据分析方法

1. OLAP 分析

(1) OLAP 分析概述

OLAP(联机分析处理),侧重对决策人员和高层管理人员的决策支持,可以根据分析人员的要求快速、灵活地进行大数据量的复杂查询处理,并且以一种直观而易懂的形式将查询结果提供给决策人员,以便他们准确掌握企业的经营状况,了解对象的需求,制定正确的方案。OLAP 分析,又称多维分析,分析人员能够从多个角度对从原始数据中转化出来的、能够真正为用户所理解的信息进行快速、一致、交互地存取,从而获得对数据的更深入了解的一类软件技术。OLAP 也可以简单定义成使用户能够以多维视图分析数据的工具,主要指对整体数据通过不同的维度进行层次分解,来发现经营中存在的问题。

管理人员往往希望从不同的角度来审视业务情况,比如从时间、地域、产品、用户等来看收入、利润、支出等业务统计数字。每一个分析的角度可以叫作一个维度,因此,我们把多角度分析方式称为多维分析。以前,每一个分析的角度需要制作一张报表。在线多维分析工具的主要功能,是根据用户常用的多种分析角度,事先计算好一些辅助结构,以便在查询时能尽快访问到所要的汇总数字,并快速地从一维转变到另一维,将不同角度的信息以数字、直方图、饼图、曲线等方式展现在用户面前。

(2) OLAP 分析的操作

OLAP 分析首先是把数据预处理成数据立方,也就是把有可能的汇总都预先算出来。然后在用户选择某种汇总时,OLAP 分析可以在预先的计算出来的结果基础上很快地计算出结果,从而可以很好地支持极大量数据的及时分析。

基于上面所述,OLAP 分析包括两个方面。第一,提供一个交互性的数据分析的模式。OLAP 分析把数据分成维(dimension)和度量(measure)。用户通过选择维度和度量,可以及时地计算数据在不同维度的组合下的汇总。第二,OLAP 分析是一种对数据的处理方式。这包括了对数据预计算的思路和方式。

维(Dimension):是人们观察数据的特定角度,是考虑问题时的一类属性,属性集合构成一个维(时间维、地理维等)。维的层次(Level):人们观察数据的某个特定角度(即某个维)还可以存在细节程度不同的各个描述方面(时间维:日期、月份、季度、年)。维的成员(Member):维的一个取值,是数据项在某维中位置的描述,例如"某年某月某日"是在时间维上位置的描述。

度量(Measure):多维数组的取值。OLAP 的基本多维分析操作有钻取(Drill-up 和 Drill-down)、切片(Slice)和切块(Dice)以及旋转(Pivot)等。

钻取:是改变维的层次,变换分析的粒度。它包括向下钻取(Drill-down)和向上钻取(Drill-up)/上卷(Roll-up)。Drill-up 是在某一维上将低层次的细节数据概括到高层次的汇总数据,或者减少维数;而 Drill-down 则相反,它从汇总数据深入到细节数据进行观察或增加新维。

切片和切块:是在一部分维上选定值后,关心度量数据在剩余维上的分布。如果剩余的维只有两个，则是切片；如果有三个或以上，则是切块。

旋转：是变换维的方向，即在表格中重新安排维的放置，例如行列互换。

OLAP 展现在用户面前的是一幅幅多维视图，如图 4-1 所示。

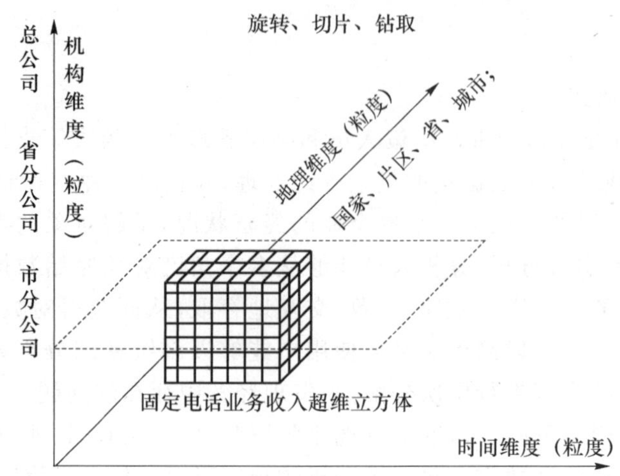

图 4-1　OLAP 分析在电话业务市场的应用

2. 关联分析

关联分析是一种简单、实用的分析技术，就是发现存在于大量数据集中的关联性或相关性，从而描述了一个事物中某些属性同时出现的规律和模式。

关联分析的一个典型例子是购物篮分析。该过程通过发现顾客放人其购物篮中的不同商品之间的联系，分析顾客的购买习惯。通过了解哪些商品频繁地被顾客同时购买，这种关联的发现可以帮助零售商制定营销策略。其他的应用还包括价目表设计、商品促销、商品的排放和基于购买模式的顾客划分。

可从数据库中关联分析出形如“由于某些事件的发生而引起另外一些事件的发生”之类的规则。如“67％的顾客在购买啤酒的同时也会购买尿布”，因此通过合理的啤酒和尿布的货架摆放或捆绑销售可提高超市的服务质量和效益。又如“‘C 语言’课程优秀的同学，在学习‘数据结构’时为优秀的可能性达 88％”，那么就可以通过强化“C 语言”的学习来提高教学效果。

关联分析是要建立用户属性指标之间、用户群与指标之间、用户群与用户群之间的相互关系，并通过对此关系的观察研究，发现各种有益的内在规律，为销售部、咨询服务和信息服务人员以及高层管理人员提供经营管理决策支持。如用户的消费与收入、年龄、职业的关联分析，消费量与地域、消费场所、职业的关联分析，如何调整话费、限额，使得用户消费最大，从而可获得更大的利润等。

【关联分析示例】经济预算关联分析

在近两年的经营预算预测模型建模中，从经济、行业、竞争、经营、财务、运营等 6 方面近 50 个指标经反复回归测算，表明其中有 6 个与下年收入增幅关联度较大。当前收入增幅的可能值与地域分布、宏观社会经济条件的关联性已比较弱，如图 4-2 所示。

要通过预算编制、业绩考核、经营分析、专项奖励等手段引导各公司更加关注与经营管理水平以及主观努力相关的指标。

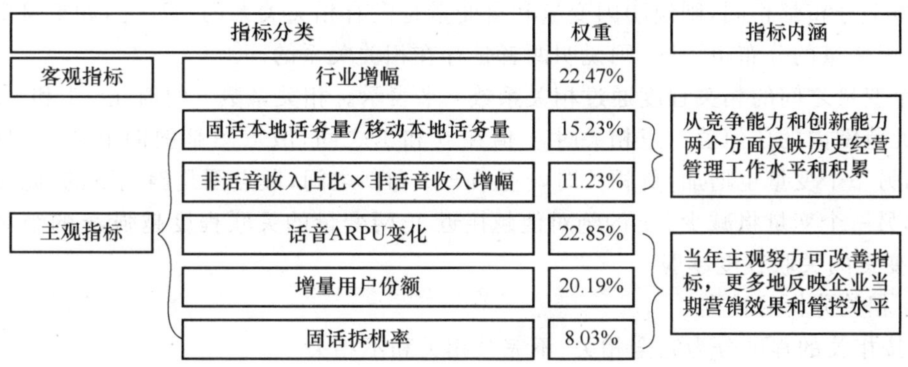

图 4-2 收入增幅关联度大的指标

3. 相关性分析

(1) 相关分析概述

相关分析是研究现象之间是否存在某种依存关系,并对具体有依存关系的现象探讨其相关方向以及相关程度,是研究随机变量之间的相关关系的一种统计方法。相关关系是一种非确定性的关系,例如,以 X 和 Y 分别记一个人的身高和体重,或分别记每亩施肥量与每亩玉米产量,则 X 与 Y 显然有关系,而又没有确切到可由其中的一个因素去精确地决定另一个因素的程度,这就是相关关系。

相关性分析是指对两个或多个具备相关性的变量元素进行分析,从而衡量两个变量因素的相关密切程度。相关性的元素之间需要存在一定的联系或者概率才可以进行相关性分析。相关性不等于因果性,也不是简单的个性化,相关性所涵盖的范围和领域几乎覆盖了我们所见到的方方面面,相关性在不同的学科里面的定义也有很大的差异。

为了确定相关变量之间的关系,首先应该收集一些数据,这些数据应该是成对的。例如,每人的身高和体重。然后在直角坐标系上描述这些点,这一组点集称为"散点图",如图 4-3 所示。

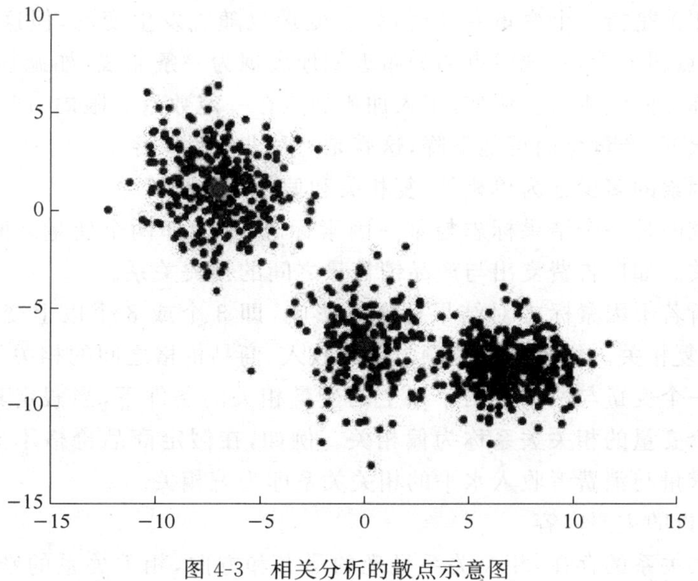

图 4-3 相关分析的散点示意图

根据散点图，当自变量取某一值时，因变量对应为一概率分布，如果对于所有的自变量取值的概率分布都相同，则说明因变量和自变量是没有相关关系的。反之，如果自变量的取值不同，因变量的分布也不同，则说明两者是存在相关关系的。

两个变量之间的相关程度通过相关系数 r 来表示。相关系数 r 的值在 -1 和 1 之间，但可以是此范围内的任何值。正相关时，r 值在 0 和 1 之间，散点图是斜向上的，这时一个变量增加，另一个变量也增加；负相关时，r 值在 -1 和 0 之间，散点图是斜向下的，此时一个变量增加，另一个变量将减少。r 的绝对值越接近 1，两变量的关联程度越强，r 的绝对值越接近 0，两变量的关联程度越弱。

（2）相关分析的种类

① 按相关的程度分为完全相关、不完全相关和不相关

- 两种依存关系的标志，其中一个标志的数量变化由另一个标志的数量变化所确定，则称完全相关，也称函数关系。
- 两个标志彼此互不影响，其数量变化各自独立，称为不相关。
- 两个现象之间的关系，介乎完全相关与不相关之间称不完全相关。

② 按相关的方向分为正相关和负相关

- 正相关指相关关系表现为因素标志和结果标志的数量变动方向一致。如果 x，y 变化的方向一致，如身高与体重的关系，相关系数 $r>0$。一般地，$|r|>0.95$ 存在显著性相关；$|r|\geqslant 0.8$ 高度相关；$0.5\leqslant|r|<0.8$ 中度相关；$0.3\leqslant|r|<0.5$ 低度相关；$|r|<0.3$ 关系极弱，认为不相关。
- 负相关指相关关系表现为因素标志和结果标志的数量变动方向是相反的。如果 x，y 变化的方向相反，如吸烟与肺功能的关系，$r<0$。

③ 按相关的形式分为线性相关和非线性相关

- 线性相关又称直线相关，是指当一个变量变动时，另一变量随之发生大致均等的变动，从散点图上看，其观察点的分布近似地表现为一条直线。例如，人均消费水平与人均收入水平通常呈线性关系。
- 非线性相关是指一个变量变动时，另一变量也随之发生变动，但这种变动不是均等的，从散点图上看，其观察点的分布近似地表现为一条曲线，如抛物线、指数曲线等，因此也称为曲线相关。例如，工人加班加点在一定数量界限内，产量增加，但一旦超过一定限度，产量反而可能下降，这就是一种非线性关系。

④ 按影响因素的多少分为单相关、复相关和偏相关

- 如果研究的是一个结果标志与某一因素标志相关，即两个变量之间的相关关系，称为单相关。如广告费支出与产品销售量之间的相关关系。
- 如果分析若干因素标志对结果标志的影响，即 3 个或 3 个以上变量之间的相关关系，称为复相关。如商品销售额与居民收入、商品价格之间的相关关系。
- 如果在一个变量与两个或两个以上的变量相关的条件下，当假定其他变量不变时，其中两个变量的相关关系称为偏相关。例如，在假定商品价格不变的条件下，该商品的需求量与消费者收入水平的相关关系即为偏相关。

（3）相关分析的主要内容

① 确定相关关系的存在，相关关系呈现的形态和方向，相关关系的密切程度。其主要

方法是绘制相关图表和计算相关系数。

- 相关表。编制相关表前首先要通过实际调查取得一系列成对的标志值资料作为相关分析的原始数据。相关表分为简单相关表和分组相关表。
- 相关图。利用直角坐标系第一象限,把自变量置于横轴上,因变量置于纵轴上,而将两变量相对应的变量值用坐标点形式描绘出来,用以表明相关点分布状况的图形。相关图被形象地称为相关散点图。如果因素标志分了组,结果标志表现为组平均数,所绘制的相关图就是一条折线,这种折线又称为相关曲线。
- 相关系数。相关表和相关图可反映两个变量之间的相互关系及其相关方向,但无法确切地表明两个变量之间相关的程度,只有通过相关系数才能具体地从数量上反映出相关的密切程度。

② 确定相关关系的数学表达式。为了测量相关的变量间数量变化上的一般关系,必须使用函数关系的数学公式作为相关系数的数学表达式。如果变量间表现为直线相关,采用配合直线方程的方法;如果表现为曲线相关,就采用配合曲线方程的方法。直线相关的相关系数计算公式如下:

$$r=\frac{\sum_{i=1}^{n}(x_i-\overline{x})(y_i-\overline{y})}{\sqrt{\sum_{i=1}^{n}(x_i-\overline{x})^2\cdot\sum_{i=1}^{n}(y_i-\overline{y})^2}}$$

$$=\frac{n\sum_{i=1}^{n}x_iy_i-\sum_{i=1}^{n}x_i\cdot\sum_{i=1}^{n}y_i}{\sqrt{n\sum_{i=1}^{n}x_i^2-(\sum_{i=1}^{n}x_i)^2}\cdot\sqrt{n\sum_{i=1}^{n}y_i^2-(\sum_{i=1}^{n}y_i)^2}}$$

③ 确定因变量估计值误差的程度。根据相关关系的相关方程式,可以对因变量估计值因变量的值进行估计,但估计值与实际值之间是有差异的,差异大小反映了估计的可靠性。反映误差程度的指标是估计标准误差,估计标准误差大,表明估计不够准确,可靠性小,反之表明估计较准确、可靠。

(4) 通信企业的相关分析

在通信企业经营管理实践中,企业经营的业务品种多、结构复杂,再加上随着国家政策的变化,产业转型升级的调整,企业经营与经济发展、产业结构、竞争对手之间都存在着密切的关系。在实际工作中,通信企业常常会开展以下内容的相关分析。

- 经济发展与业务量的相关分析。
- 话费与话务量的相关性分析。
- 话费与用户增长的相关性分析。
- 业务与业务之间的相关性分析。
- 用户欠费与话务量的相关性分析。
- 话务量与业务收入的相关性分析。
- 数据业务与电商发展的相关性分析。
- 数据流量与话务量的相关性分析。
- 流失用户与话费的相关性分析。
- ……

【示例】非话收入占比与话务存量保有成正相关

固网本地话务量与移动本地话务量比例反映企业语音业务市场竞争力积累的现状；非话音收入占比以及增幅反映企业创新工作积累的成果，对于发挥综合业务优势至关重要；语音业务市场竞争力和创新能力能够互相促进，并持续影响企业经营业绩。对于分布在不同象限的省份采取的措施有所不同，如图 4-4 所示。

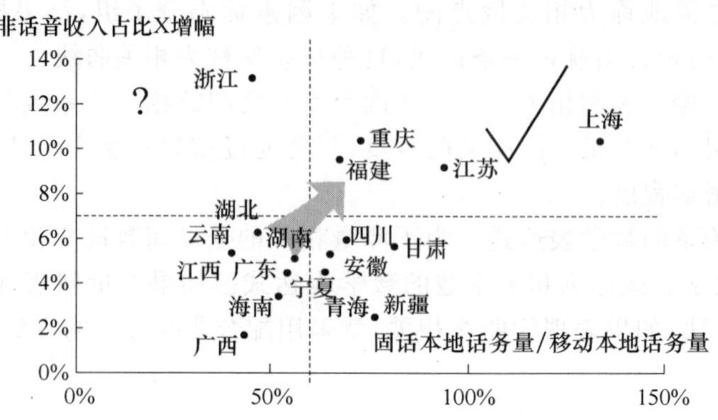

图 4-4 非话收入与话务量的关系

第一象限：语音业务竞争力以及创新能力均较强，要形成相互促进的局面，巩固优势。

第二象限：要利用非话业务发展较快的优势，加大捆绑和价值填充力度，刺激客户固话消费习惯。

第三象限：企业需要强化市场竞争力以及创新能力，历史积累不足对企业后期发展影响较大。

第四象限：表示对用户固话通话习惯存在一定控制力，要加大非话业务发展力度。

【专题案例】网站相关性分析

搜索引擎几乎每天都在发生着变化，搜索引擎想要给使用它的用户一个好的体验，需要给用户一个他想要的页面，搜索引擎根据用户搜索的内容在茫茫互联网中找到跟用户想要的内容最相关的网页，一个一个罗列在用户面前供他挑选，只不过地方小了点，东西多了点而已。那么我们现在把搜索引擎和使用搜索引擎的人都当作我们的用户，那么你的网站有没有用户最想要的东西呢？网站需要怎么做才能让搜索引擎和用户最满意最看好我们呢？要知道搜索引擎与使用它的人之间的桥梁就是网站的相关性，用户通过搜索引擎检索跟网站相关的内容找到该网站，而搜索引擎通常使用相关性规则，来展示搜索结果。

1. 影响网站相关性的主要因素

(1) 域名。现在我们使用的域名一般是英文域名，当我们使用汉语拼音进行搜索的时候，域名对网站相关性的影响是显而易见的，那么搜索引擎这台机器会考虑那么多吗？答案是：会的。当然你应该比搜索引擎考虑得更多。

(2) 二级域名。相对而言二级域名比较独立，需要像对待一个新站一样，但是二级域名可以让搜索引擎分辨不同的主题，做得好对主站的权重、网站的相关性等方面影响是很大的。在搜索引擎中子域名与主域名是作为分离的、独立的域来对待的，因此子域间的链接、子域与主域的链接在某种意义上相当于来自外部网站的链接，但是二级域名也需要考虑对关键词的影响和网站的相关性等因素。

(3) 二级目录。其实这里二级目录和二级域名还是有一定的差距的,在主域名下面添加二级目录可以增加主域名的权重,而不会分散权重效果,增加内容的相关性。

(4) 相关网站。主要表现在相关网站的链接交换和外链的建设对网站相关性的影响。

(5) 网站内容。网站所添加的内容要与网站本身具备一定的相关性,根据这个主题为网站添加相关的内容,这就是网站相关性的重要表现之一。需要说的是不同行业网站的内容和数量都有较大的差异。网站内容对网站相关性的影响不是说原创还是伪原创,当然原创的更好,而是说网站内容与网站主题的相关性如何,与网站主题相关的页面的多少。

(6) 网站内容与网站内容。网站内容与网站内容之间的内部链接、关键词策略等等因素相结合不光可以方便 PR 值的传递还可以帮助新页面收录并且提高页面的相关性。

(7) 外链页面与网站页面。外链页面与网站页面相关性越强,搜索引擎就越能够分析该页面传递的关键字相关性是什么,进而提升网站相关性。

(8) 网站内联。内联相关性主要表现在文章、文本最好和相关的文章、相关关键词或者相关栏目进行相互连接,主要是为了方便用户的阅读,可以增加网站浏览量和用户停留时间,同时有利于搜索引擎对其他相关网站文章的抓取,提高搜索引擎在站内的爬行速度和抓取速度,更有利于网站相关性的提升。

(9) 网站外联。外联无论相关内容是在哪里投放的,最好是和网站主题相关,这样可以非常好地提升网站的相关性。

(10) 权重继承。大多数网站都养过资源站,都曾有购买过有 pr 的域名,但如果域名前后网站类型不具备相关性,那么权重是不会得到继承的。如果网站类型不相关,之前的站和将要做的新站的关键词在网站的标题中出现交叉虽然能继承但难度很大,所以最好购买同行业网站相关性强的域名,再通过路径恢复实现权重的继承。

(11) 关键词。搜索引擎喜欢网站围绕一个核心进行逐一展开,从而方便自己的程序获取,这也是为综合性网站建立资源站的时候,大部分站长选择用主站的一个点进行建站优化,这其中关键词对网站相关性的影响是很不容忽视的。其实与网站相关性联系密切的关键词也是不断扩展不断延伸的,顺序一般是核心关键词,进而是目标关键词,最后是长尾关键词,而反过来无论顺序是什么都对网站相关性有很大影响。

(12) 搜索引擎相关性排名算法。搜索引擎的算法直接影响网站相关性的判定,进而影响网站排名,搜索引擎排名算法包含很多因素,包括匹配搜索请求内容所在网页的位置、网页的权威性、搜索请求中的词语在网页上的密度和彼此的接近程度等都会直接影响网站相关性搜索结果。

2. 增加网站相关性的技巧

(1) 搜索引擎对搜索结果进行匹配的时候并不使用元标签,如关键词或描述标签。这是由于在这些元标签中所使用的文字并不能为实际的访问者所看到,因而一般是将一个网页的头几行文字内容来生成对一个网站的描述。如果网站的关键词或关键短语放到网页的上方,这样搜索引擎会很容易找到它们,就会相应提高网站的相关性。

(2) 搜索引擎还会考虑网页中正文内容的关键词密度,所以你要确保在你的整个网页中贯穿出现了若干次关键词和关键短语。

(3) 在内容标题中放入关键词,并尽可能对内容中出现的关键词进行加粗,搜索引擎会认为加粗的是重点。

(4) 图片的索引增加ALT属性文字描述，那么ALT属性中包含关键词，可以增加网站的相关性。

(5) 外链尽量与网站具备相关性，外链页面的权重是次要的，然后再看外链页面导出链接数量和外链页面可用链接位置。

(6) 尽量使网站上的外链页面文字包含关键字锚文本、超链接，可有效提高你的网站相关性。

4. 趋势预测分析

(1) 趋势预测法的概念

趋势预测法又称趋势分析法，是将历史资料和数据按时间顺序排成一个系列，根据时间序列所反映的经济现象的发展过程、方向和趋势，将时间序列进行外推或延伸，以预测经济现象未来可能达到的水平。趋势预测法包括：趋势平均法、指数平滑法、直线趋势法、非线性趋势法。

趋势预测法的主要优点是考虑时间序列发展趋势，使预测结果能更好地符合实际。根据对准确程度要求不同，可选择一次或二次移动平均值来进行预测。首先是分别移动计算相邻数期的平均值，其次确定变动趋势和趋势平均值，最后以最近期的平均值加趋势平均值与距离预测时间的期数的乘积，即得预测值。

(2) 趋势预测的内容

趋势预测法是指对同一企业的两个或两个以上连续年度财务报表中的某些项目，或者相关财务比率进行比较分析，判断企业发展趋势的研究方法。趋势预测具体包括以下5个方面的内容。

① 销售趋势

销售是企业最基本的经营活动之一，销售是否活跃从一个侧面反映了企业的经营能力。企业的销售量随市场情况的变化而变化，不同行业中企业的销售特点各不相同，分析人员要充分了解有关用户所在行业的特点，才能做出正确的分析。企业自身的销售趋势可以说明企业的经营状况，通过企业之间销售趋势的比较，分析人员可以获得更多的有用信息。在销售趋势出现异常的情况下，要仔细判断形成这种趋势的原因。此外，销售额的增加不一定与销售数量直接相关，要考虑市场价格的影响。

② 收益趋势

销售收入为企业提供了收入和现金的来源，企业获得的最终收益要从销售收入中扣除成本和费用。收益趋势是信用分析的另一个重要因素，要关注销售利润率的变化，对收益趋势要做企业间和行业间的数据比较。收益趋势与销售趋势具有可比性，在正常情况下，如果原材料和人工费用稳定，企业的盈利将与销售额同步增长，但在原材料和人工成本快速增加或者各项费用的增加超出销售额同步增长的时候，销售额的增长并不意味着利润的增加，如果销售量的增加是由于大幅度降价换来的，企业也会损失大量的利润，所以要将销售趋势和收益趋势结合分析。

③ 净资产变动趋势

企业净资产是总资产减去总负债后的余额，代表企业所有者拥有的资产，也代表企业清算后最终能剩下的价值，所以债权人和授信人十分关注这一指标以及该指标变动的原因和影响。造成净资产变动的原因一般有以下几个方面：留存收益、股本变化、资产重估增值、债务减少等。分析人员要仔细分析净资产变动的原因，确定是否只是表面上的净资产变动，再分析其实质。无论是股本变化引起的净资产增加，还是资产重估以及债务减少引起的净资产增加，都只是表面上的净资产增加，往往会掩盖实际亏损的情况，只有留存收益增加或发行股份引起的净资产增加对企业才是有利的。

④ 营运资本变动趋势

营运资本是流动资产减去流动负债的结果，营运资本与用户按时履行还款义务的能力有很大关系。营运资本的多少，一胶能反映企业短期偿债能力的强弱，因而其变化趋势应引起关注。营运资本可以满足企业短期融资的需要，其稳步增长是企业经营良性循环的主要特征之一，营运资本的需要量与企业不同时期的业务量有很大的关系。随着业务量的变化，资产的流动性和质量会有很大的变化，尤其是应收账款和存货的质量，在分析营运资本的趋势时要仔细核查。

⑤ 财务比率的变动趋势

分析人员通过对财务比率变动趋势的分析能获得很多的信息，一些比较重要的比率趋势以及分析方法有：流动比率和速动比率应保持稳定或稳步上升的趋势；存货周转率应保持平稳，在有较大变动时应调查其原因；应收账款周转天数应保持下降的趋势：营运资本周转率的大幅度提高可能表示要增加营运资本，而营运资本周转率的大幅度下降可能说明企业的流动性受到了严重影响；固定资产与净资产比率的大幅度增长或稳定增长，可能表示固定资产投资超出了企业的需要或者融资能力；总负债与净资产比率应保持一个比较低的水平，这样债权人才能得到更多的保障；销售利润率和净资产利润串的趋势很重要，它们与企业的发展直接相关。

【专题案例】2017 年互联网络发展趋势预测分析：中国网民规模将达 7.7 亿

中国互联网络信息中心(CNNIC)第 39 次《中国互联网络发展状况统计报告》详细分析了中国网民规模情况，截至 2016 年 12 月，中国网民规模达 7.31 亿，全年共计新增网民 4 299 万人。互联网普及率为 53.2%，较 2015 年底提升了 2.9 个百分点。

一、网民规模

（一）总体网民规模

截至 2016 年 12 月，我国网民规模达 7.31 亿，全年共计新增网民 4299 万人。互联网普及率为 53.2%，较 2015 年底提升 2.9 个百分点。预计 2017 年我国网民规模将达 7.72 亿，互联网普及率将达 55.9%，如图 4-5 所示。

中国网民规模经历近 10 年的快速增长后，人口红利逐渐消失，网民规模增长率趋于稳定。2016 年，中国互联网行业整体向规范化、价值化发展。首先，国家出台多项政策加快推动互联网各细分领域有序健康发展，完善互联网发展环境；其次，网民人均互联网消费能力逐步提升，在网购、020、网络娱乐等领域人均消费均有增长，网络消费增长对国内生产总值增长的拉动力逐步显现；最后，互联网发展对企业影响力提升，随着“互联网+”的贯彻落实，企业互联网化步伐进一步加快。

图 4-5　中国网民规模及互联网普及率

（二）手机网民规模

截至 2016 年 12 月，我国手机网民规模达 6.95 亿，较 2015 年底增加了 550 万人。网民中使用手机上网人群的占比由 2015 年的 90.1%提升至 95.1%，提升 5 个百分点，网民手机上网比例在高基数基础上进一步攀升。预计 2017 年我国手机规模达 7.39 亿，网民中使用手机上网人群的占比由 2016 年的 95.1%提升至 97.8%，如图 4-6 所示。

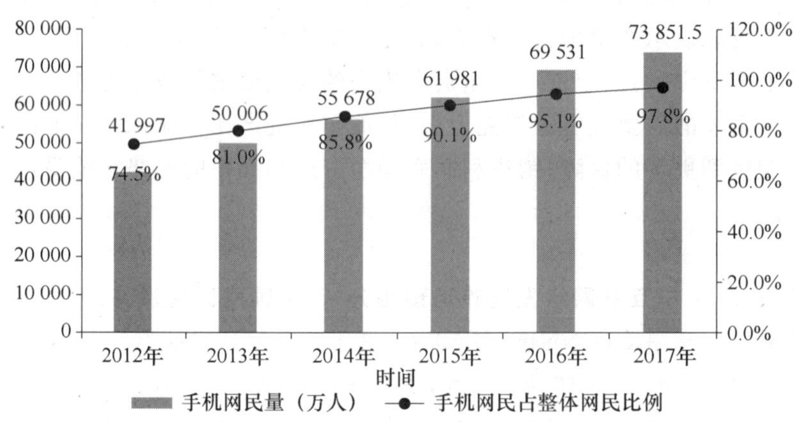

图 4-6　中国手机网民规模及其占比

移动互联网发展推动消费模式共享化、设备智能化和场景多元化。首先，移动互联网发展为共享经济提供了平台支持，网约车、共享单车和在线短租等共享模式的出现，进一步减少交易成本，提高资源利用效率；其次，智能可穿戴设备、智能家居、智能工业等行业的快速发展，推动智能硬件通过移动互联网互联互通，“万物互联”时代到来；最后，移动互联网用户工作场景、消费场景向多元化发展，线上线下不断融合，推动不同使用场景细化，同时推动服务范围向更深更广扩散。

（三）农村网民规模

截至 2016 年 12 月，我国农村网民占比为 27.4%，规模为 2.01 亿，较 2015 年底增加 526 万人，增幅为 2.7%；城镇网民占比 72.6%，规模为 5.31 亿，较 2015 年底增加 3.772 万人，增幅为 7.7%，如图 4-7 所示。

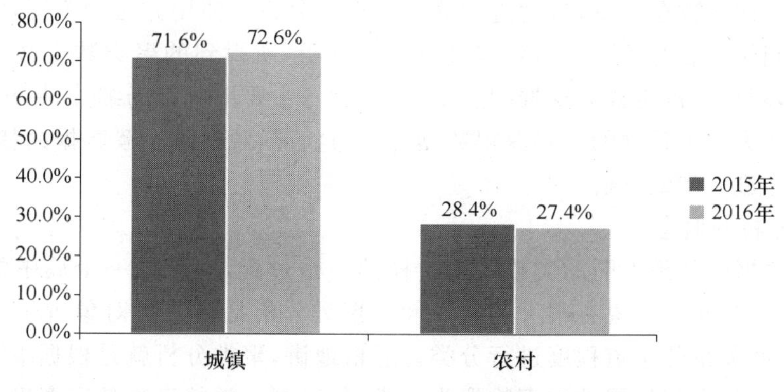

图 4-7　中国网民城乡结构

我国农村网民规模持续增长，但城乡互联网普及差异依然较大。截至 2016 年 12 月，我国城镇地区互联网普及率为 69.1%，农村地区互联网普及率为 33.1%，城乡普及率差异较 2015 年的 34.2%扩大为 36.0%。我国农村网民在即时通信、网络娱乐等基础互联网应用使用率方面与城镇地区差别较小，即时通信、网络音乐、网络游戏应用上的使用率差异在 4 个百分点左右；但在网购、支付、旅游预订类应用上的使用率差异达到 20 个百分点以上，这一方面说明娱乐、沟通类基础应用依然是拉动农村人口上网的主要应用，另一方面也显示农村网民在互联网消费领域潜力仍有待挖掘。

（四）非网民现状分析

农村人口是非网民的主要组成部分。截至 2016 年 12 月，我国非网民规模为 6.42 亿，其中城镇非网民占比为 39.9%，农村非网民占比为 60.1%。通过调查了解，非网民不上网的原因如图 4-8 所示。

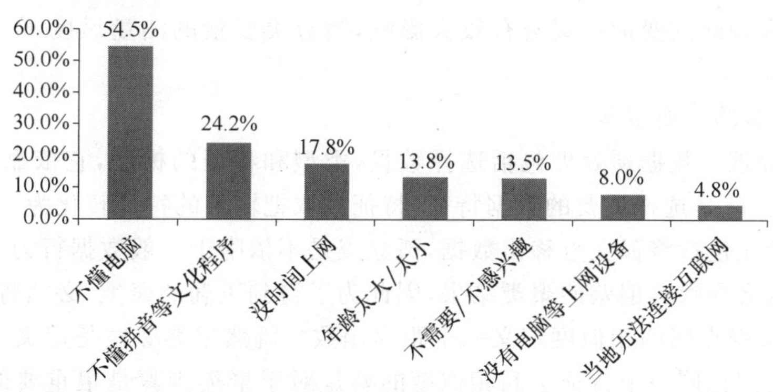

图 4-8　非网民不上网的原因分析

上网技能缺失以及文化水平限制仍是阻碍非网民上网的重要原因。调查显示，因不懂电脑/网络、不懂拼音等知识水平限制而不上网的非网民占比分别为 54.5%和 24.2%；由于不需要/不感兴趣而不上网的非网民占比为 13.5%；受没有电脑、当地无法连接互联网等上网设施限制而无法上网的非网民占比为 12.8%。

5. 聚类分析

聚类分析是一种探索性的分析，在分类的过程中，人们不必事先给出一个分类的标准，聚类分析能够从样本数据出发,自动进行分类。聚类分析所使用方法的不同,常常会得到不同的结论。不同研究者对于同一组数据进行聚类分析,所得到的聚类数未必一致。从实际应用的角度看,聚类分析是数据挖掘的主要任务之一,主要用于市场细分、用户细分等领域。而且聚类能够作为一个独立的工具获得数据的分布状况,观察每一簇数据的特征,集中对特定的聚簇集合作进一步地分析。

(1) 聚类分析的概念

聚类是将数据归并到不同的类或者簇这样的一个过程,因此同一个簇中的对象有很大的相似性,而不同簇间的对象有很大的相异性。聚类分析是将分类对象置于一个多维空间中,按照它们空间关系的亲疏程度进行分类。通俗地讲,聚类分析就是根据事物彼此不同的属性进行辨认,将具有相似属性的事物聚为一类,使得同一类的事物具有高度的相似性。其基本原理是,根据样本自身的属性,用数学方法按照某种相似性或差异性指标,定量地确定样本之间的亲疏关系,并按这种亲疏关系程度对样本进行聚类。聚类分析在项目二的"任务一"中已详细阐述,此处只作简要介绍。

(2) 聚类分析的特征

① 聚类分析简单、直观。

② 聚类分析主要应用于探索性的研究,其分析的结果可以提供多个可能的解,选择最终的解还需要研究者的主观判断和后续的分析。

③ 不管实际数据中是否真正存在不同的类别,利用聚类分析方法都能得到分成若干类别的解。

④ 聚类分析的解完全依赖于研究者所选择的聚类变量,增加或删除一些变量对最终的解都可能产生实质性的影响。

⑤ 研究者在使用聚类分析时应特别注意可能影响结果的各个因素。

⑥ 异常值和特殊的变量对聚类有较大影响,当分类变量的测量尺度不一致时,需要事先做标准化处理。

(3) 聚类分析的主要步骤

① 数据预处理。数据预处理包括选择数量,类型和特征的标度,它依靠特征选择和特征抽取,特征选择就是选择重要的数据特征,特征抽取把输入的特征转化为一个新的显著特征。数据预处理还包括将孤立点移出数据,孤立点是不依附于一般数据行为或模型的数据,因此孤立点经常会导致有偏差的聚类结果,因此为了得到正确的聚类,必须将它们剔除。

② 为衡量数据点间的相似度定义一个距离函数。既然相类似性是定义一个类的基础,那么不同数据之间在同一个特征空间相似度的衡量对于聚类步骤是很重要的,由于特征类型和特征标度的多样性,距离度量必须谨慎,它经常依赖于应用。例如,通常通过定义在特征空间的距离度量来评估不同对象的相异性,很多距离度都应用在一些不同的领域,一个简单的距离度量,如 Euclidean 距离,经常被用作反映不同数据间的相异性。

③ 聚类或分组。数据基于不同的方法被分到不同的类中,划分方法和层次方法是聚类分析的两个主要方法,划分方法一般从初始划分和最优化一个聚类标准开始。Crisp Clustering(明确聚类),它的每一个数据都属于单独的类;Fuzzy Clustering(模糊簇聚),它的每个数据可能在任何一个类中。Crisp Clustering 和 Fuzzy Clusterin 是划分方法的两个主要技术,划分方法聚类是基于某个标准产生一个嵌套的划分系列,它可以度量不同类之间的相

似性或一个类的可分离性用来合并和分裂类,其他的聚类方法还包括基于密度的聚类,基于模型的聚类,基于网格的聚类。

④ 评估输出。聚类是一个无管理的程序,也没有客观的标准来评价聚类结果,它是通过一个类有效索引来评价。类有效索引在决定类的数目时经常扮演了一个重要角色,类有效索引的最佳值被期望从真实的类数目中获取,一个通常的决定类数目的方法是选择一个特定的类有效索引的最佳值,这个索引能否真实地得出类的数目是判断该索引是否有效的标准。很多已经存在的标准对于相互分离的类数据集合都能得出很好的结果,但是对于复杂的数据集却通常行不通,例如,对于交叠类的集合。

6. 弹性分析

(1) 需求的价格弹性

需求价格弹性(Price elasticity of demand)简称需求弹性,在经济学中一般用来衡量需求的数量随商品的价格的变动而变动的情况。需求价格弹性分析是研究居民收入水平不变时,某种产品购买量变化率与价格变化率之比。需求的价格弹性实际上是负数,由于需求规律的作用,价格和需求量是呈相反方向变化的,价格下跌,需求量增加;价格上升,需求量减少。因此,需求量和价格的相对变化量符号相反,所以需求价格弹性系数总是负数。由于它的符号始终不变,为了简单起见,习惯上将需求价格弹性系数看作一个正数。

① 需求价格弹性的计算公式

$$价格弹性=\frac{购买量变化率}{价格变化率},\quad 即:\mathrm{EP}=\frac{\Delta Q}{\Delta P}=\frac{\frac{Q-q}{q}}{\frac{P-p}{p}}$$

- 当需求量变动百分数大于价格变动百分数,需求弹性系数大于1时,叫作需求富有弹性或高弹性。如传统产品或业务。
- 当需求量变动百分数等于价格变动百分数,需求弹性系数等于1时,叫作需求单一弹性。
- 当需求量变动百分数小于价格变动百分数,需求弹性系数小于1时,叫作需求缺乏弹性或弹性不足。例如价格高产品,需求强产品,新产品新业务等。

② 影响需求价格弹性的因素

- 商品是生活必需品还是奢侈品。必需品弹性小,奢侈品弹性大。一种商品如果是人们生活基本必需品,即使价格上涨,人们还得照样买,其需求弹性就小或缺乏弹性;而一些非必需的高档商品,像贵重首饰、高档服装等,只有当消费者购买力提高之后才买得起,其需求弹性就大。
- 替代品的数量和相近程度。可替代的物品越多,性质越接近,弹性越大,反之则越小。一种商品若有许多相近的替代品,那么这种商品的需求价格弹性就大。因为一旦这种商品价格上涨,甚至是微小的上涨,消费者往往会舍弃这种商品,而去选购替代品,从而引起需求量的变化。如毛织品可被棉织品、丝织品、化纤品等替代。
- 支出占收入的比重。如果购买商品的支出在人们收入中所占的比重越大,弹性就越大;反之比重越小,弹性就越小。
- 商品用途的广泛性。一般来说,一种商品的用途越广泛,它的需求弹性就越大,反之就缺乏弹性。任何商品的不同用途都有一定的排列顺序。如果一种商品价格上升,消费者会缩减其需求,把购买力用于重要的用途上,使购买数量减少,随着价格的降低，会增加其购买数量。

- 时间因素。同样的商品，时间越短，商品的需求弹性就越小；时间越长，商品的需求弹性就越大。这是因为在较长的时间内，消费者就越有可能找到替代品，替代物品多了，它的需求弹性就必然增加。

(2) 供给的价格弹性

供给价格弹性(Price Elasticity of Supply)简称为供给弹性，它表示某种商品价格变动百分之一引起供给量变动的程度。供给价格弹性系数同需求的价格弹性一样，也是由一种商品市场价格的相对变动所引起的供给量的相对变动，即供给量的变化率与价格变化率的比值。供给价格弹性是用来衡量商品的供给量变动对商品自身价格变动反应灵敏程度的。

根据经济学中的供给规律，供给量与价格是同方向变动的，即该商品的价格变动的越大，企业的生产就会随之变化，即价格上升供给量增加。供给价格弹性是衡量供给量对价格变动的反应程度的，如果供给量对价格变动的反应很大，可以说这种物品的供给是富有弹性的，反之，供给是缺乏弹性的。

① 供给价格弹性的计算公式：

$$\text{供给价格弹性}=\frac{\text{供给量变动率}}{\text{价格变动率}}$$

② 影响供给弹性的主要因素

- 增加产量所需追加生产要素费用的大小。一般地说，若增加产量的投资费用较小，则供给弹性大；反之供给弹性小。
- 时间的长短。一般在短时期内，厂商只能在固定的厂房设备下增加产量，因而供给量的变动有限，这时供给弹性就小。在长期内，厂商能够通过调整规模来扩大产量，这时供给弹性将大于同种商品在短期内的供给弹性。

(3) 需求的收入弹性

需求的收入弹性(Income elasticity of demand)简称为收入弹性，表示在一定时期内，消费者对某种商品的需求量对消费者收入变动的反应程度，即消费者收入变动百分之一的需求量变动百分比。

需求的收入弹性是在其他因素不变的条件下，一种产品或服务对收入变动反应程度的衡量。需求的收入弹性可以用以下公式来计算：

$$\text{收入弹性}=\frac{\text{购买量变化率}}{\text{收入变化率}}$$

对许多产品来说，消费者的收入是决定需求的一个重要因素。对于奢侈品如LV提包、名车名表、高档化妆品、艺术珍品、时装、旅游等，更是这样。另外，盐、面包、粮食等基本生活用品对消费者收入变化的反应是不大灵敏的，消费者收入不管如何变化，他们对这些商品的购买量总是相当稳定的。

(4) 需求的交叉弹性

需求的交叉弹性(Cross-Price Elasticity of Demand)是在其他条件不变的情况下，一种商品的需求量变动对另一种商品(替代品或互补品)价格变动的反应程度。需求的交叉弹性可以是正值，也可以是负值，它取决于商品间关系的性质，即两种商品是替代关系还是互补关系。替代品的交叉弹性是正的，而互补品的交叉弹性是负的。需求的交叉弹性可以用以下公式来计算：

$$需求的交叉弹性=\frac{需求量变动率}{相关商品价格变动率}$$

需求交叉弹性反映了对于其他相关商品价格的变动，消费者对某种商品需求量变动的敏感程度。若以 X、Y 代表两种商品，E_{XY} 表示需求交叉弹性系数，P_Y 表示 Y 商品的价格，ΔP_Y 表示 Y 商品价格的变动量，Q_X 表示 X 商品原来的需求量，ΔQ_X 表示因 Y 商品价格的变动所引起的 X 商品需求量的变动量，则需求交叉弹性系数的一般表达式为：

$$E_{XY}=\frac{X\text{ 商品需求量变动率}}{Y\text{ 商品价格变动率}}=\frac{\Delta Q_X/Q_X}{\Delta P_Y/P_Y}$$

【示例】本地、国内、国际电话价格弹性分析

2007 年相比 2006 年，由于电信本地电话、国内长途电话、国际和港澳台电话资费的变化，导致话务量与业务收入发生相应变化，如图 4-9、图 4-10、图 4-11、图 4-12 所示。

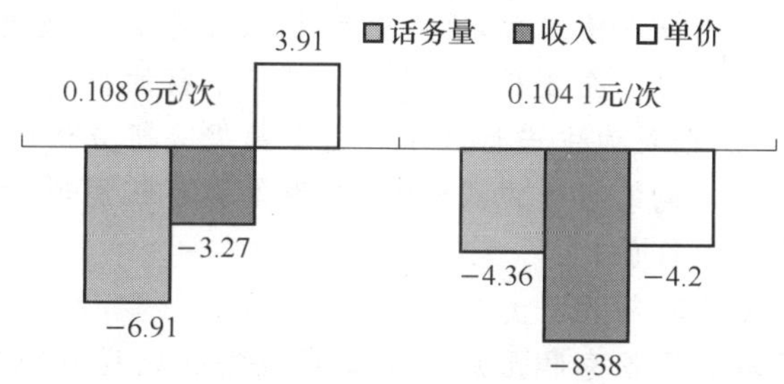

图 4-9　本地电话的需求弹性分析

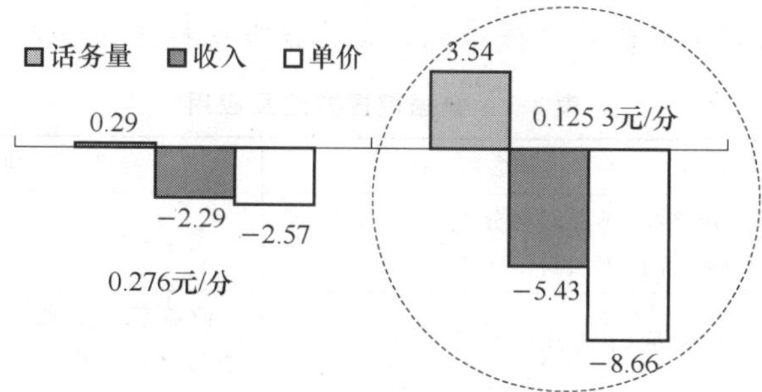

图 4-10　国内长途电话的需求弹性分析

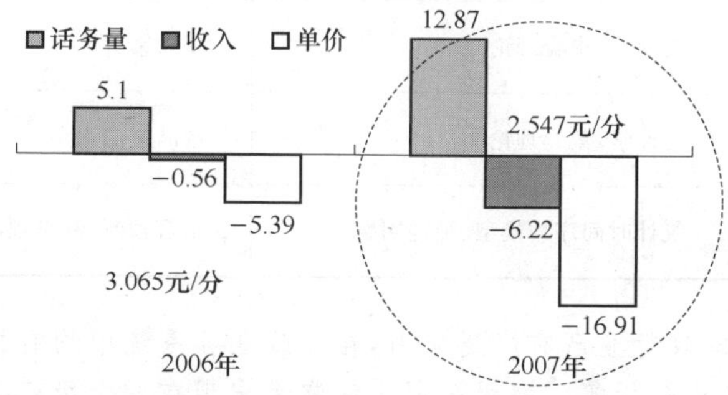

图 4-11　国际长途电话的需求弹性分析

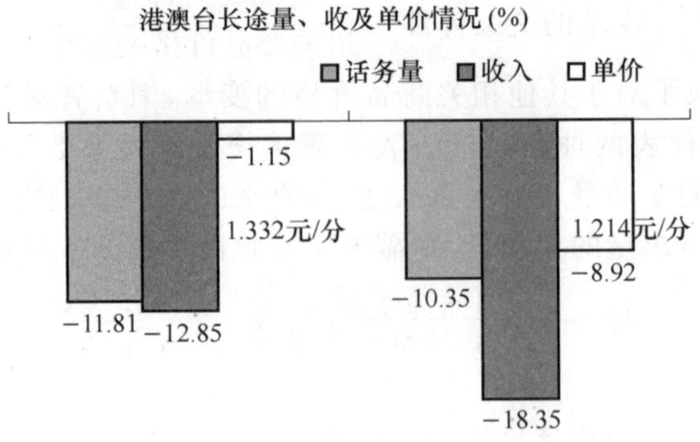

港澳台长途量、收及单价情况(%)

图 4-12　港澳台电话的需求弹性分析

【专题案例】数据分析的案例分析

案例一:数据分析在邮政报刊中的应用模式研究

邮政报刊生产作业系统投入使用后,至今已经积累了丰富的数据。这些数据全面而真实地描述了邮政报刊发行的业务全流程,同时也沉淀了丰富的报刊客户及订阅信息,这些信息集中存储在数据库中,以报表为主进行展示。随着数据分析方法的不断进步,数据分析的应用模式已经不再局限于单纯的报表方式,新的应用模式不断涌现,先进的数据分析手段将使邮政报刊数据发挥出更大价值。

一、数据分析方法及邮政应用现状

数据分析是为了提取有用信息和形成结论而对数据加以详细研究和概括总结的过程。数据分析方法大致可以分为统计分析,以基础的统计分析为主;高级分析,以计量经济建模理论为主;数据挖掘,以机器学习、数据仓库等复合技术为主。对于邮政报刊全国集中的大数据量来说,数据挖掘方法更能够发挥作用。有关数据挖掘方法及典型应用如表 4-1 所示。

表 4-1　数据挖掘方法及应用

种类	功能	算法	典型应用
分类预测	分类	决策树、神经网络分类、区别分析、逻辑回归、概率回归	风险分析、客户挽留分析、欺诈探测
	预测	线性回归、非线性回归	收益率分析,收入预测,信用价值预测,客户潜在价值预测
聚类	集群分析	K-平均值,神经网络聚类	客户分割
关联规则	关联分析	统计学,集合理论	交叉销售,捆绑销售
	序列关联分析	统计学,集合理论	交叉销售
	相似时间序列分析	统计学,集合理论	产品生命周期
预测	时间序列预测	统计时间序列模型、神经网络	销售预测、利率预测、损失预测

统计分析方法在邮政行业已有广泛应用,在邮政业务系统中均有报表统计功能,如统计报刊业务量的同比、环比分析等。高级分析方法常常出现在向上级汇报的分析报告中,如时间序列分析中报刊业务量及收入随着月份呈现季节性波动的曲线图,相关分析中对于影响

收入的重要指标的相关性分析等。数据挖掘方法目前在邮政的应用还处于起步阶段。在邮政储蓄行业数据挖掘方法正在以主题分析的形势开展,如邮政储蓄的VIP客户分析、客户进行流失分析等。在邮政报刊行业,数据挖掘方法的应用还处于探索阶段。

二、数据分析在邮政报刊中的应用模式

以《中国邮政邮务类信息化规划》中报刊业务需求作为研究的着手点,分营销、经营、产品、渠道四个方面来进行数据分析应用模式的探索。

1. 营销类

营销类数据分析主要围绕市场营销和客户营销两方面来开展。一是报刊客户细分。报刊客户细分是以报刊订阅客户为对象,使用数据挖掘方法,根据客户基本信息、兴趣爱好、订阅行为、客户忠诚度等多个维度进行聚类分析,得出差异显著的分群。以分群结果为基础,总结归纳各个细分群的特征,发掘潜在的细分客户的消费行为习惯,有针对性地对各个分群客户开展营销活动。二是"高码洋"专题分析。"高码洋"专题分析主要为满足邮政报刊发行局发展高端客户的需求而进行的多系统关联分析。参照业务部门提供的"高码洋"刊物进行重点研究,交叉关联现有的邮政系统如短信系统、邮储系统、"自由一族"、航空客票、中邮快购网站等系统的客户数据,得出在这些系统中潜在的报刊客户群。

2. 经营类

经营类数据分析主要包括对邮政报刊业务涉及全流程以及经营模式等方面的分析,以及满意度、投诉分析。一是报刊发行商业运营模式研究。报刊发行商业运营模式研究是根据规划中"由传统发行向数字化发行领域进军"提出的,研究将引入市场调查手段,通过对报刊发行商业运营情况进行分析,发现邮政报刊发行的优势与不足,为应对出版产业数字化的迅猛发展形势,提出数字发行策略模式。二是报刊发行流程优化。在报刊现有的经营管理模式下对统一接办、统一结算、统一运营和报刊社维护、集团大客户开发、报刊订阅网站运营、数字发行等各个业务模式进行梳理,综合运用统计分析和数据挖掘方法,对相关环节中的数据进行分析,发现业务流程中存在的问题,提出相应的改善建议。

3. 产品类

产品类数据分析主要指提供分析报告或数据服务,如报刊广告价值报告、报刊要数服务等。一是报刊要数历史数据分析。报刊要数历史数据分析是对不同报刊历年要数数据进行的监测分析处理。该分析能让报刊社及时掌握发行终端的翔实信息,寻找提高报刊有效发行量的途径同时也为广告商和广告主提供同报刊发行情况的横向对比分析。二是报刊广告价值分析。报刊广告价值分析来源于邮政报刊订阅及零售;数据和邮政报刊客户群体数据,从报刊发行和读者两方面的各项指标对比评价各地公开发行的主要报刊的广告价值,分析各报刊的竞争优势,将分析结果以报告的形式呈现给广告发行商。

4. 渠道类

渠道类数据分析指对报刊的渠道运作状况进行分析,为邮政报刊合理安排资源、增加渠道效能提供参考,为探索发现新渠道提供帮助。一是报刊订阅方式分析。报刊订阅方式分析是对读者订阅报刊的多种方式如支局订阅、网上订阅、电话订阅等进行分析。一方面比较各种订阅方式优劣势;另一方面,随着读订阅习惯的变化,探索新的订阅方式,吸引更多的用户订阅报刊。二是邮政报刊发行渠道分析。随着新出版业自办发行的出现,及地铁、机场、超市等新强势终端对邮政零售业的冲击,邮政报刊发行的主渠道地位受到了冲击。通过对现有渠道的发行量、发行特征进行归纳总结,一方面可以改善渠道建设中不符合实际情况的问题，另一方面也能从中探索出报刊发行新途径。

三、应用案例——报刊产品与潜在客户挖掘

1. 背景及内容

该案例属于营销类应用模式，案例以报刊业务从传统经验型营销向现代数据库营销转变的需要作为切入点，基于短信系统和量收系统的数据，通过手机号码将短信系统和量收系统中的报刊数据进行匹配整合，关联报刊与短信的交叉用户，采用聚类分析、相关性分析的数据分析方法，对客户数据做多维度的分群，进行报刊产品与潜在客户分析，实现宏观市场细分和微观层面的产品营销两个基本内容。

2. 分析过程

该分析选择了具有地域代表性的某省报刊订阅客户数据。整个分析过程包括数据准备、模型构建、模型业务解读三个阶段。数据准备阶段将量收报刊营销系统与短信系统关联取数，形成中间层数据5大类数据，最后加载形成宽表。模型构建阶段应用聚类算法将客户数据按照偏好和订阅习惯两大类进行细分，最后将细分结果进行整合，得出最终的细分结果。模型业务解读阶段从业务角度对模型进行解读，包括应用落地建议。

3. 分析成果

在宏观市场层面，通过判断客户的订阅年限、订阅份数、订阅种类、退订份数、退订种类将报刊现有客户划分为频繁退订人群、高价值人群、大众订阅人群和中端消费人群。

通过将报刊用户进行群体划分，确定了不同类别人群的订阅偏好。以上述该省报刊为例，高价值客户偏好的前10位报刊品种有：《扬子晚报》《现代快报》《参考消息》《读者》《环球时报》《新华日报》《青年文摘》《中国剪报》《新民晚报》《特别文摘（形象期刊）》。其中，《参考消息》《读者》和《环球时报》是重点。

在微观产品营销层面，确定如何向不同类型客户，有针对性的推荐报刊产品的基本算法。首先提取了短信用户，然后通过手机号码实现用户关联；其次，总结出既是短信用户又是报刊用户的人群在订阅报刊产品方面的显著特点（与整体报刊用户比较），分析交叉关联客户在报刊订阅偏好方面与总体报刊客户的差异，得出短信客户对报刊的偏好；最后，根据“显著性”和“客户规模”等指标进行筛选，确定适合向各类客户推荐的报刊种类，支撑精准营销。整个分析过程实现了有针对性地向不同类别潜在客户推荐报刊产品。例如，通过分析得到向该省短信客户推荐的报刊品种有：《北方新报 · 新周末》《兴安广播电视报》《37°女人》。该分析实现了“应该向什么样的客户推荐哪些产品”的基本功能。

4. 实际应用

以某省为例，针对《看天下》的客户进行分析，为该刊物挖掘出订阅其他刊物的客户人群。以一年的订阅《看天下》客户为分析数据，通过对兴趣偏好的分析，得出同时订阅其他杂志的情况。

在此基础上对订阅这几种报刊的客户进一步分析兴趣偏好，得出订阅《三联生活周刊》《中国国家地理》《世界博览》《特别关注》《青年文摘》《南方周末》的客户对《看天下》的兴趣更高，并向市场营销部门建议对订阅这几种报刊的客户推荐《看天下》。另外，对《看天下》的客户前22大分类报刊的偏好进行分析，通过聚类与相关性分析《看天下》的客户同时订阅其他种类的报刊客户的占比情况，发现排在前列的有养生保健、文学、电影电视、科普、投资理财五类兴趣偏好，由此向市场营销部门建议对偏好这些兴趣的人群推荐《看天下》，并开展相关的营销活动。

5. 应用效果及意义

该案例通过对报刊数据的深层分析，为邮政报刊的高端客户提供了良好的报刊推荐服务。另外，对报刊和短信数据的关联分析，挖掘出潜在的报刊客户群体，并有针对性的推荐相关产品。这些分析所产生的报刊产品将直接服务于报刊社和报刊市场，为邮政报刊产生良好的社会和经济效益。

案例二：沃尔玛经典营销案例：啤酒与尿布

“啤酒与尿布”的故事产生于20世纪90年代的美国沃尔玛超市中，沃尔玛的超市管理人员分析销售数据时发现了一个令人难于理解的现象：在某些特定的情况下，“啤酒”与“尿布”两件看上去毫无关系的商品会经常出现在同一个购物篮中，这种独特的销售现象引起了管理人员的注意，经过后续调查发现，这种现象出现在年轻的父亲身上。

在美国有婴儿的家庭中，一般是母亲在家中照看婴儿，年轻的父亲前去超市购买尿布。父亲在购买尿布的同时，往往会顺便为自己购买啤酒，这样就会出现啤酒与尿布这两件看上去不相干的商品经常会出现在同一个购物篮的现象。如果这个年轻的父亲在卖场只能买到两件商品之一，则他很有可能会放弃购物而到另一家商店，直到可以一次同时买到啤酒与尿布为止。沃尔玛发现了这一独特的现象，开始在卖场尝试将啤酒与尿布摆放在相同的区域，让年轻的父亲可以同时找到这两件商品，并很快地完成购物；而沃尔玛超市也可以让这些客户一次购买两件商品，而不是一件，从而获得了很好的商品销售收入，这就是“啤酒与尿布” 故事的由来。

当然“啤酒与尿布”的故事必须具有技术方面的支持。1993年美国学者 Agrawal 提出通过分析购物篮中的商品集合，从而找出商品之间关联关系的关联算法，并根据商品之间的关系，找出客户的购买行为。艾格拉沃从数学及计算机算法角度提出了商品关联关系的计算方法——Aprior 算法。沃尔玛从20世纪90年代尝试将 Aprior 算法引入到 POS 机数据分析中，并获得了成功，于是产生了“啤酒与尿布”的故事。

案例三：Suncorp-Metway 使用数据分析实现智慧营销

Suncorp－Metway 是澳大利亚一家提供普通保险、银行业、寿险和理财服务的多元化金融服务集团，旗下拥有5个业务部门，管理着14类商品，由公司及共享服务部门提供支持，其在澳大利亚和新西兰的运营业务与900多万名客户有合作关系。

该公司过去十年间的合并与收购，使客户群增长了200%，这极大增加了客户群数据管理的复杂性，如果解决不好，必将对公司利润产生负面影响。为此，IBM 公司为其提供了一套解决方案，组件包括：IBM Cognos 8 BI、IBMInitiate Master Data Service 和 IBM Unica。

采用该方案后，Suncorp-Metway 公司至少在以下三项业务方面取得显著成效：

① 显著增加了市场份额，但没有增加营销开支；

② 每年大约能够节省1 000万美元的集成与相关成本；

③ 避免向同一户家庭重复邮寄相同信函并且消除冗余系统，从而同时降低直接邮寄与运营成本。

由此可见，Suncorp-Metway 公司通过该方案将此前多个孤立来源的数据集成起来，实现智慧营销,对控制成本,增加利润起到非常积极的作用。

案例四:数据分析帮助辛辛那提动物园提高客户满意度

辛辛那提动植物园成立于1873年,是世界上著名的动植物园之一,以其物种保护和保存以及高成活率繁殖饲养计划享有极高声誉。它占地面积71英亩,园内有500种动物和3 000多种植物,是国内游客人数最多的动植物园之一,曾荣获Zagat十佳动物园,并被《父母》(Parent)杂志评为最受儿童喜欢的动物园,每年接待游客130多万人。

辛辛那提动植物园是一个非营利性组织,是俄亥俄州同时也是美国国内享受公共补贴最低的动植物园,除去政府补贴外,2 600万美元年度预算中,自筹资金部分达到三分之二以上。为此,需要不断地寻求增加收入。而要做到这一点,最好办法是为工作人员和游客提供更好的服务,提高游览率,从而实现动植物园与客户和纳税人的"双赢"。

借助于该方案强大的收集和处理能力、互联能力、分析能力以及随之带来的洞察力,在部署后,企业实现了以下各方面的受益。

- 帮助动植物园了解每个客户浏览、使用和消费模式,根据时间和地理分布情况采取相应的措施改善游客体验,同时实现营业收入最大化。
- 根据消费和游览行为对动植物园游客进行细分,针对每一类细分游客开展营销和促销活动,显著提高忠诚度和客户保有量。
- 识别消费支出低的游客,针对他们发送具有战略性的直寄广告,同时通过具有创意性的营销和激励计划奖励忠诚客户。
- 360度全方位了解客户行为,优化营销决策,实施解决方案后头一年节省40 000多美元营销成本,同时强化了可测量的结果。
- 采用地理分析显示大量未实现预期结果的促销和折扣计划,重新部署资源支持产出率更高的业务活动,动植物园每年节省100 000多美元。
- 通过强化营销提高整体游览率,2011年至少新增50 000人次"游览"。
- 提供洞察结果强化运营管理。例如,即将关门前冰淇淋销售出现高潮,动植物园决定延长冰淇淋摊位营业时间,直到关门为止。这一措施夏季每天可增加2 000美元收入。
- 与上年相比,餐饮销售增加30.7%,零售销售增加5.9%。
- 动植物园高层管理团队可以制定更好的决策,不需要IT介入或提供支持。
- 将分析引入会议室,利用直观工具帮助业务人员掌握数据。

任务二　PPT与图表制作技巧

一、经营分析的PPT制作技巧

1. 文字是用来瞟的,不是读的

PPT的本质在于可视化,就是要把原来看不见、摸不着、晦涩难懂的抽象文字转化为由图表、图片、动画及声音所构成的生动场景,以求通俗易懂、栩栩如生。

形象，至少能给你带来三个方面的感受：一是便于理解。文字总是高度抽象的，人们需要默读、需要转换成自己的语言、需要上下联想、需要寻找其中的逻辑关系。但人们看电影就轻松许多，只需要跟着故事的发展顺理成章地享受其情节、体味其寓意就行了。PPT 就是要把这些文字变得像电影一样生动。二是放松身心。如果把一本小说贴在墙上，相信你看半个小时就会腰酸背痛。如果把小说拍成电视剧，也许你看上一天也不觉得疲惫。PPT 的转换就是这个道理。三是容易记忆。传统的 PPT，你需要观众记住的是文字，这个难度太大了，即使记住了也很容易忘记。而形象化 PPT，可以让观众轻松记住其中的图形、逻辑或结论，也许三五年后，人们仍然能够记忆犹新。

所以，文字是用来瞟的，凡是瞟一眼看不清的地方，就要放大，放大还看不清的，就要删掉。文字是 PPT 的天敌，能减则减，能少则少，能转为图片的应该转为图片，能转为图表的应该转为图表。

2. 20 分钟是快乐的极限

浓缩的才是精华，PPT 演示的核心内容是观点，因此只需要在此基础上把观众容易困惑的地方、你认为重要的地方做一些说明。永远不要担心你的演示时间过短，如果花费 20 分钟就能够把一天才能了解的内容讲清楚，你实际上为观众节省了 7 小时 40 分钟。简短的另一个好处是意犹未尽。如果你的演示足够精彩，会给观众留下更多的期待和回味，甚至会有人要求把你的 PPT 拷回去好好研究几遍。

简短，也对 PPT 提高了要求。你需要了解哪些内容是观众最关心的，哪些内容是非讲不可的，哪些内容是能带来震撼的，据此，该合并的合并，该删减的删减。这是一个反复的过程，但标准只有一个，那就是不要让观众有打哈欠的时间。

3. 清晰比什么都重要

PPT 有一个致命的弱点，那就是观众容易迷失思路。原因在于以下两点：一是 PPT 毕竟不是电影，其逻辑结构是抽象的，难以把握；二是 PPT 是一页页翻下去的，一次只能看一页内容，前面看过的只能依靠记忆。

解决的办法有两个：一是事先给每位观众发一份演说纲要；二是给你的 PPT 建立清晰的导航系统。导航系统主要包括：从片头动画、封面、前言、目录，到切换页、正文页、结尾页等一套完整的 PPT 架构；每页都有标题栏（除了标明整个 PPT 的标题，更重要的是标明本章节的标题、本页的主题）；页码，如果方便的话也尽可能加上。

4. 没有设计就等于垃圾

PPT，特别是对外 PPT，正成为公司形象识别系统的重要组成部分，代表着一个公司的脸面。设计，正成为 PPT 的核心技能之一，也是衡量 PPT 水准的基本标准。

无论是汇报、宣传还是比赛、竞标，一个设计精美的 PPT 最少可以起到以下作用。

（1）让观众赏心悦目：精美的 PPT 养神。

（2）让观众产生好感：爱美之心人皆有之，漂亮的 PPT 自然能让观众多看几眼。

（3）赢得观众的信任：人总是有偏见的，精美的设计给人专业、认真、可靠的感觉，内容的含金量也自然得到提升。

（4）赢得成功的机会：内容的好坏难以评价，但形式的优劣却显而易见，喜欢而又信任的方案自然是领导和客户的首选。

设计非一日之功，但实践中可以找到捷径主要方法有以下几种。

(1) 善用专业素材:专业的 PPT 模板让你的 PPT 拥有外在美;专业的 PPT 图表让你的 PPT 具备内在美;专业的 PPT 图片(包括 JPG、PNG、AI 等格式)让你的 PPT 充满生机。

(2) 掌握排版的基本原则:每个人的审美标准是不同的,但总有一些规律是相通的,掌握并遵守这些规则,将使你的 PPT 设计得到大多数人的认可。这些规则包括一个中心、合理对齐、画面统一、强烈对比、层次分明等。

(3) 多看精美案例:PPT 诞生以来,整个社会的设计水准都在迅速提高,三人行,必有我师,在平面设计、动画领域,处处都有值得我们学习的案例。

5. 炫不是动画的根本

自 PPT 诞生以来,动画就一直是最大的争议。一种观点认为,PPT 就是幻灯片,就是一页一页翻过的图片加文字,在商务 PPT 应用领域,根本不需要动画或者最多只需简单的页面切换动画;相反,有无数的专业人士对 PPT 动画矢志不渝,用自己的创意和努力一次次创作动画的传奇。动画,不仅让 PPT 变得生动,更能让 PPT 表现效果提升数倍。

(1) 片头动画。片头动画能让你的 PPT 一把抓住观众眼球。演示开始时,观众往往会需要一个适应期,也许还在想着刚才没有处理完的工作,也许还在跟邻座侃侃而谈,也许还在抱怨着观看演示的辛苦,这时候,你需要立即把观众的视线聚焦到你的演示中来,精美和创意的片头能立即给观众带来震撼,让观众目不转睛。

(2) 逻辑动画。一幅静止的画面,观众会自上而下全面浏览,缺乏逻辑的引导,观众难以把握重点,看完之后还要思考其中的逻辑关系,实际上浪费了精力和注意力。如果给这幅画面加上清晰的逻辑动画,就从观众自己找线索变成了帮观众理线索。演示者可以控制对象出现的先后顺序、主次顺序、位置改变、出现和退出等,引导观众按照自己的思路理解 PPT 内容。

(3) 强调动画。以往我们只是用颜色的深浅、形状的大小以及字体的不同来突出某些重要内容,这有一个很大的弊端,就是要强调的内容会一直处于强调地位,当我们讲述别的内容时,它会分散观众的视线。强调动画可以避免这种现象,它通过对象的放大、缩小、闪烁、变色等动作实现强调效果,并能够让演示者自如控制,强调过后自动回复到初始状态。

(4) 片尾动画。与那些戛然而止的 PPT 相比,加一个简单的片尾动画将收到意想不到的效果:一是作为礼貌,提醒大家演示结束,并给人一定的缓冲时间,准备接下来的活动;二是与片头动画相呼应,做到有始有终,避免给人虎头蛇尾的印象;三是通过贯穿始终的形式,提醒观众回忆内容,强化记忆。

(5) 情景动画。也许你讲述的就是一个故事,故事总是有情节、有过程的,而要用一张静止的画面去表达一个完整的过程,几乎不可能。相反,一套连续的动画,则能把这些过程表现得栩栩如生。以往,我们用 Flash、视频来表现这些效果,PPT 其实也能够实现。

6. 图表是 PPT 的筋脉

商业演示的基本内容就是数据,于是图表变得必不可少。最早出现的是柱图、饼图、线图、雷达图等。咨询公司把数据图表转移到对逻辑关系的表达上,于是出现了并列、包含、扩散、综合、层进等各类关系图表,从此,文字也可以不再抽象、乏味了。以 ThemeGallery 为代表的韩国公司、以 PresentationLoad 为代表的欧美公司以及以锐普 PPT 为代表的中国公司等设计公司,则进一步把这一趋势发挥到极致加入了设计的概念,从此,文字可以变得像图画一样精美、形象、栩栩如生。

同样，PowerPoint 软件就像天生为图表而生的，强大的像 Illustrator 一样的绘图功能，加上清晰的操作界面、简单的操作模式，让人人都能轻而易举地掌握。很快，PPT 图表就风靡全球，与图片配合使用，让演示如虎添翼。

7. 没有策划就没有精品

好的 PPT 是策划出来的，就像宏伟的建筑是规划出来的。所有的 PPT 设计师者首先是策划师，有的是无意识为之，有的是用心去做的，但没有策划的 PPT 必定是失败的作品。不同的演示目的、不同的演示风格、不同的受众对象、不同的使用环境，决定了不同的 PPT 结构、色彩、节奏、动画效果等，一个好的 PPT 作品基于对以上要求的准确把握。

曾经有一些卓越的设计师，做出的作品很美、很耐看，但却一直得不到客户的认可，原因就在于缺乏准确的策划。只要我们用心、设身处地为观众着想，即使 PPT 有瑕疵，也往往能赢得观众的认同。

8. PPT 可以当主角

西方有一种观点开始在中国流行：演讲者永远是主角，PPT 不过是陪衬。其实这完全是站在西方立场上的一种观点，未必适应中国国情。西方人大多喜欢张扬，擅长演说，甚至在很多人看来演说已经是一种享受，当然不愿意被 PPT 抢了风头；但中国文化更强调内秀，不愿意抛头露面，擅长演说者更是寥寥，甚至连一些领导在众人面前也不愿张扬，何况一般人？所以，我们常常把自己作为团队的一员，是我们代表演说，我们不过是一种符号，低调再低调，宁可把 PPT 作为众人瞩目的焦点。

根据个人的性格和 PPT 的演说效果，我们可以自由选择演说形式。记住，PPT 也可以当主角。

9. PPT 不是哑巴

在很多人眼中，PPT 是多媒体的代名词。但这个多媒体，却一直因为无声而名不副实。无声原因有三：一是 PPT 的商务特点限制了声音的应用，毕竟在商务会议场所，人们需要集中精力思考，无论是背景音乐还是动画声音都会给人们带来干扰。二是 PPT 软件设计的功能限制了声音的应用，PPT 软件一面世就没有为声音的应用做好充分准备。三是 PPT 的应用人群非常广泛，经理、文员、老师、销售代表甚至一些小学生都成了 PPT 技术员，大家相关的知识储备参差不齐，很多人缺乏声音素材、缺乏声音感觉、缺乏声音编辑的技术，声音应用不专业，反而引起观众的不满。

形势正在悄悄变化，PPT 有声时代正在来临，主要表现在以下几个方面。

(1) PPT 早已不再限于汇报演示，企业宣传、婚庆礼仪、休闲娱乐等正成为 PPT 应用的热点领域，声音成为不可或缺的元素。

(2) 平面设计、flash、视频等时刻冲击着人们的视觉，人们正经受着最严重的审美疲劳，单纯靠画面给人的刺激已经大大降低，声音是增强画面冲击力的绝佳武器。

(3) PPT 设计公司的崛起，让 PPT 声音的处理专业化，声音素材库搭建完善，各类声音编辑软件应用自如，配音设备逐步完善，PPT 中声音运用的规律的认识也越来越深刻。

二、经营分析的图形制作技巧

1. 图表的作用

经营分析报告在形式上几乎都是一样的，那就是报告都是图文并茂的，报告里面使用了大量的图表进行说明论证。在报告内容的表达上，有种通俗的说法：文不如表，表不如图。

- 图表是进行结构化论证的辅助工具,能对问题的数量和趋势进行描述和对比。
- 图表可以更加清晰、突出地表达你的观点。
- 图表可以使数据的对比和事实的描述更加形象,更加可视化,更加容易被人理解。人的大脑被分成两个功能区,左半脑用来处理和分析逻辑信息(数据和概念),右半脑用来处理空间以及艺术信息和想法(图形)。
- 图表可以帮助人们更好地理解事物之间的联系。
- 图表可以有效地表达各种分析模型。

2. 图形使用要素

- 度量:坐标轴上的数字(最小值,最大值和中间数值)。
- 坐标:格显示度量和有关数值的大小。
- 坐标:轴一般垂直线为 Y 轴,水平线为 X 轴。
- 标记:图形中的各种类型的标记或注释。
- 图例:说明图形中的符号,阴影和色彩的含义。

例如,某地区的国有企业、外资企业参加各种产品展销情况的统计,如图 4-13 所示。

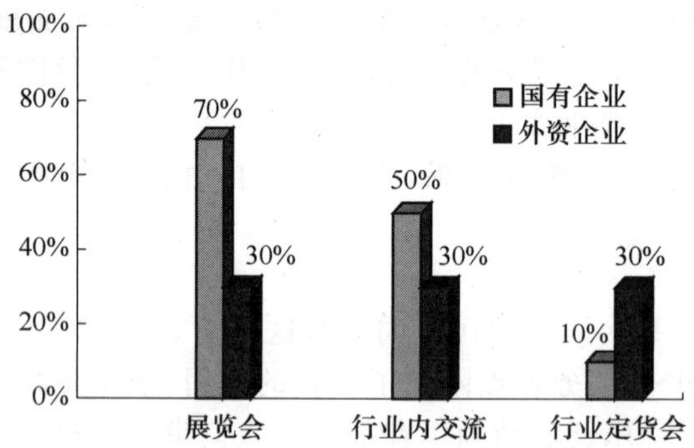

图 4-13　某地企业参展情况统计

在实际经营分析工作中,究竟采用图形还是表格可根据需要而定。通常情况下,图与表是可以相互转化的。就以上图的企业参展情况为例,可以转化为表 4-2。

表 4-2　某地企业参展情况统计

类别	国有企业	外资企业
展览会	70%	30%
行业内交流	50%	30%
行业订货会	10%	30%

3. 图形制作步骤

企业经营分析中,图形制作的步骤主要包括确定表达的主题、确定对比关系、选择图形、确定强调的项目等。

(1) 确定表达的主题

使用图形的目的在于将思想和观点进行形象化的表达,从而加深读者或听众的印象。使用图形时,必须明确通过图形要表达的信息是什么。

例如:想提醒读者企业的利润增长速度已经连续5年低/高于整个行业的发展速度→突出表现行业发展速度与企业利润增长速度之间随年度的变化。

(2) 确定对比关系

在确定好说明主题后,就要确定想要说明问题的对比关系。例如,比较行业增长速度和企业利润增长速度之间的对比关系,不同年份的速度差别是不同的——把行业的增长速度和企业利润的增长速度看作是两个不同的类别,这是两个类别随时间变化的对比关系。对比关系具体包括:

① 同一类别不同项目间的对比

- 对于A企业(类别)的时间项目对比,如企业今年的利润比去年增加了30%。
- 对于A企业(类别)的频率项目对比,如企业中35岁以下的员工占全体员工总数的46%。

② 不同类别不同项目间的对比

- 对于不同类别的时间项目对比,如企业A、B(类别)三年(时间项目)的利润对比。
- 对于不同类别的频率项目对比,如企业A、B(类别)35岁以下的员工(项目)占全体员工的比例对比。

③ 项目分类标准

- 时间对比:把时间作为项目分类的标准。
- 频率对比:以部分占整体的百分比为项目分类的标准
- 相关性对比:按照项目之间的函数关系作为项目分类的标准,如广告投入和销售额、成本与利润的关系等。
- 其他对比:逻辑关系的对比(因果,时间序列……)。

(3) 选择图形

在确定描述说明的问题的对比关系后,就要选择使用的图形。不同的图形所能表述信息的逻辑性和复杂性是不同的。图形可划分为以下几种,如图4-14所示。

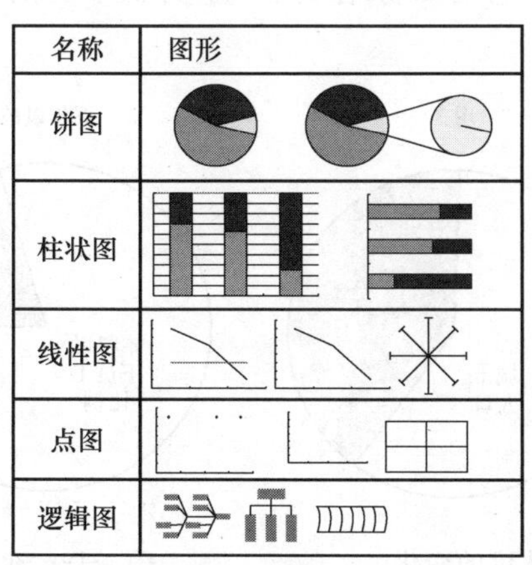

图4-14　图形的种类

① 饼形图

饼形图是用来直观地反映一个整体各组成部分之间的比例关系。通过饼形图的使用可以分析各个组成部分对总体的影响。例如,ZJ 报在上海地区的读者年龄分析,如图 4-15 所示。

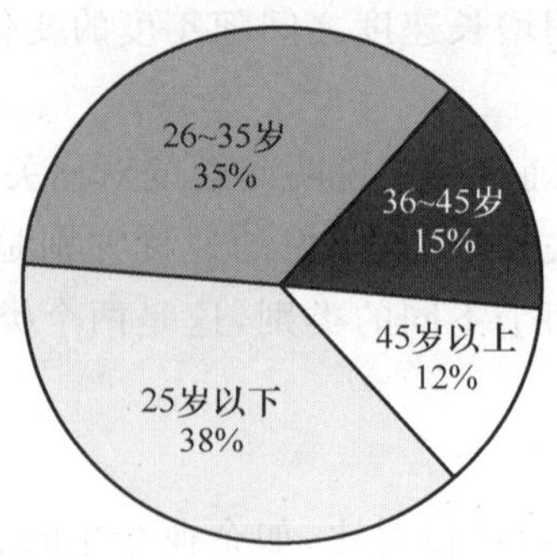

图 4-15　ZJ 报在上海地区的读者年龄分析

当饼形图中的组成部分很多时,较小的扇区无法仔细区分的时候,可以选择饼形图中的复合图进行放大处理,如图 4-16、图 4-17 所示。

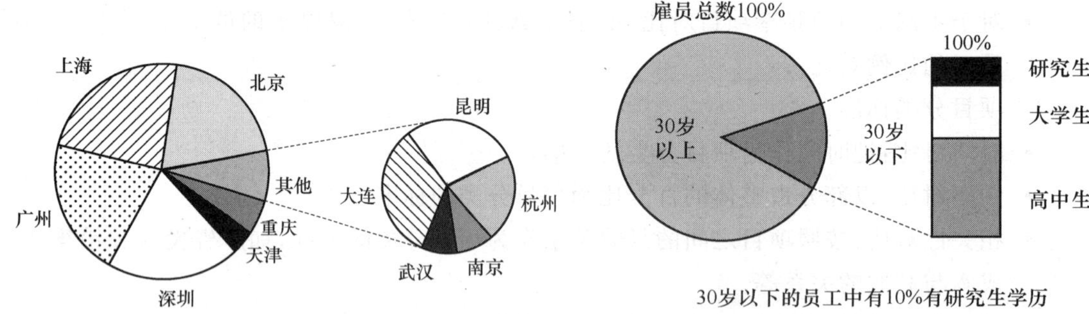

图 4-16　ABC 公司产品 2 月市场销售分析　　图 4-17　某公司员工中 30 岁以下的学历构成

使用饼形图分析时应注意,在不同的圆形中对成分进行比较,不应该超过两个圆,突出表达内容的为一项。例如,中国电信 E 家客户、企业员工学历的变化情况,如图 4-18、图 4-19 所示。

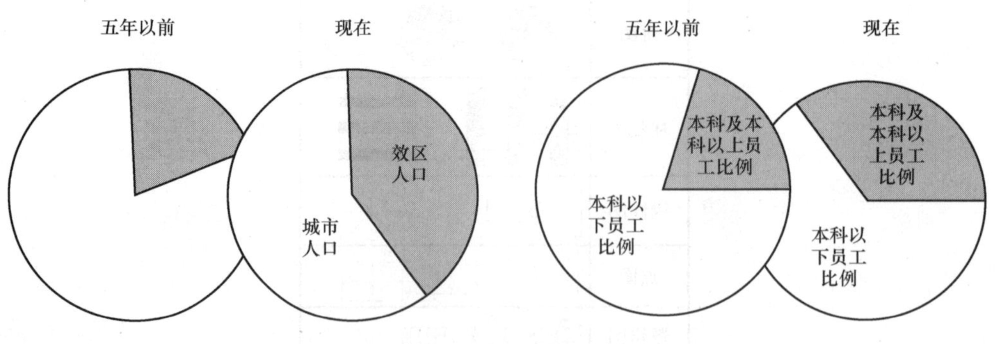

图 4-18　城市郊区认可的变化　　图 4-19　企业员工学历比例的变化

② 柱状图

- 簇形柱状图

簇形柱状图是一种非常形象直观的表达方法,经常用来表达单一类别不同项目之间的对比关系。簇形柱状图的横坐标一般为不同的项目,纵坐标通常为数值或百分数,用来说明各个项目所达到的数值。通过簇形柱状图可以非常清晰地看到不同项目之间的差距和数值,如图 4-20 所示。

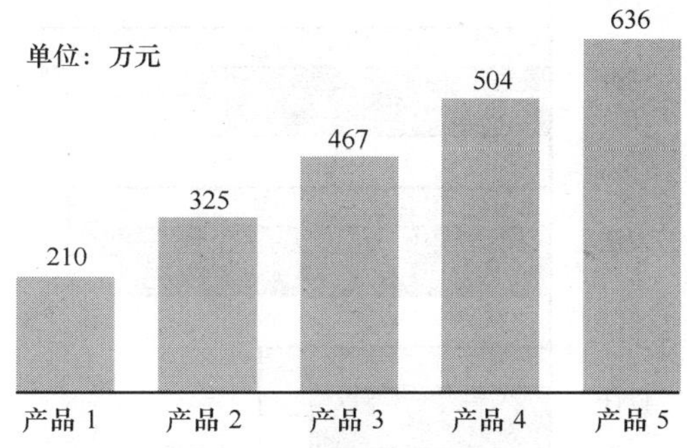

图 4-20　A 公司 2016 年的产品销售额

簇形柱状图除了进行同一类别的项目之间比较外,还可以进行不同类别项目之间的比较。不同性质企业市场营销手段分析如图 4-21 所示。通过分析可以看出,不同企业进行产品推广时所依赖的手段时不同的。

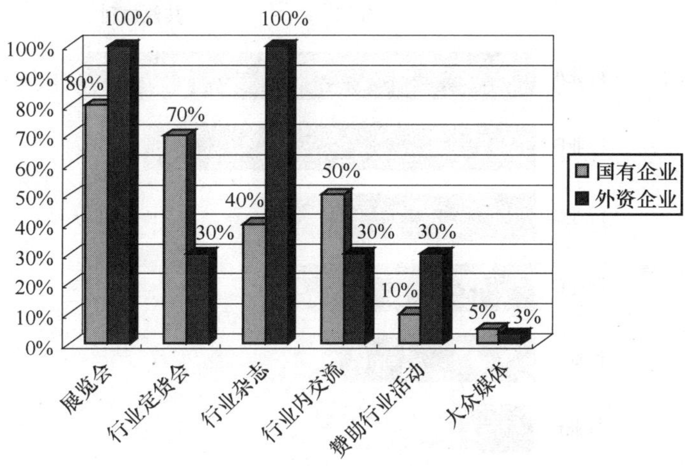

图 4-21　不同性质企业营销手段分析

• 条形柱状图

条形柱状图是柱状图的另一种形式,这种条形柱状图可以非常清楚地对两个类别的不同项目做出对比,如图 4-22、图 4-23 所示。

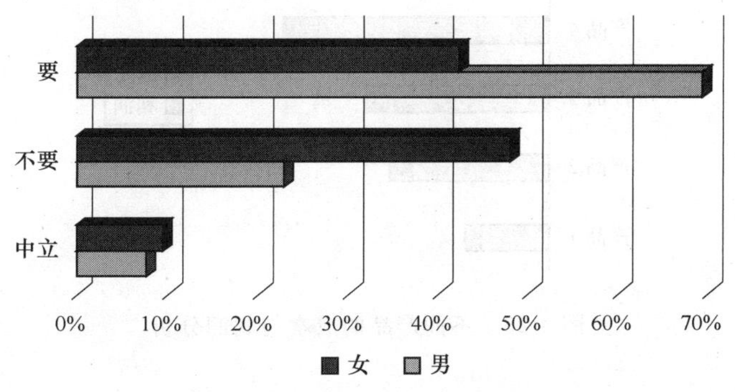

图 4-22　不同性别二孩意愿分析

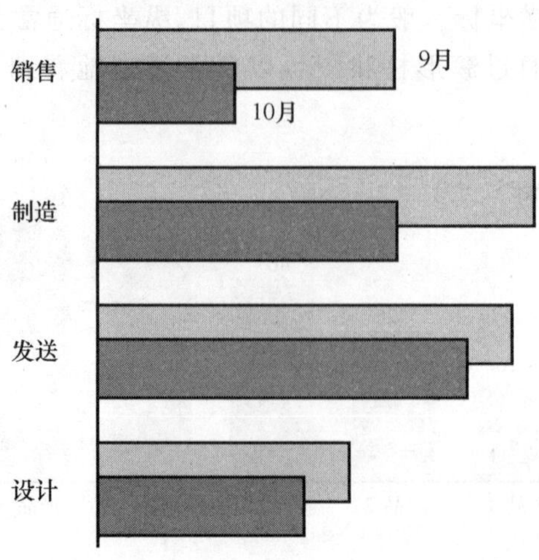

图 4-23　采用信息系统后各部门工作出错情况

条形柱状图的另一种形式，用来表示不同类别的相对重要性和数量大小。特别需要注意的一点是在比较过程中，应将最重要的部分放在基线附近，如图 4-24、图 4-25 所示。

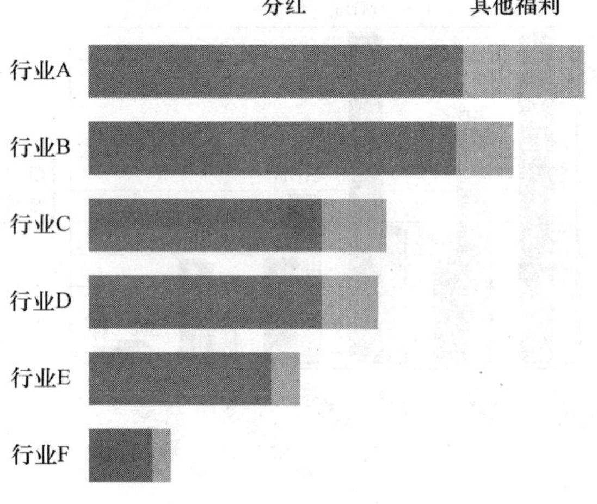

图 4-24　不同行业的福利分析

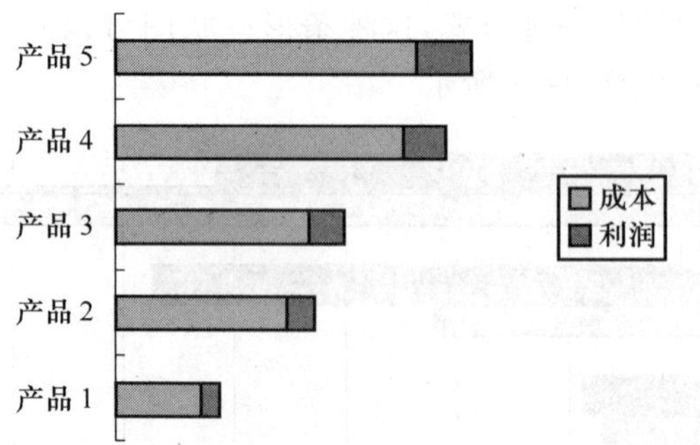

图 4-25　不同产品的成本与利润分析

• 百分比柱状图

百分比柱状图广泛用于数据的分析比较，可以准确地反映出不同类别之间的对应关系。横坐标代表不同类别的反映，这些类别可以是企业的不同部门、不同产品，也可以对不同的企业进行比较；纵坐标代表不同类别所占百分比。通过对比构成各个单元的不同部分之间的比例关系来描述分析产品的成本、利润、市场份额等。图 4-26 为 ABC 公司销售费用占每年销售收入百分比的变化。从图上不仅可以看到每年的销售费用占销售收入的百分比，还可以看到制造成本、管理费用方面的比例。图 4-27 为 NFY 报纸不同地区的读者年龄构成分布。

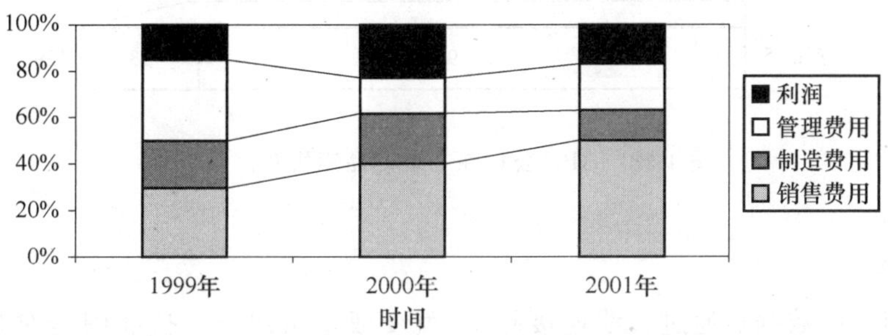

图 4-26　ABC 公司销售费用占每年销售收入的比例

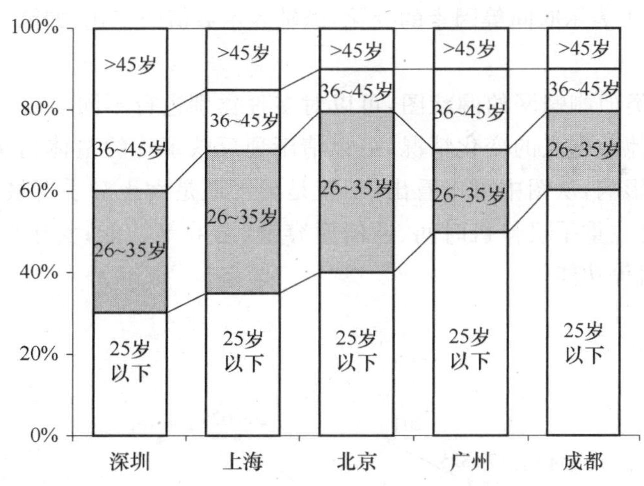

图 4-27　NFY 报纸不同地区的读者年龄构成

• 堆积柱状图

堆积柱状图经常被用于数据的分析比较，可以分析不同类别数据之间的对应关系。堆积柱状图与百分比柱状图类似，其中一个坐标轴是对分类项目的描述，与百分比柱状图不同的是堆积柱状图表上的是数值，而不是百分比。图 4-28 为 ABC 公司 2016 年在北京、上海和广州三地的产品销售情况对比分析，从图中可看出有两个类别：一个是对公司不同产品的区分，另一个是对公司不同销售地点的区分。

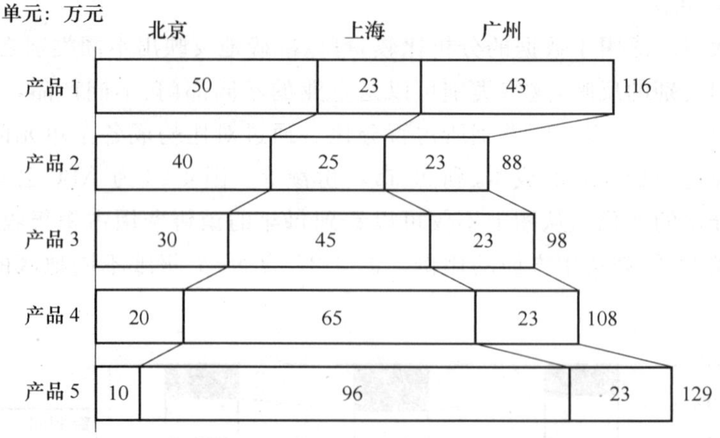

图 4-28　ABC 公司在三地产品销售对比分析

③ 线形图

• 折线图

把散点图中的数据点通过直线连接起来，就变成了折线图。折线图是对某种变化趋势的一种反映。通过折线图，可以了解事物随时间等因素而发生的变化，并预测未来的发展趋势。例如，产品在过去几年中销售发生的变化，市场占有率、成本等因素发生的变化。在折线图中，一般数轴的横轴表示时间等因素的变化，纵轴表示数值的变化，如图 4-29、图 4-30 所示。

• 雷达图

雷达图是一种类似蜘蛛网的网状图，可以对多种类别进行不同项目的对比，它反映了数据相对中心点和其他数据点的变化情况，可以清晰地反映事物的整体情况。图 4-31 表示了性别对手机选购的影响，从图中可以看出，不管是男士还是女士对手机最重要的要求都是小巧、重量轻。男士更注重手机待机时间、通信簿容量、游戏等功能；女士则更注重音乐铃声、外壳色彩、图片短信等功能。

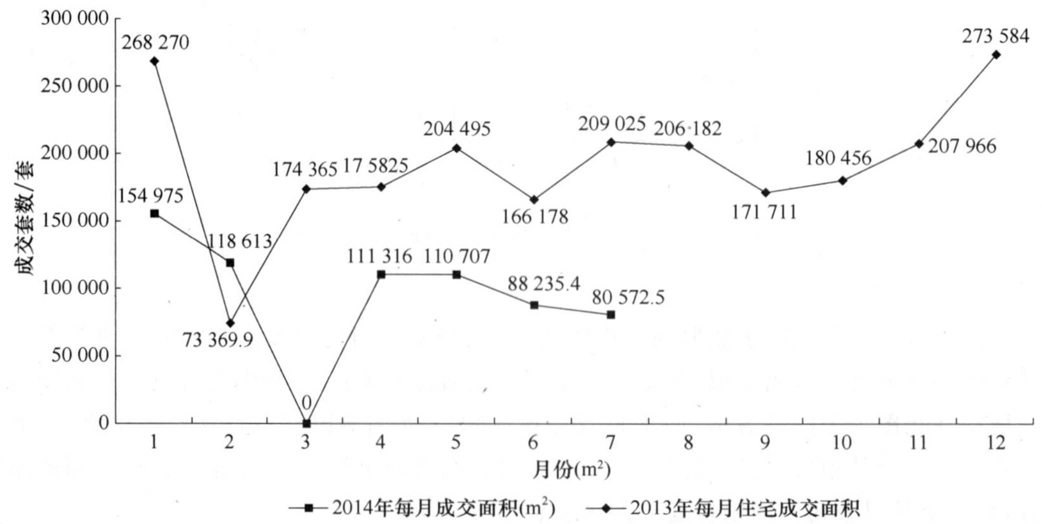

图 4-29　某地 2014 年每月住宅成交面积

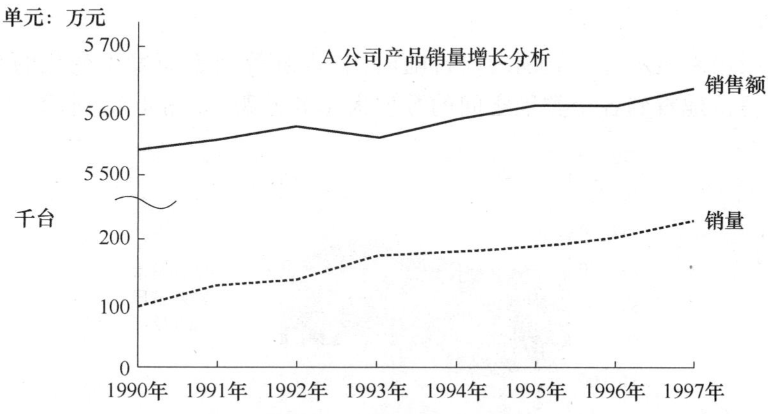

图 4-30　A 公司产品销量增长情况

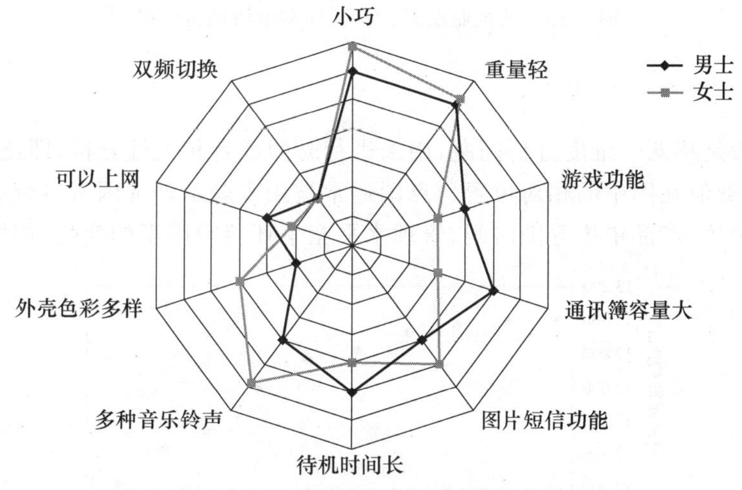

图 4-31　性别对手机选购的影响分析

图 4-32 是对员工所具备的能力和岗位所要求的能力之间的差距的对比分析。黑色实线表示员工所在岗位上所要求必须具备的能力，而虚线表示员工实际具备的能力。通过这样的分析，可以明显看到员工在哪些方面需要加以改进，从而企业可以针对这种情况对员工进行有针对性的培训。

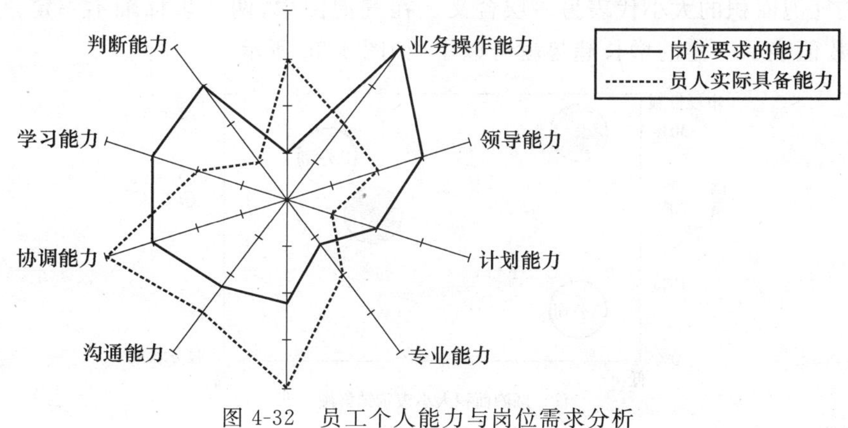

图 4-32　员工个人能力与岗位需求分析

• 面积图

面积图一般用来显示每一类别的项目随时间、进度等因素而发生变化的趋势。通过面积图可以非常清楚地看到各个类别之间的数值大小和差距,如图 4-33 所示。

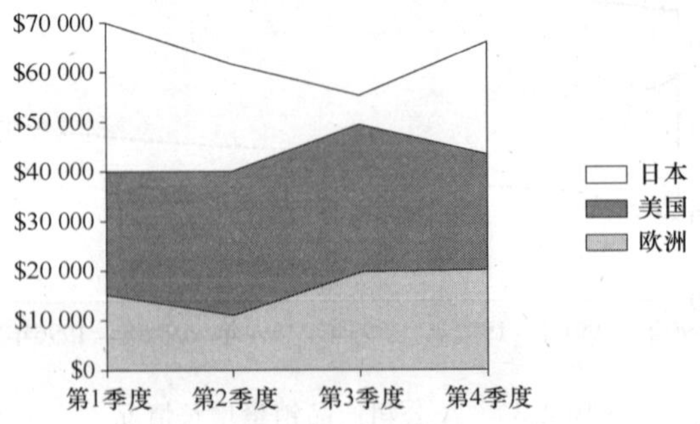

图 4-33 某企业欧洲、美国、日本市场销售情况

④ 点图

• 散点图

散点图一般是从两个维度分析问题,用来进行时间或者相关性分析,即比较成组的两个数值,确定这组数值在图中的相对位置。点图通常被用来表示外部因素对企业的影响,如企业在市场中的位置、产品销售等随时间、管理水平竞争环境等因素的变化,如图 4-34 所示。

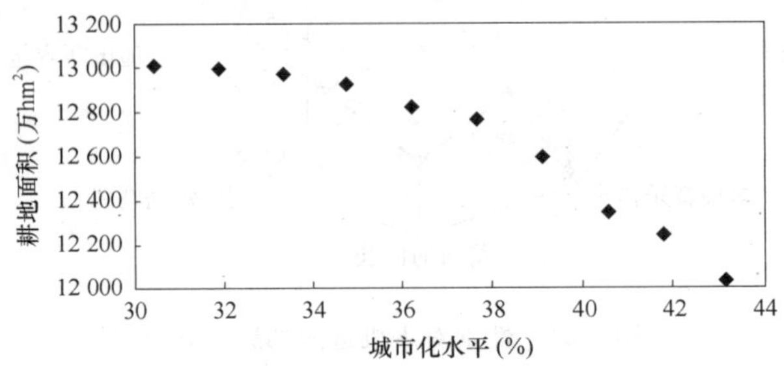

图 4-34 城市化水平与耕地面积变化分析

• 气泡图

当散点图扩展到三维的时候,该点面积的大小就表示了另一个含义,这时散点图就变成了气泡图。气泡面积的大小代表另一层含义。在气泡图中,两个坐标轴不一定是数值或百分比,只要数值表示一定的增长趋势就可以了,如图 4-35 所示。

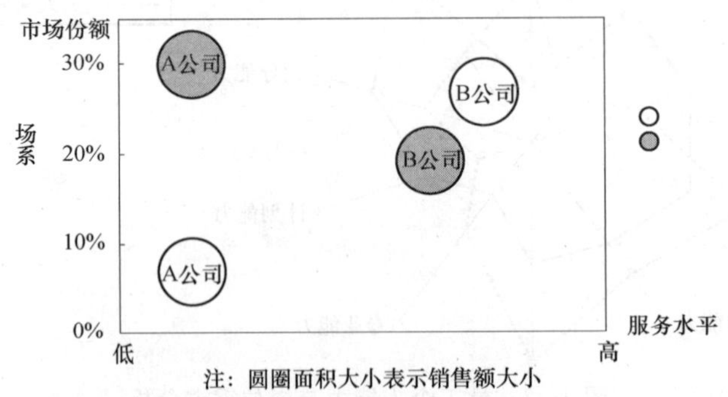

图 4-35 A、B 公司市场份额与服务水平关系

• 矩阵图

矩阵图是通过定义坐标轴和各个象限的含义，清楚地反映用户公司的相对位置及相应的对策。使用矩阵图必须具备三个要素：定义两个不同含义的变量、区分变量的变化趋势、确定不同象限坐标的管理意义，如图 4-36 所示。

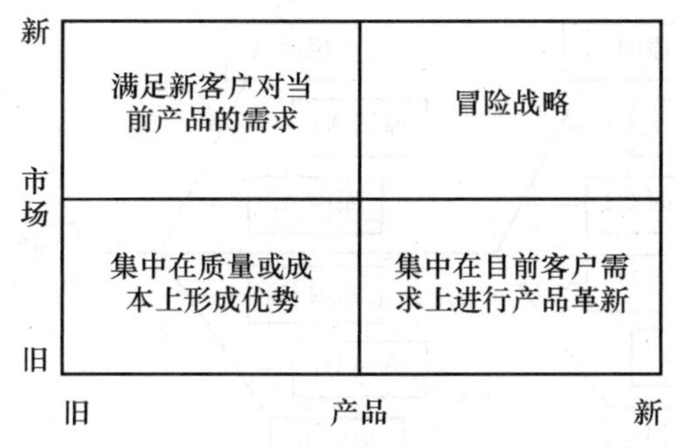

图 4-36　产品-市场扩展矩阵

⑤ 逻辑图

• 树状图

树状图被广泛用于对企业组织结构的描述、现有流程的描述、问题的分析过程之中，如图 4-37、图 4-38 所示。

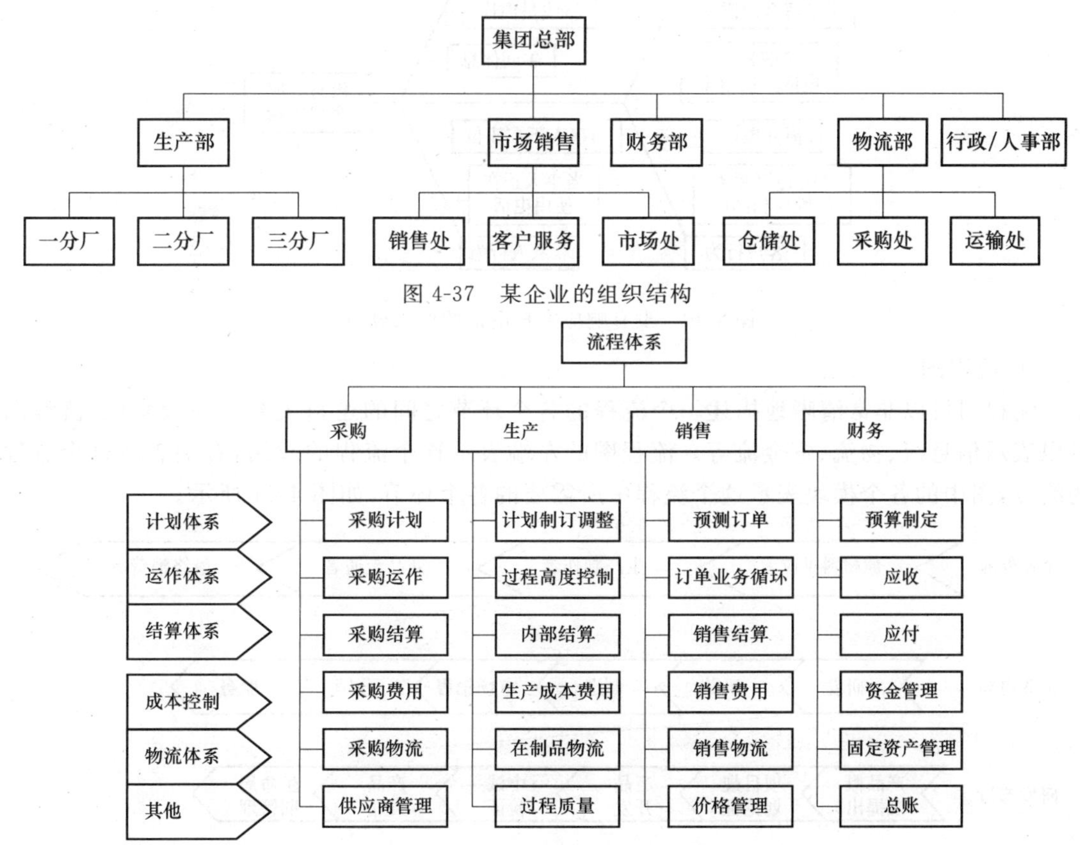

图 4-37　某企业的组织结构

图 4-38　某企业的流程体系

• 鱼骨图

鱼骨图经常被用来分析诊断问题的原因。鱼骨图可以清楚地表达某种结果和可能的原因之间的关系,通过"脊骨"及其两侧的"大、中、小"骨,层次展示问题与原因之间的因果关系,如图 4-39、图 4-40 所示。

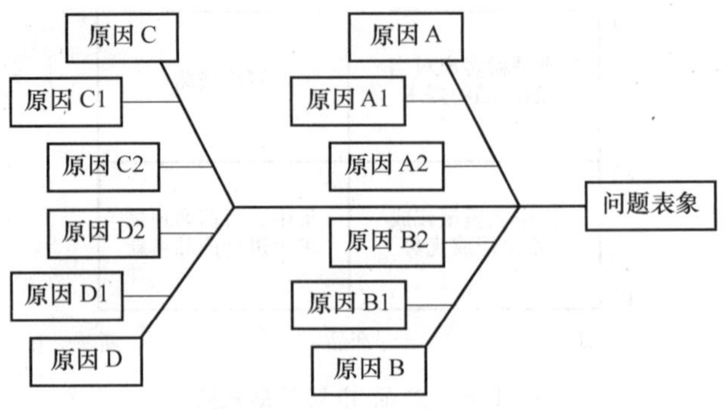

图 4-39　鱼骨图示意图

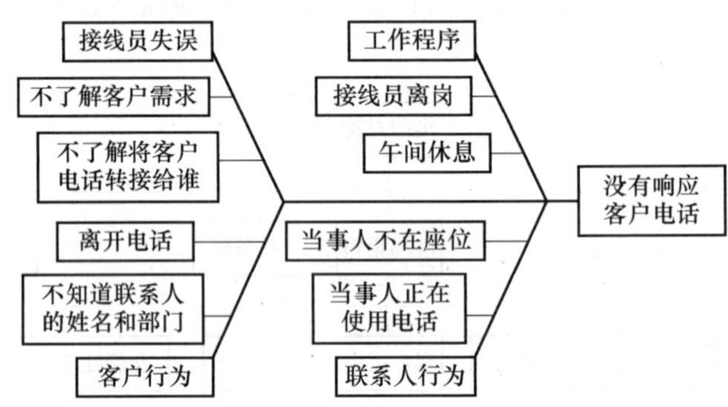

图 4-40　没有响应客户电话的原因分析

• 流程图

流程图可以非常清晰地描述一个流程的各个环节之间的逻辑关系。一般来说,流程图可以表示信息流、物流、资金流等。流程图的左端表示这个流程的起始,右端表示这个流程的终点,图中的各个模块表示这个流程中所需要的各个环节,如图 4-41 所示。

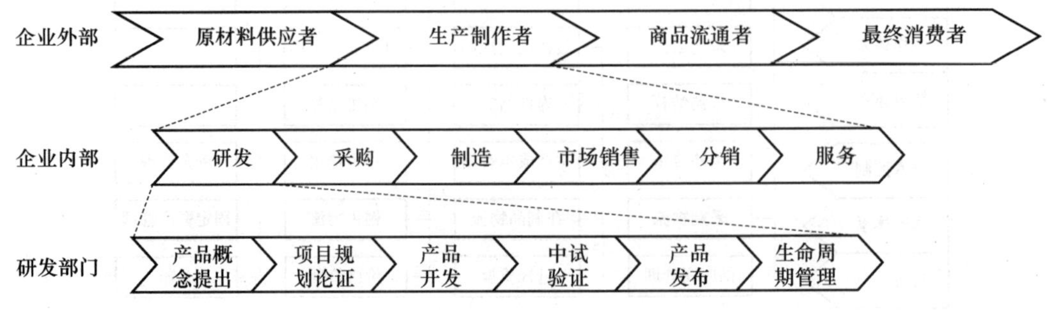

图 4-41　某企业供应链的分解

• 环形图

环形图通常用来表示一个连续、周而复始的过程。环形图的每个环节表示整个行动的各个过程，完成整个循环后，又开始更高层次的循环。如对质量的持续改善、对问题的进一步思考等方面都会用到环形图。质量管理中著名的"戴明环"为如图 4-42 所示。

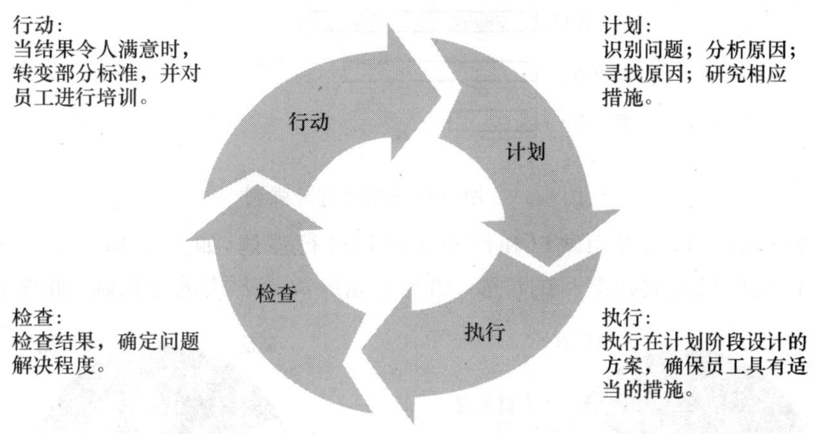

图 4-42　PDCA 质量管理循环

• 地理图

地理图描述企业市场范围、销售情况非常有力的一种表达工具，如图 4-43 所示。通过地理图可以非常直观地表明企业在各地区市场上的得失，为企业制定相应的战略提供帮助。

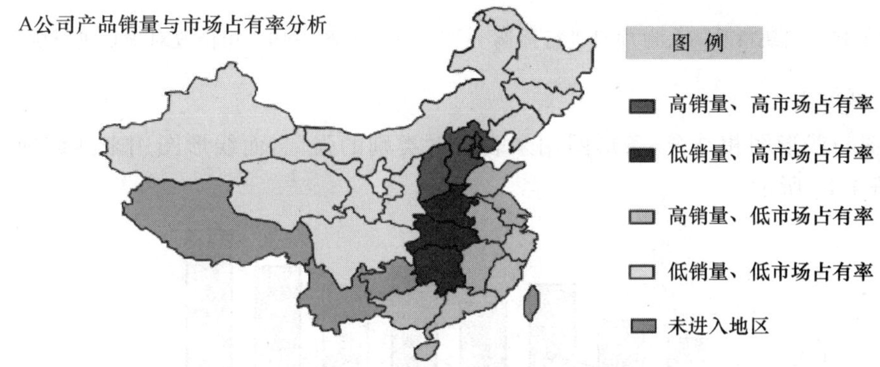

图 4-43　A 公司产品销量与市场占有率分析

4. 确定强调的项目/类别

在确定要使用的图形后，还要对最想传达的信息进行强调，包括对类别或项目的名称、数据之间的差距、数据变化的强调。

强调的方法有三种，包括使用突出的颜色、使用箭头、利用位置等。颜色是对要强调的项目使用深颜色或者阴影；箭头是对要强调的差距或趋势进行强调；位置是将要强调的部分靠近基准线或者与主题分离。

① 强调项目

在条形图中，项目的顺序非常重要，要按特定的顺序进行排列，而且被强调的部分位置要靠近基准线，并采用深颜色，如图 4-44 所示。

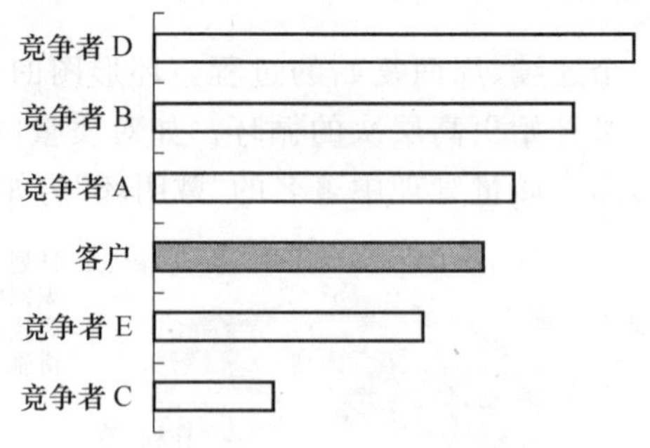

图 4-44　用颜色对项目进行强调

对项目进行强调时，可以用缺口和箭头对项目进行强调，如图 4-45 所示。对项目进行强调时，也可以将项目摆放在醒目的位置，如与主题脱离等方式进行强调，如图 4-46 所示。

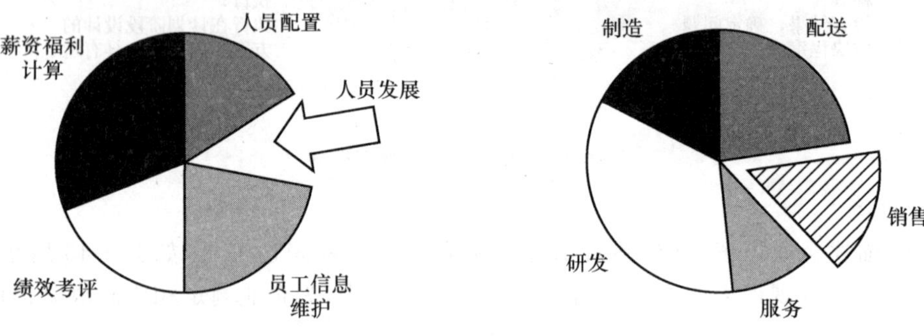

图 4-45　用缺口和箭头对项目进行强调　　　图 4-46　用位置对项目进行强调

② 强调变化

条形图与线形图相结合，条形图用来表示对类别的强调，而线形图用来强调项目的变化趋势，如图 4-47 所示。

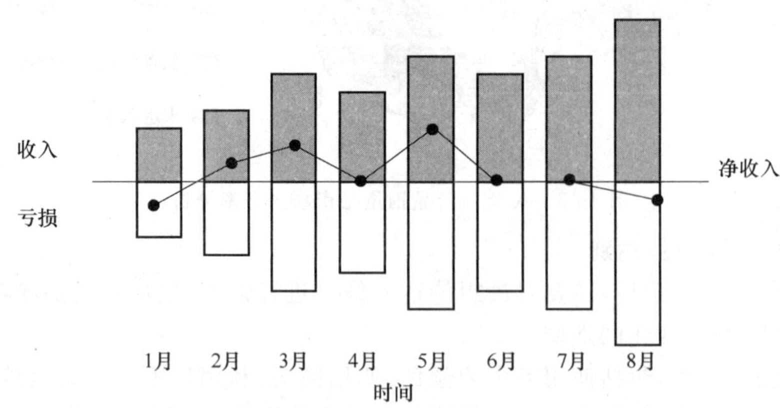

图 4-47　用折线对项目的变化进行强调

③ 强调差距

在强调项目差距时，可以用箭头来强调项目间数量的变化。在图 4-48 中，产品的总成本中，设计阶段的费用对于产品的总成本影响最大，在设计基础上制造阶段的成本增加最多;在图 4-49 中,全国四大区域产品销售中,预计西南地区缺货最为严重。

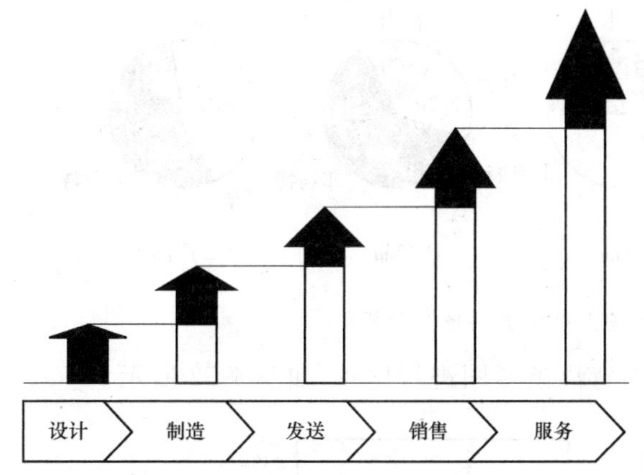

图 4-48 用箭头对项目的差距进行强调(一)

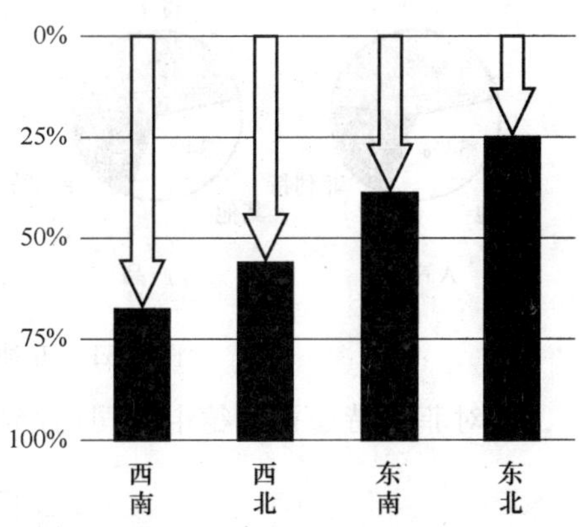

图 4-49 用箭头对项目的差距进行强调(二)

④ 强调趋势

在对变化趋势进行强调时,也可以采用辅助的折线对数据变化的趋势进行强调。把条形图与线形图结合起来,条形图用来表示对类别的强调,而线形图用来强调项目的变化趋势,见“强调变化”中的图 4-47。也可以用箭头来表示一种变化的趋势,如图 4-50 所示。

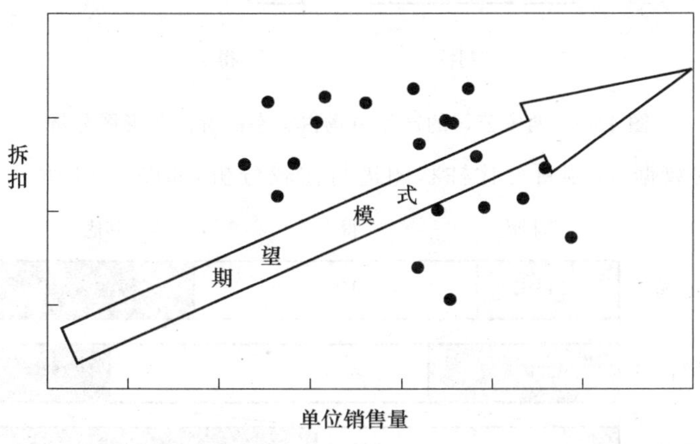

图 4-50 折扣与销售量无关

5. 图表制作案例

菲利特公司和德卡公司是竞争对手,两家企业都生产 A、B、C、D、E 五种外观、功能非常相似的产品,它们各自的市场占有率如表 4-3 所示。

表 4-3 五种产品市场占有率

公司	A 产品	B 产品	C 产品	D 产品	E 产品
菲利特	21%	32%	9%	62%	43%
德卡	45%	43%	31%	17%	11%
其他	34%	25%	60%	21%	46%

根据上表数据，绘制饼形图进行分类比较，如图 4-51 所示。

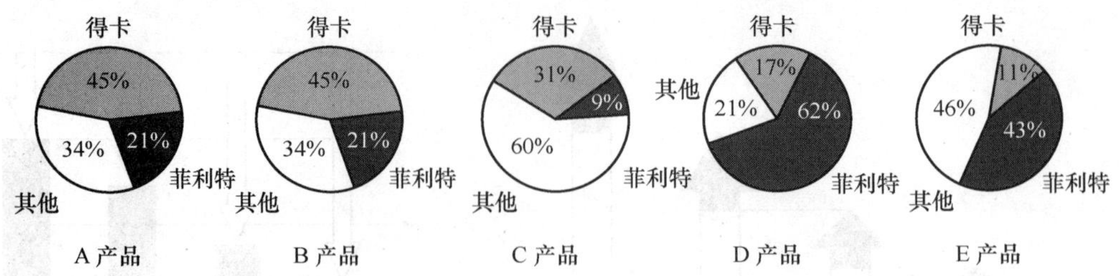

图 4-51　五种产品市场占有率的饼形图分析

针对菲利特公司和德卡公司的产品，采用背离条形图进行比较，如图 4-52 所示。

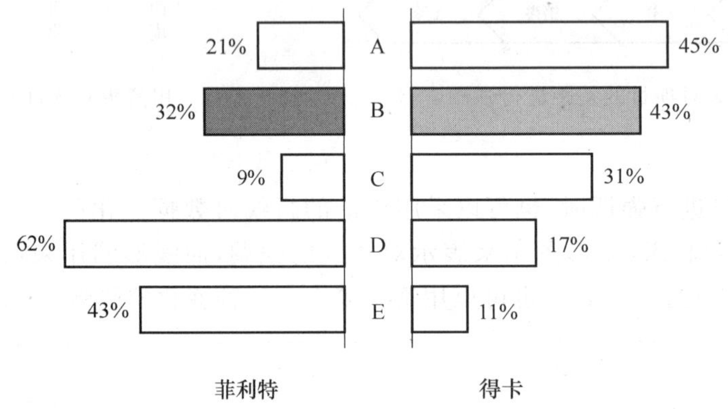

图 4-52　两家公司的产品市场占有率的背离条形图分析

根据表 4-3 的数据，绘制百分比柱状图进行比较分析，如图 4-53 所示。

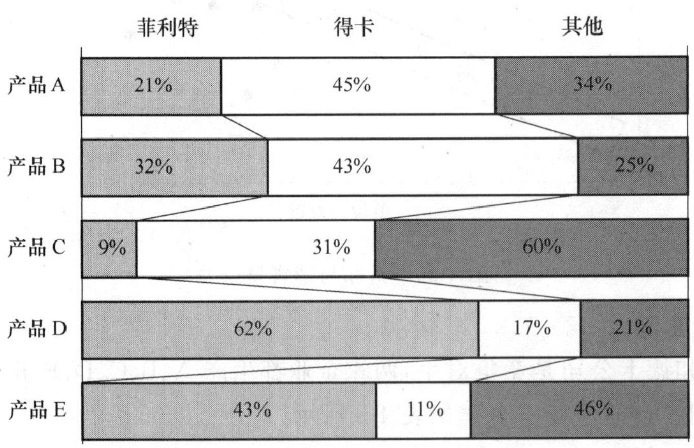

图 4-53　五种产品市场占有率的百分比柱状图分析

根据表 4-3 的数据，绘制簇形柱状图对菲利特和德卡公司的五种产品市场占有率进行比较分析，如图 4-54 所示。

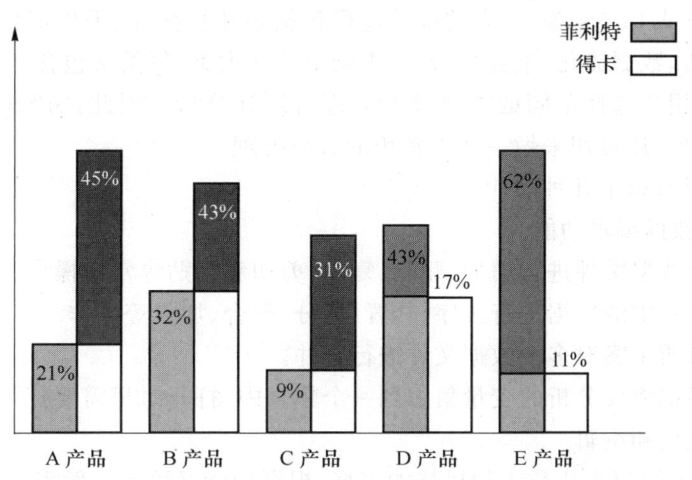

图 4-54 两家公司的产品市场占有率的簇形柱状图分析

6. 分析软件、工具简介

(1) Excel

Excel是微软公司开发的Office软件包的一个构成部分，是一个用于建立与使用电子报表的实用程序，也是一种用于按表格的形式应用数据的数据库软件。其优点在于单元格之间有着密切的联系——动态表格；其缺陷在于无法对大量的数据进行处理。

Excel灵活的电子报表功能使其在市场经营分析中获得了很多的应用，主要应用在以下几个方面。

① 统计绘图

- 交互式的制图能力灵活方便。
- 图形方式灵活多变，适应性强。

② 报表的自动处理

Excel有很多简易功能，可以帮助我们提高办公的效率，其中最重要的功能就是表格之间的自动关联功能。

③ 数据透视

在对大型数据处理方面，Excel可以通过ODBC方式和数据库之间连接，并针对数据库当中的数据进行透视分析。

数据透视方式：基于数据表或外部数据库快速生成多维度交叉报表的方式。

- 绘制数据图和汇总数据的强大工具。
- 分类汇总11类统计指标。
- 迅速将大量繁杂的数据恰到好处地转换成汇总表。

④ 统计分析及建模

(2) SPSS

SPSS是专业的通用统计软件包，兼有数据管理、统计分析、统计绘图和统计报表功能，界面友好，使用简单，广泛应用于市场、医学、市场、人口、保险等研究领域，也用于产品质量控制、人事档案管理和日常统计报表等。

SPSS统计软件采用电子表格的方式输入与管理数据，能方便地从其他数据库中读入数据(如 Dbase,Excel,Lotus 等)。它的统计过程包括描述性统计、平均值比较、相关分析、回归分析、聚类分析、数据简化、生存分析、多重响应等几大类,每类又包含多种统计过程,而且每个过程中允许用户选择不同的方法及参数进行统计分析。因此,SPSS 除了可以实现常规的各种统计之外,还可用来做一些不常用的分析处理。

SPSS 主要具有以下几种功能。

① SPSS 的数据编辑功能

- 对打开的数据文件进行增加、删除、复制、剪切和粘贴等常规操作。
- 对数据文件中的数据进行排序、转置、拆分、聚合、加权等操作。
- 根据变量或个案对多个数据文件进行合并。
- 根据需要把将要分析的变量集中到一个集合中,打开时只需要打开该集合即可。

② 表格的生成和编辑

- 利用 SPSS 可以生成数十种风格的表格,根据功能又可有一般表、多响应表和频数表等。
- 利用专门的编辑窗口或直接在查看器中可以编辑所生成的表格。
- 在 SPSS 的高版本中,统计成果多被归纳为表格或图形的形式。

③ 图形的生成和编辑

- 基本图:条形图、线形图、面积图、饼图、高低图、帕累托图、控制图、箱图、误差条图、散点图、直方图、P-P 概率图、Q-Q 概率图、序列图、时间序列图……
- 交互图:条形交互图、点形交互图、线形交互图、带形交互图、饼形交互图、箱形交互图、误差条形交互图、直方交互图、散点交互图……

④ 与其他软件的联接

SPSS 能打开 Excel、DaBase、Foxbase、Lotus1-2-3、Access、文本编辑器等生成的数据文件。SPSS 生成的图形可以保存为多种图形格式。现在的 SPSS 软件支持 OLE 技术和 ActiveX 技术。SPSS 还有内置的 VBA 用户语言,可以通过 Visual Basic 编程来控制 SPSS。

⑤ SPSS 的统计功能

SPSS 的统计功能是 SPSS 的核心部分,利用该软件,几乎可以完成所有的数理统计任务,如样本数据的描述和预处理、假设检验(包括参数检验、非参数检验及其他检验)、方差分析(包括一般的方差分析和多元方差分析)、列联表、相关分析、回归分析、对数线性分析、聚类分析、判别分析、因子分析、对应分析、时间序列分析、可靠性分析等。

(3) Clementine

Clementine 是 SPSS 公司所发行的一种数据挖掘工具,它为用户提供了功能强大易用的数据挖掘工具平台。

Clementine 包括 6 个节点区:源数据节点(Sources)、记录处理节点(Record Ops)、字段(变量)处理节点(Field Ops)、图形节点(Graphs)、建立模型节点(Modeling)、输出节点(Output)。

用户建立模型的过程就是把各个节点区的节点以连线的方式连在一起。具体来说,它具有以下特点。

① 功能强大且易用性高

- 通过连接节点的方式建立模型,不需要编程就可以完成数据挖掘模型的建立工作,从而可以将精力更多地集中于应用数据挖掘解决具体的业务问题。

- Clementine 提供了两种建模方式:简单模式——用户无需做任何设定,系统会按照默认的设置建立模型;专家模式——用户根据自己的需要对模型中的参数进行适当地调整,从而使模型达到最佳效果。

② 卓越的项目管理功能

Clementine 完全遵循 CRISP－DM 标准建立,提供了完善的项目管理功能,可以对数据挖掘从商业理解到结果发布的全部过程进行有效的管理。

- 数据流管理功能:用户可以对当前工作区域内的数据流、数据挖掘模型和数据挖掘结果进行有效的管理。
- 项目管理功能:用户既可以按照 CRISP-DM 的六个阶段对相关项目文件进行管理,也可以按照数据流、节点、数据挖掘模型、结果和其他的方式对数据挖掘项目进行有效管理。

③ 高度的灵活性和可扩展性

- 开放的数据库接口——几乎支持全部的关系型数据库,可通过 ODBC 从数据库中读取数据,它提供了 SPSS Data Access Pack,可以与大多数主流数据库(如 IBM DB2、Oracle、Sybase、SQL Server 等)直接连接,也可以通过第三方提供的开放 ODBC 接口与其他数据库连接。
- 工具扩展功能——提供了 CEMI(Clementine External Module Interface)技术,可以把其他模型、数据准备、结果展示等功能集成到 Clementine 中。

④ 具有针对性的数据挖掘模板

SPSS 公司在成功运作大量数据挖掘项目过程中,积累了丰富的数据挖掘经验,并将它整理成数据挖掘模板,使用户可以通过成型的数据挖掘模板充分利用 SPSS 成功的数据挖掘经验。

【思考与训练】

1. 什么是数据分析? 数据分析过程由哪几部分组成?
2. OLAP 分析包括哪些内容?
3. 相关分析由哪些类型,其分析步骤是什么?
4. 趋势分析法的内容包括哪些?
5. 聚类分析的主要步骤是什么?
6. 经营分析 PPT 的制作技巧是什么?
7. 经营分析中图形制作的步骤是什么?
8. 收集某企业近三年的生产经营数据及行业发展数据,运用适当的数据分析方法进行分析,并绘制相应的图表。

项目五　实施专项经营分析

项目目标

◇ 掌握大用户的概念、衡量标准和基本特征
◇ 熟知大用户分析的主要内容
◇ 熟知潜在大用户的内涵及其开发要领
◇ 理解营销管理流程四个环节及其分析内容
◇ 熟知竞争分析的主要内容

任务一　大用户专题分析

一、大用户概述

1. 大用户的概念

什么是大用户？是规模大的用户吗？是一定不能失去的用户吗？是能够给我们带来最大利润的用户吗？是我们希望员工给予尽可能关照的用户吗？是让我们付出额外努力的同时能得到额外收益的用户吗？是能将我们的公司引向期望方向的用户吗？事实上，大用户通常有一些标准。

◇ 他们占据了公司利润收益的很大一部分。
◇ 他们对公司目标的实现有着至关重要的影响。
◇ 他们的离去将严重影响公司的业绩。
◇ 他们与公司的关系长期且稳定。
◇ 他们对公司未来业务的拓展有着巨大的潜力。
◇ 公司在他们身上花费了大部分的时间。

综上所述，大用户就是指对产品(或服务)消费频率高、消费量大、利润率高而对企业经营业绩能产生一定影响的重要客户，而除此之外的用户群则可划入中小用户范畴。不同的用户对企业的利润贡献差异很大，20%的大用户贡献了企业80%的利润，因此企业必须要高度重视高价值客户以及具有高价值潜力的客户。

企业不应把以下几类用户视为大用户,这些都是“假大户”:一是不要把偶然大量消费的团购用户理解为大用户,因为他们未必是企业可持续获利的源泉;二是不要单纯把需求量大的重复消费用户视为大用户,而忽略其利润提供能力、业绩贡献度;三是不要把盘剥企业的“扒皮大户”视为大用户,这类用户对企业来说可能不具备长期维护的价值。

2. 大用户的特征

大用户除具备商业用户的基本特征之外,还具备其自身显著的特征。

(1) 大用户购买频繁或单次数量多

大用户喜欢采用集中购买的方式采购生产和运营的必需品,与供应商签署长期间歇性的供应合同,从这点我们就不难从商业用户群中找出大用户。

(2) 大用户购买决策程序复杂

首先,增设新业务、合并、收购使用户的需求和数量都随时发生着变化。其次,大用户对于生产原料或运营必需品采用集中、直接购买的方式,大用户同时会向多家销售企业询价,熟悉市场环境和行情后,大用户拥有了更多的向卖方讨价还价的机会。最后,随着产品技术变得越来越复杂,大用户的购买程序里会有更多部门和人员参与采购决策。

(3) 大用户采购的集中性很强

大用户经常召开行业内的供应商会议,进行集中的采购,一是供应商集中利于行业内统一价格调整,二是可以就一些个性化定制的要求进行探讨,三是为了控制上游供应商的出货,以制约竞争对手产量。

(4) 大用户服务要求很高

大用户的服务要求很高,涉及面也很广,尤其表现在财务支付要求、供货周期及运输要求上。大用户的生产流程要求严格、品质要求较高,售后服务也是其较为关心的方面。在一般情况下售后服务的优劣都直接纳入企业的供应商评估体系中,作为重要指标进行考查。

(5) 建立长期关系是大用户的首要采购意愿

因为采购工作频繁,采购管理制度化,生产供给保障严格,所以大用户希望供应渠道相对稳定,在进行采购时往往表现出长远考虑的迹象,甚至以长期合作的思维来要求供应商。

3. 影响大用户购买行为的因素

影响大用户购买行为的因素,主要包括环境因素、组织因素、人际因素和个人因素 4 大类。环境因素,即大用户的外部环境因素,诸如一个国家的经济前景、市场需求、技术发展变化、市场竞争、政治法律等情况。组织因素,即大用户本身的因素,诸如企业的目标任务、购买政策、组织结构、规章制度和购买决策流程等。人际因素。即大用户内部有关部门和有关人员(使用者、影响者、决策者、批准者、采购者和信息控制者)的职权、地位、说服力、影响力以及他们之间的关系等。个人因素,即集团决策中各个参与者的年龄、个性、受教育程度、工作职务和对待风险的态度等。

二、大用户分析内容

◇ 大用户信息分析
◇ 大用户新增流失分析
◇ 大用户升降级分析

◇ 潜在大用户挖掘分析

◇ 大用户业务收入分析

◇ 大用户异动分析

◇ 大用户咨询、查询行为分析

◇ 大用户服务分析

◇ 大用户满意度分析

◇ 竞争对手大用户分析

◇ 大用户排行分析

◇ 大用户忠诚度分析

……

三、潜在大用户分析

1. 潜在大用户的定义

什么是潜在大用户？他们从何而来？潜在大用户就是经过市场调查、预测、分析，具有发展潜力并且已经在消费公司产品或服务的中小用户群体，将来会迅速转化为公司的现实大用户甚至会成为竞争对手争夺的用户。

2. 挖掘潜在大用户的要领

(1) 把时间用在刀刃上：整理公司用户档案，找到能够为企业创造更多价值的用户，然后对他们进行重点出击。

(2) 准确衡量用户：准确衡量用户价值的标准应该有其社会地位和身份，更重要的指标是用户对公司利润贡献的大小。

(3) 寻找隐蔽的价值：既然是潜在用户，可能是它给公司带来的贡献较隐蔽，短期内如不仔细观察则较难发现。所以需要销售人员在对用户资料进行分析时一定要够关注、够仔细，去发现每一个可能的机会。

(4) 大、中、小一个都不能漏掉：不能因为保住大用户而放弃发展潜在用户，更不能因为一味发展潜在用户而忽略了大用户，潜在用户可以通过发展成为大用户，大用户也可能会因为自身的发展而变成中小用户甚至离开。要保住市场，必须在维持现有用户关系的同时，不断开发潜在大用户。

大用户并不是绝对的，用户的大小永远是变动的。如今的大用户是从当年的中小用户发展而来的，目前的中小用户也很可能会成为我们将来的大用户，即潜在的大用户。

任务二　营销专题分析

企业营销管理流程可以归纳为分析(Analysis)、策划(Plan)、执行(Do)、评估(Evaluate)四个环节，简称 APDE 环。市场营销分析落实在营销管理流程中各环节的分析工作，合称为营销分析，各环节有不同的分析内容和侧重，如图 5-1 所示。

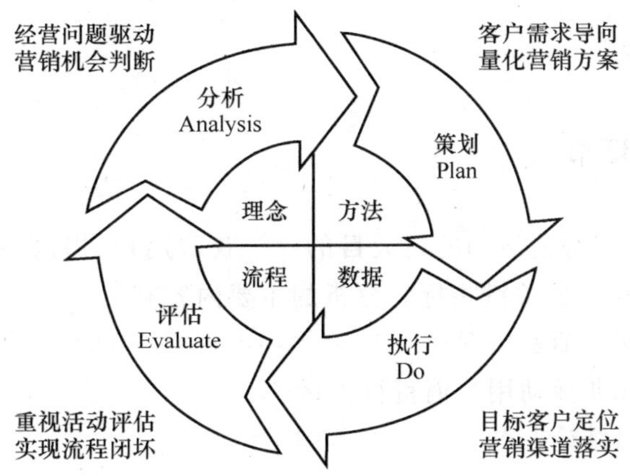

图 5-1　企业营销管理流程的 APDE 环

一、分析(Analysis)环节

根据企业某阶段经营分析反映出来的问题,企业面对的热点经营问题,新技术或竞争引发的问题,在了解用户需求的基础上,判断营销机会,是分析阶段需要完成的工作。分析的主要内容有:

- 分析现状,发现问题;
- 识别各种影响因素;
- 识别营销机会;
- 确定营销目标。

二、策划(Plan)环节

根据营销机会的判断,并在一定目标用户群范围内,策划营销活动,并根据用户消费行为和特点分析,确定营销活动的对象、形式、框架以及参数的取值范围,完成营销策划阶段工作。分析的主要内容有:

- 用户消费特点;
- 营销参数设计;
- 目标用户群定位;
- 活动范围与时间。

三、执行(Do)环节

营销执行中经营分析的主要工作是根据目标用户群的特点制定一定规则,并将此规则用于潜在用户群,从而落实目标用户清单,并通过派单指导一线营销人员的营销执行工作。分析的主要内容有:

- 目标用户名单派单;

- 营销试点；
- 营销指导和监督。

四、评估(Evaluate)环节

营销评估一般是根据营销活动的三大目的——获取用户、提高 ARPU、用户保持，来设计相应分析内容，确定相应的关键指标。分析的主要内容有：

- 对比活动用户前后消费情况；
- 对比活动用户和非活动用户消费行为；
- 对营销效果做出结论；
- 下一步优化建议。

【专题案例】2016 年中国卷烟市场营销形势分析

近年来，工商年末卷烟库存逐年增长。至 2015 年，商业年末库存量达 320.77 万箱，同比增加 79.55 万箱；工业年末库存量达 345.83 万箱，同比增加 45.65 万箱；工商库存合计达 666.60 万箱，同比增加 125.21 万箱。创历史新高的工商库存，必然将给 2016 年全国卷烟营销工作带来更大挑战。

由于工商企业在利益诉求上存在差异，供需矛盾在当前复杂严峻的形势下进一步加深：一是部分地区的货源组织和投放政策向地产烟过分倾斜，供过于求、供非所求的矛盾突出；二是在销量增长空间有限的形势下，计划资源的调节作用未充分发挥，企业对中低端产品的合作生产意愿不强，部分地区适销货源紧缺；三是受计划资源和工业产能限制，部分畅销品牌规格难以充分满足市场需求。

根据全国卷烟市场直测网络的采集情况，2015 年前三季度价格指数基本在 96.1～96.8 之间波动，在 1 月、5 月、9 月形成三个价格指数高峰，但四季度以来价格指数下降明显，跌至 96 以下，且一直低于 2014 年同期，卷烟零售价格持续疲软，如图 5-2 所示。

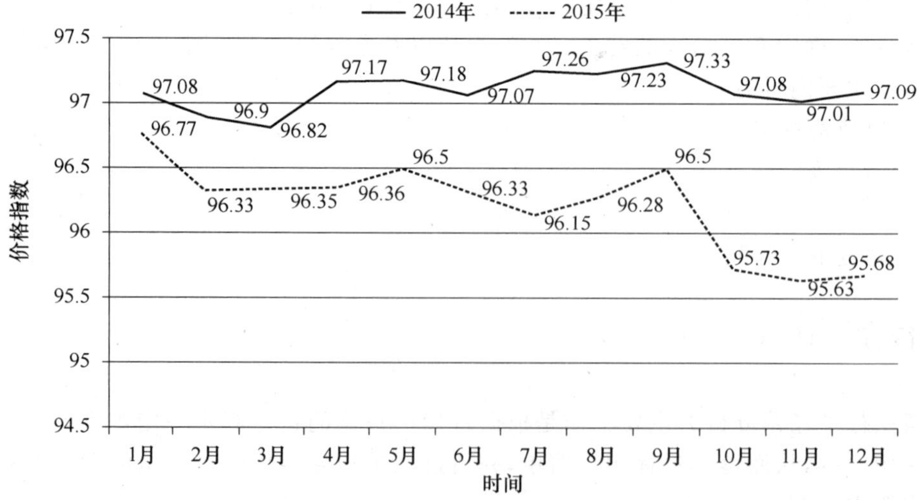

图 5-2　2014 年、2015 年全国整条卷烟零售价格走势

根据全国卷烟市场直测网络对前100个在销规格(共29个品牌,销量占比超过70%)的监测数据显示,2015年全国卷烟社会库存走势始终处于超过210万箱的较高水平,最高达229.6万箱,且各月的社会库存均远高于2014年同期,持续处于高位运行状态,如图5-3所示。

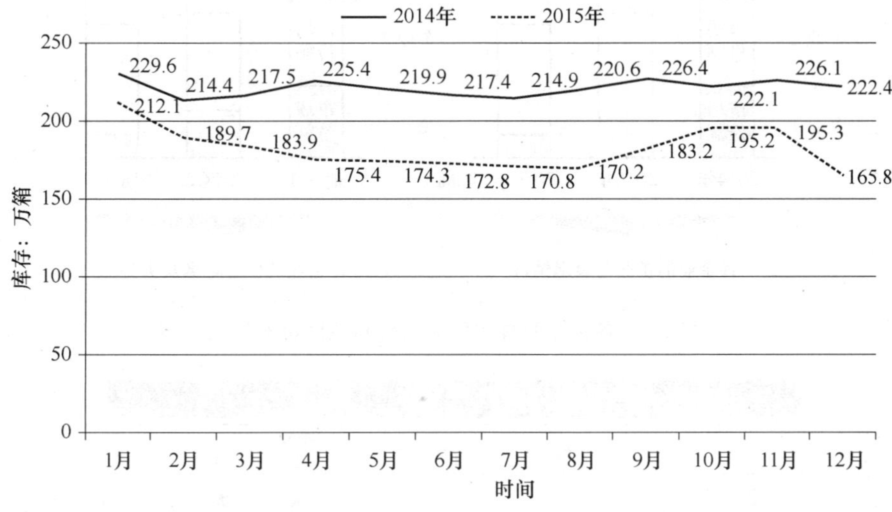

图5-3　2014年、2015年全国卷烟社会库存走势

2015年,部分地区受经济形势下行、流动人口减少等因素影响,卷烟消费需求较弱,零售客户盈利水平下降,经营压力增大,停店歇业增多。全国17个省级市场进货零售客户数同比减少,共减少51 876户。其中,西藏、天津同比减少25.41%及10.37%;四川、黑龙江减少7 000户以上,山东减少10 433户。

任务三　竞争专题分析

企业要完成全面系统的竞争分析,除了利用网关信息外,还要结合情报系统获取外部竞争数据。但目前,由于外部数据不完整、非连续等特殊性,外部情报数据还不适合植入数据仓库,所以依据数据仓库开展竞争分析的重点还是放在网关信息的利用上,但从发展趋势来看,结合两方面的数据源进行深入分析,将成为竞争分析的发展趋势。竞争分析内容主要包括市场分析、渠道分析、产品创新分析、竞争实力分析等。

一、市场分析

市场分析是对市场规模、位置、特点、市场容量及吸引范围等调查资料所进行的经济分析。市场分析内容主要包括商品分类销售实际分析、地区类别市场动态分析、新产品市场销售分析、消费者购买类型销售分析、销售费用分析等。市场分析通常采用对比分析的方法,研究本企业的市场竞争地位,以及影响消费者购买的因素,如图5-4、图5-5所示。

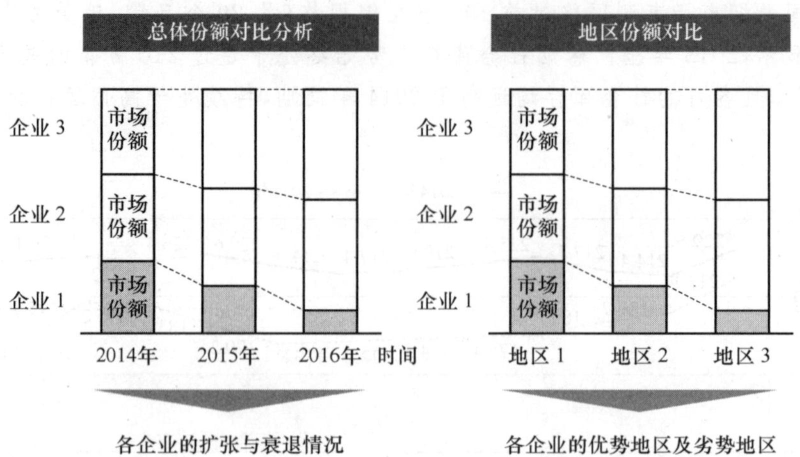

图 5-4　各企业的总体份额比较和地区份额比较

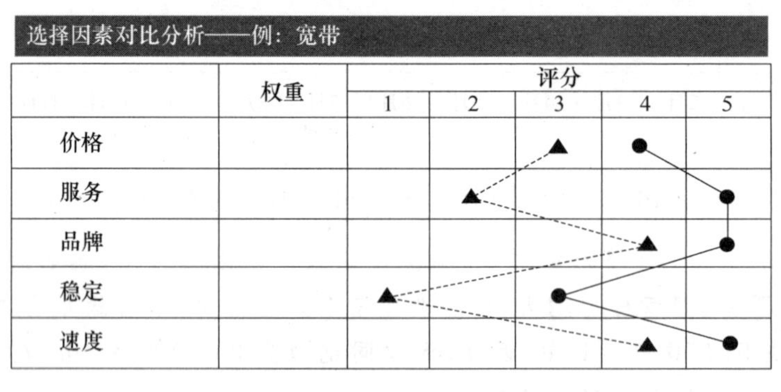

图 5-5　消费者选购因素评价在各企业比较

二、渠道分析

渠道分析主要在于研究本企业营销渠道的市场地位和面临的形势，渠道激励政策与影响因素，以及渠道的需方缺口和供方缺口，以便于及时采取措施制定相关策略，有效地满足消费者需求。

1. 渠道形势分析

渠道形势分析的核心是比较本企业与目标竞争对手在货物周转、市场覆盖度和成本变动趋势等方面的差别。在分析渠道形势时，除了要搞清自身的情况外，更重要的是了解到主要竞争对手使用的渠道种类以及每条渠道的市场份额，并将这些数据与自身情况对比，以便知道每条渠道的相对获利能力、渠道种类的增长速度以及市场覆盖率，如图 5-6 所示。

2. 渠道激励分析

在中国目前产品同质化十分严重的环境下，维持企业业绩主要依靠的是企业之间的渠道竞争。如何利用渠道激励策略开发和维持更多的用户，构建以企业为主导的营销价值链，是决定企业能否脱颖而出的核心利器。渠道激励就是渠道领袖对其他渠道成员激发鼓励、调动其热情和积极性的行为。

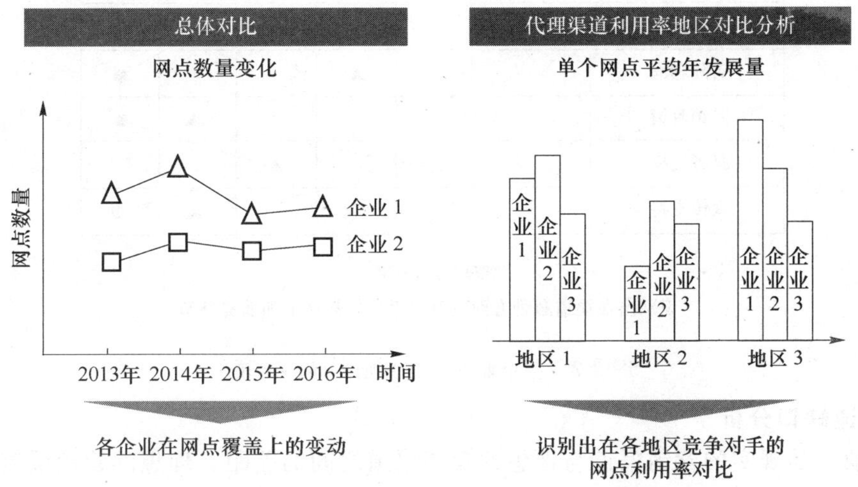

图 5-6　各企业网点变化和各地区网点利用情况比较

不管各个企业的策略有何不同,渠道竞争的加剧已是不争的事实,现在的企业不能像过去那样只管向经销代理商出货就可以了,为了使产品增加与消费者见面的机会,企业必须激励和管理好渠道上每个层级的中间商,而在对消费者举办促销活动时,更需要各级成员的积极响应与支持配合方能取得成功。企业进行渠道激励的主要方式有以下几个。

(1) 目标激励。这是一种最基本的激励形式。企业每年都会给分销渠道成员确定一个年度目标,包括销量目标、费用目标、市场占有目标、盈利目标等,完成目标的分销商将会获得相应的利益、地位以及渠道权力。所以,目标对于分销商来说,既是一种巨大的挑战,也是一种内在动力。在目标确定方面,企业往往存在"失当"的问题,大多表现为目标过高的倾向,而过高或过低的渠道目标都不能达到有效激励的效果,过低了轻而易举,过高了遥不可及。因此,要制定科学合理的渠道目标,必须考虑目标的明确性、可衡量性、挑战性、激励性以及可实现性特征。

(2) 渠道奖励。这是企业对分销商最为直接的激励方式。渠道奖励包括物质奖励和精神奖励两方面。其中物质奖励主要体现为价格优惠、渠道费用支持、年终返利、渠道促销等,实际上就是"Money",这是渠道激励的基础手段和根本内容。而精神激励包括评优评奖、培训提升、旅游考察、助销、决策参与等,重在满足分销商成长的需要和精神的需求。

(3) 工作设计。这是比较高级的激励模式。工作设计的原义是指把合适的人放到合适的位置,使他们开心,使他们能够发挥自己的才能。这一思想用在渠道领域,则是指企业合理划分渠道成员之经营区域(或渠道领域),授予独家(或特约)经营权,合理分配经营产品之品类,恰当确立和定位各渠道成员的角色和地位,建立合作伙伴关系,实现共进双赢。

不同的分销商由于各自的目标不同,对于渠道激励的各个因素就有不同的看法和侧重。同时,相对竞争对手而言,要分析在激励因素上各自的强弱状况以及本企业的薄弱环节,如图 5-7 所示。

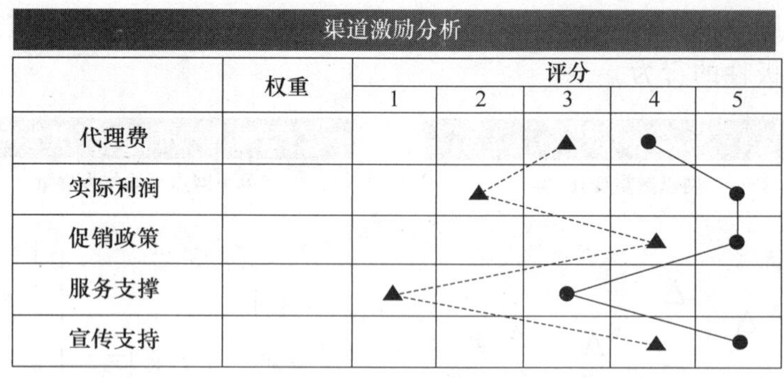

图 5-7 各企业在渠道激励方面的比较

3. 渠道缺口分析

渠道缺口是现实的营销渠道与理想的营销渠道之间的差距。理想的营销渠道是既能满足消费者或用户的需要，又能以最低的成本发挥渠道功能的营销渠道。将理想渠道作为一个参照点，与企业现有的营销渠道比较，找出差距并进行改进。渠道缺口分析的基本架构，如图 5-8 所示。

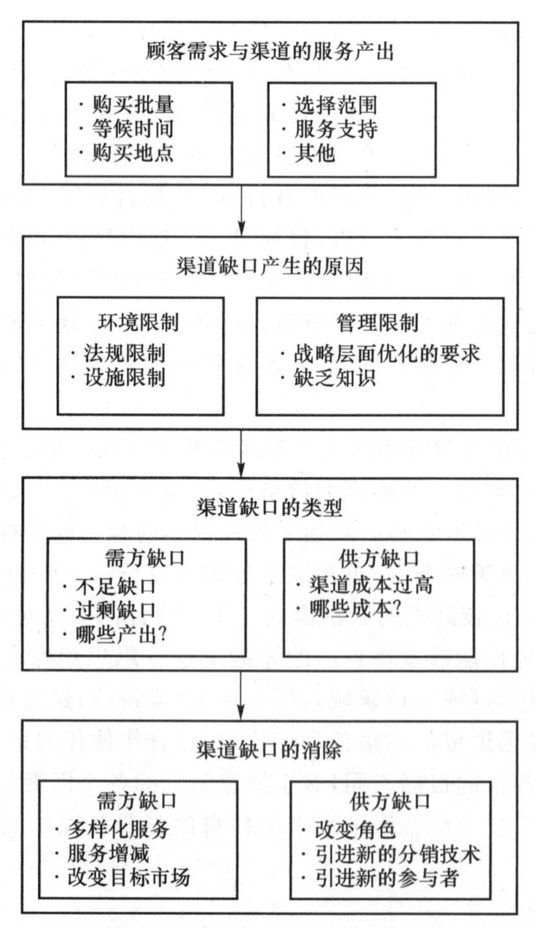

图 5-8 渠道差距分析框架

（1）顾客需求与渠道的服务产出

对渠道的顾客需求和提供的服务产出体现在购买方式上。购买批量是渠道允许顾客购买的最小单位；等候时间是顾客从订货或在现场决定购买以后到拿到货物的等待时间；空间便利是顾客购买产品的容易程度；服务支持是渠道为顾客提供的各种附加服务，包括送货、安装、维修和提供购买信息等。

（2）渠道缺口产生的原因

渠道缺口产生的原因包括两个方面：一是环境限制，如一个国家的法规对于企业商业行为的某些限制和一个地区营销渠道的基础设施对于企业渠道建设理想渠道的限制；二是管理限制，如企业的战略目标、发展战略、资源配置以及知识和经验的限制。

（3）渠道缺口的类型

渠道缺口包括需方缺口和供方缺口两大类。

需方缺口产生于需求方，是由渠道提供的服务与消费者或用户要求的服务之间的差距造成的。需方缺口又分为不足需方缺口和过剩需方缺口。不足需方缺口是渠道的服务产出低于消费者或用户对于服务产出的要求；过剩需方缺口是渠道的服务产出高于消费者或用户对于服务产出的要求，也就是渠道为目标市场提供他们不愿意支付的服务产出。

供方缺口就是营销渠道的运行成本太高，说明了企业执行此渠道功能流的成本相对于它带给消费者或用户的利益而言或相对于其他企业执行此渠道功能流的成本而言太大了。

基于渠道缺口分析结果，我们将需方缺口和供方缺口进行组合，形成六种渠道情景，如表 5-1 所示。

表 5-1　基于渠道缺口的六种渠道情景

供方缺口	需方缺口		
	不足缺口	无缺口	过剩缺口
无	S1：消费者或用户的服务需求没有被满足：适合不太挑剔的消费者或用户	S2：既无需方缺口，又无供方缺口	S3：消费者或用户的服务需求被过量满足，适合挑剔的消费者或用户
有	S4：高成本下的服务产出不足：质次价高的服务产出	S5：高成本下的供求平衡；服务产出符合要求，但价格或成本较高	S6：高成本下的过量服务；服务产出超出要求，价格或成本太高

（4）渠道缺口的消除

根据上述分析，寻找到了渠道缺口产生的问题根源，接下来就要研究渠道目标与解决问题的方法，进而消除渠道缺口。

下面提供一个渠道缺口分析的参考模板，如表 5-2 所示。

表 5-2 渠道缺口分析模板

分析内容	渠道服务产出					
	购买批量	等候时间	空间便利	选择范围	服务支持	其他
需方缺口		等候时间过长				
供方缺口		高成本下的服务产出不足				
问题的根源		设备使用率低				
环境与管理限制		环境有一些限制				
期望结果		等候时间不超过20分钟				
缩小缺口的方法		沟通、宣传、演示和教育				

三、竞争实力分析

1. 竞争地位分析

(1) 企业竞争地位分析需要考虑的因素:①企业战略对企业市场位置的影响;②在竞争关键因素及竞争强势和资源能力的每一指标上,企业与关键竞争对手的比较;③企业相对竞争对手所处的地位;④在行业变革驱动因素、竞争压力下,企业对抗竞争对手、巩固市场地位的能力。

(2) 企业竞争地位涉及的因素:行业竞争分析——揭示了行业中各企业成功的关键因素和区别行业成功者的重要因素;竞争对手分析——提供了判断关键竞争企业强势和能力的信息。

(3) 具体评价指标,包括成本、产品质量、客户服务、顾客满意度、财务优势、技术技能、新产品研发周期,是否拥有对竞争有重要意义的资源和能力。

2. 竞争态势分析

竞争态势分析主要采用的分析工具是竞争态势矩阵。竞争态势矩阵是通过行业内关键战略因素的评价比较,分析企业的主要竞争对手及相对于企业的战略地位、所面临的机会与风险大小,为企业制定战略提供竞争优势分析工具。竞争态势矩阵是一种加权评分的分析方法,其分析步骤如下。

(1) 首先确定行业中的关键战略因素。

(2) 根据每个因素对在该行业中成功经营的相对重要程度,确定每个因素的权重。

(3) 筛选出主要竞争对手,按每个指标对企业进行评分。

(4) 将各要素的评价值与相应的权重相乘,得出各竞争者在相应战略要素上的相对竞争力强弱的加权评分值。

(5) 加总得到总加权分,比较总加权分就可以确定处于竞争能力最强和最弱地位的公司,找出被评价公司之间的竞争优势的差异。

3. 核心竞争力分析

核心竞争力是企业在竞争中拥有的比其他企业更具有优势的关键资源或活动,它具有竞争对手难以模仿、不可移植、不随员工的离开而流失等特点，它对公司的竞争力、市场地位和盈利能力起着至关重要的作用。核心竞争力可能是优秀技能、技术诀窍、企业的知识管理体系或能产生很大竞争价值的生产能力的一系列具体技能的组合。核心竞争力的产生是组织各个不同部分有效组合的结果，是个体资源整合的结果，植根于技巧、知识和个人的能力。

企业核心竞争力分析，关键在于要进行竞争成功关键因素分析。竞争成功关键因素是指影响企业在市场上盈利能力的主要因素，是企业在特定市场获利所必须拥有的技能、条件或资产。竞争成功关键因素的类型，可能是产品价格优势、产品性能优势，或是一种资本结构和消费组合，或是企业纵向一体化的行业结构等。不同的行业，成功的关键因素会有所不同，如表 5-3 所示。

表 5-3　行业成功关键因素的类型

行业类型	行业举例	成功关键因素
技术类行业	软件开发行业	科研专家、工艺创新能力、产品创新能力、在既定技术上的应用能力、网络营销能力
制造类行业	汽车、家电行业	生产成本低（获得规模经济、取得经验曲线效应）、生产能力利用率高、劳工技能高、产品设计能力强
资源加工类行业	石油、煤炭、造纸	自然资源的控制能力、财务融资能力、成本控制能力
日用消费品制造行业	食品、饮料行业	品质管理、品牌建设、成本控制和销售网络
分销类行业	批发商、特约经销商	强大的批发网/特约经销商网络、公司控制的零售点、拥有自己的分销渠道和网点、低销售成本、快速配送
服务类行业	航空客运、旅游	有利的公司形象/声誉、总成本很低、便利的设施选址、礼貌的员工、融资能力

行业成功关键因素分析主要用来解决顾客选择产品的因素、企业竞争成功具备的资源和能力、企业获得持续竞争优势的因素等问题。成功企业一般在行业主要成功关键因素上都会保持竞争力，并且至少在一项因素上超群，如图 5-9 所示。

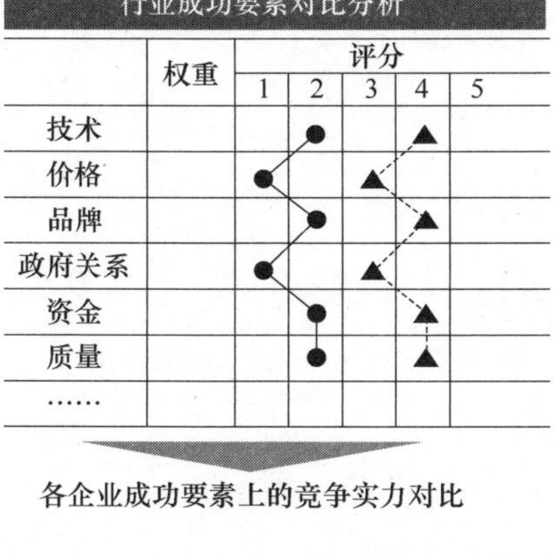

行业成功要素对比分析

	权重	评分 1	2	3	4	5
技术			●		▲	
价格		●		▲		
品牌			●		▲	
政府关系		●		▲		
资金			●		▲	
质量			●		▲	
……						

各企业成功要素上的竞争实力对比

图 5-9　各企业成功要素的对比分析

【思考与训练】

1. 企业大用户具有哪些特征,影响其购买行为的因素是什么?

2. 什么是潜在大用户,如何开发潜在大用户,使其转化为现实大用户?

3. 企业营销管理流程 APDE 各环节的分析内容是什么?

4. 竞争分析的主要内容包括哪些?

5. 营销渠道分析着重从哪些方面进行?

6. 收集某电商企业专题经营分析资料,研究专题分析内容、分析方法、分析重点和分析模式,与综合经营分析相比有何区别。

项目六　编写企业经营分析报告

项目目标

◇ 了解经营分析报告的几种常见模式
◇ 掌握经营分析报告的基本结构
◇ 了解经营分析报告存在的常见问题
◇ 掌握经营分析报告的写作要求和技巧
◇ 掌握经营分析报告写作的金字塔原理

任务一　企业经营分析报告的常见模式

企业经营分析报告的常见模式有很多种，正所谓军无定式、水无常形。内容决定形式，形式服务于内容，当形式经过实践检验被普遍接受后就固化成一种模式。企业经营分析报告的常见模式主要包括金字塔式、综合式、专题式、简报式、工作汇报式等。

一、金字塔式

在撰写企业经营分析报告中，通常采用是金字塔式写作方式。该方法的指导原则有三：一是自上而下形成金字塔(以结论为导向之推论过程，而推论过程之议题论述类似金字塔形状)；二是保证同一组的子观点之间相互独立且属同一范畴；三是每一子观点的论述、观点先行且确定有意义的标题，如图 6-1 所示。

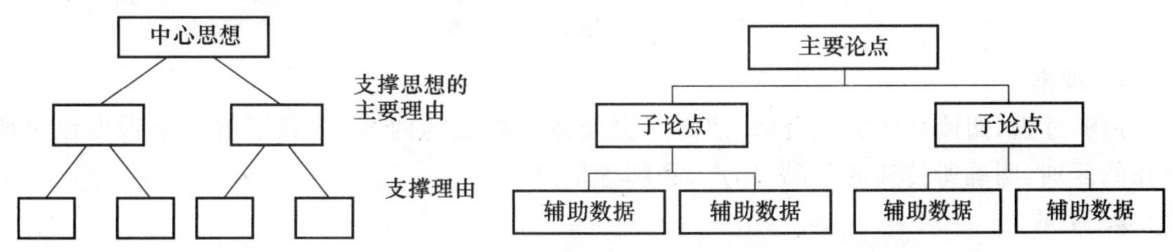

图 6-1　金字塔式的写作结构

二、综合式

综合式写作方式，也称“三部曲”。主要围绕监控动作、解决问题这个目标，采用“通报—分析—问题及打算”三步完成，综合、全面分析企业各方面的经营情况。

综合模式具有中心明确、问题清楚的优点。但也有其不足之处，如形式单一，缺乏吸引力，分析流于形式；可能在这种一成不变的模式中湮没了重点问题和信息等。

三、专题式

随着经济结构的转型升级，传统综合分析模式也伴随着分析会议内容和重点转变，向“专题式分析”转变。专题分析是对企业某一方面或某一问题进行专门的、深入研究的分析模式。它的目标集中，内容单一，不像综合分析那样，要反映事物的全貌。正因为如此，专题分析更要求突破时间和空间的限制，根据领导和社会公众的需要灵活选题，做到重点突出，认识深刻。

四、四步式

四步式写作模式就是采用观察、了解、诠释、解释四个步骤的方法，如图 6-2 所示。

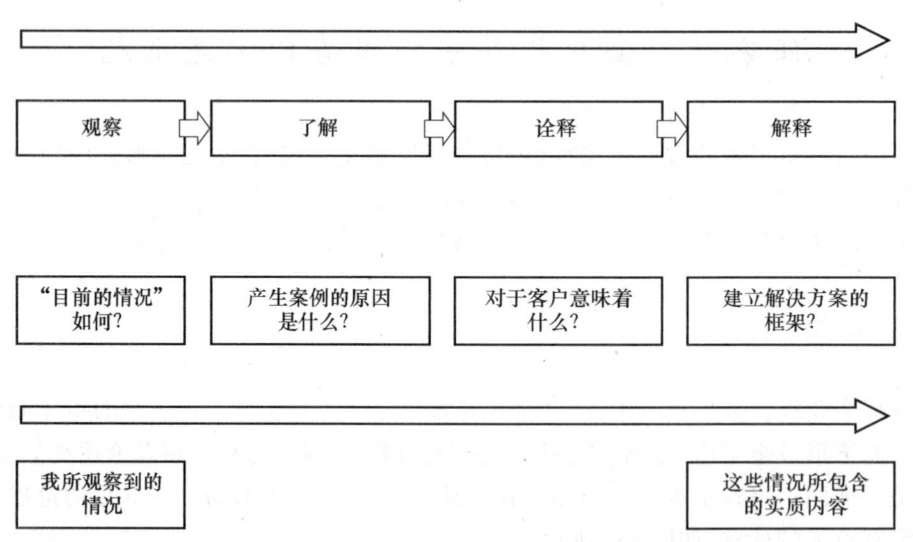

图 6-2　四步式的写作结构

1. 观察

追溯过去，阅读具体文献资料，清楚所提及或未提及的内容，注意了解诉求程度以及所存在的区别，明确所传递的产品、用户、品牌等信息。

2. 了解

通过分析相关资料，挖掘分析对象与消费者之间存在关系的实质，以及关系是如何形成的;确定分析对象反应特有的结构因素和参考点,如:市场形势、既定标准和产品种类、需求利益等相关的消费者期望值等。

3. 诠释

诠释取决于两个方面:一是经营分析人员的经验和知识。之前在这块市场观察到了什么情况,在其他市场是否发现过相似的情况,直觉是什么,合乎逻辑的解答是什么。二是针对用户的目标,他们提出的问题是否得以解决。这些目标有没有得到实现,解释这些内容的机制是什么,如何改进这些现象,这些对于用户意味着什么。

4. 解释

经营分析报告无论格式如何,都应做到"陈述案例"。描述观察到的情况以及正在发生的情况,采用图解或例证支持报告的观点,逐步引出结论,透过所有现象看到实质。

五、简报式

简报是传递某方面信息的简短的内部小报,具有汇报性、交流性和指导性特点,采用简短、灵活、快捷的书面形式。简报又称动态、简讯、要情、工作通讯、情况反映、情况交流、内部参考等。简报是针对个别事件进行专门分析,侧重于实际问题的解决,存在重局部轻全局的问题。

简报式经营分析报告应重点抓好以下几点。一是抓支点。即抓要害,抓主导,抓全局性、指导性的问题,抓问题的核心和关键。二是抓热点。热点问题不仅是消费者关心的问题,同时也是企业关心的问题。三是抓沸点。沸点应比热点问题更让人关注,因而引起的反响会更大。四是抓亮点。亮点必定是能让人眼睛一亮、为之一振的事情。五是抓材料。简报内容必须保证绝对真实、准确。否则,就会造成不良后果。六是简明扼要,一目了然。简报必须做到简短、明快,用尽可能少的文字说清楚必须说明的问题。七是讲究时效,反应迅速。八是内容实在,不空洞。

六、工作汇报式

工作汇报,就是把企业某一时期已经完成的工作,进行一次全面系统的检查、评价,进行一次具体的分析、研究,看看取得了哪些成绩,存在哪些缺点和不足,有什么经验,如何改进提高。

(1) 工作汇报必须有情况的概述和叙述,有的比较简单,有的比较详细。这部分内容主要是对工作的主客观条件、有利和不利条件以及工作的环境和基础等进行分析。

(2) 成绩和不足。汇报的目的就是要肯定成绩,找出不足。成绩有哪些,有多大,表现在哪些方面,是怎样取得的;不足有多少,表现在哪些方面,是什么性质的,怎样产生的,都应讲清楚。

(3) 经验和教训。为便于今后的工作,必须对以往工作的经验和教训进行分析、研究、概括、集中,并上升到理论的高度来认识。

(4) 今后的打算。根据今后的工作任务和要求,吸取前一时期工作的经验和教训,明确努力方向,提出改进措施等。

任务二　企业经营分析报告的编写

一、经营分析报告的结构

企业经营分析报告的结构，目前没有固定的格式，可以根据实际情况进行灵活处理。一般情况，企业经营分析报告通常由标题、前言、主体和结尾四个部分组成。

1. 标题

标题应当高度概括经营分析报告的主要内容、对象及基本观点，以便影响读者、指导读者正确理解分析报告。企业经营分析报告的标题有单标题和复标题两种。

单标题是将分析的对象、内容及时间写在标题上。如《关于×××公司 2017 年度产品销售情况的分析报告》《×××公司 2015 年度业务经营情况分析》。

复标题的正标题往往标出企业经营分析报告的主旨，点明作者的基本观点；副标题则说明分析的对象、内容及时间范围等。如《完善约束机制，降低经营亏损——×××企业 2016 年二季度经营分析》。

2. 前言

前言即经营分析报告的开头，其写法多种多样，应视具体情况灵活掌握。有时单独采用一种，有时几种综合运用。

有的在开头部分简要说明经营分析的时间、地点、对象、内容、范围及方式方法等；有的交代写作目的，说明选题的重要意义，以利于读者了解写作动机，引导读者把握分析报告的重心，正确理解分析报告的基本含义；有的简要介绍分析报告的主要内容；有的点出作者的基本观点；有的介绍分析对象的基本情况；有的提出问题，引起注意等。

3. 主体

主体是企业经营分析报告的主要部分。在此部分，需要围绕选题，明确取得的主要成绩和经验做法，分析存在的主要问题及原因，并提出相应的改进措施与建议。这部分内容要有情况、有数据、有观点、有分析。

主体部分的结构安排有纵式结构和横式结构两种。纵式结构是按照事物发生、发展的时间顺序或人们认识发展的规律，层层递进，依次安排布局，适用于事理明了、内容单一的专项分析报告。横式结构则是根据分析内容的性质，划分成几个方面或问题，循着某一逻辑关系并列安排布局，适用于综合性分析报告。如《×××公司××年上半年市场营销分析报告》的主体部分，根据分析内容的性质，分成“营销基本情况、市场竞争分析、产品/业务分析、用户价值分析、营销渠道分析、问题与建议”六个部分。每一部分又分解为若干个小部分，比如对用户价值分析部分，可分成“用户结构分析、用户流失分析、用户满意度分析”三个小部分，从多个角度分析用户的变化对企业效益产生的影响。

4. 结尾

结尾是经营分析报告的结束部分。其主要作用是总结全文，点明主题，得出结论，揭示问题，提出建议，展望未来，鼓舞斗志，加深认识等。如果在前言或主体部分已得出结论，提出建议，展望未来，点明主题，也就无需画蛇添足，可灵活掌握运用。

二、经营分析报告的常见问题

1. 结构不合理

一是分析过程中逻辑混乱，各小节间的界限不清晰，或枝节旁生、交叉重复，松散无力。二是次序颠倒，缺乏条理，没有按照事物发展的顺序或内在联系有条理地论证，一个问题还没有说完又起另外一个问题等。三是缺乏统领的观点，各子观点之间互不衔接等。

2. 分析缺乏主线

经营分析的维度很多，有产品、用户、区域、时间等。常见的缺陷是分析维度缺乏主线，同一个论题从产品、用户、区域等维度平等切入，各维度还深入到非常细的分析粒度，看起来面面俱到，实际上是没有主线，没有找到问题的关键影响因素，让读者不知所云。

3. 标题无吸引力

很多经营分析报告的标题都比较呆板，冠以“××对比分析”“几点看法”“××情况”“××调查”等标题，虽然如实反映了分析报告的内容，但缺乏变化，难以吸引受众的注意力。

4. 从数据到数据

经营分析报告看起来更像是一份数据分析报告，罗列了大量的数据图，但缺乏对数据背后的经营问题的调研、总结、推断。如通信公司只知道收入下降了，但说不出到底是资费因素、话务量因素还是别的什么因素的影响。

5. 前后脱节

最常见的现象是前面的分析和后面的策略建议完全没有关系，策略建议不是针对前面的分析结果而是根据业务经验得出来的。

6. 表达不准确

一是措词不当，用一些含糊的模棱两可的说法，无法指导具体的工作。二是通篇都是图，缺乏必要的说明，没有总结和提炼。三是简单地展示数据表，没有转化成更有表现力的图形。四是选用的图形不当，该用折线图时用了条形图等。

7. 指标使用不当

选用指标不当，如分析某个产品的发展速度指标（增长率）时，如果发展速度特别高，就要看看它对应的水平指标，如果是基期非常小，单纯突出发展速度没有太大意义。

8. 妄下结论

没有极其充分的数据支持就给出结论，往往导致以偏概全，结论错误。例如，仅根据1～2个指标就下结论，仅根据一些定量数据或表面现象就下结论，更有甚者，结论和分析脱节，没有分析论证的支持。

三、经营分析报告的撰写要求

1. 经营分析报告的撰写技巧

经营分析报告讲究文字简洁有力，好的标题和小结应做到确切、新颖、简洁。分析报告撰写过程中，应把握好以下几点实用技巧。

（1）多用说明论点、事实的话语

例如：

- “移动数据业务大有可为”——说明事情的同时还摆明了论点，更能吸引读者的注意力。
- “关于移动数据业务发展潜力的调查”——只交待了报告所涉及的内容。

(2) 适当采用提问的形式

例如：

- “用户为什么离网”——提出问题，能引起读者的疑问和悬念。
- “用户离网情况分析”——平淡很多。

(3) 用具体的事实

例如：

- “我公司8月非话音收入突破×××万元大关”——具体的数据更有说服力。
- “我公司8月非话音业务收入大增”——显得很抽象，缺乏真实感。

(4) 用对比的方法

例如：

- “我公司收入进度排名由第12上升到第6”——运用对比把前后期的不同情况突出反映出来了，能鼓舞士气，提高读者阅读的兴趣。
- “我公司收入进度排名第6”——说明了当前的情况，对读者的吸引力明显较弱。

(5) 适当运用比喻

例如：

- “各运营商逐鹿高校”——用“逐鹿高校”来比喻各运营商的激烈竞争，文字简洁、干净利落。
- “各运营商在高校市场展开了激烈竞争”——常规套路，平淡无奇。

2. 经营分析报告的撰写要求

(1) 主题要突出。主题是经营分析报告的中心思想或基本论点，贯穿于全文，是文章的灵魂与统帅。分析报告要根据目标任务要求，抓住要解决的主要矛盾及矛盾的主要方面，开展分析工作。

(2) 材料和观点要统一。经营分析报告必须以数据资料为依据，但不能搞资料堆砌，要用数据资料来说明观点。这就要求编写经营分析报告必须处理好材料与观点的关系。数据资料要支持报告所说明的观点，而观点要依据数据资料，做到材料与观点的辩证统一。

(3) 判断推理要符合逻辑。经营分析报告的准确性，不仅是运用的数据要准确可靠，而且要准确地说明企业业务经营的本质和发展变化的规律。这就要求编写经营分析报告要在数据资料的基础上进行深入分析，运用推理和判断的逻辑方法。判断和推理的结果，前后不能矛盾，左右不能脱节，要如实反映客观事物的内在联系。

(4) 结构要严谨。经营分析报告内容的组织、构造要精当细密，无懈可击。这就要求首先要思想周密，没有“挂一漏万”“顾此失彼”；其次要组织严谨，没有“颠三倒四”“破绽百出”。因此，结构能否严谨，取决于撰写者思想认识和思路是否清晰、严密。

(5) 语言要生动、简练。经营分析报告的质量高低，首先在于内容正确；其次还要讲究辞章问题。如果用词烦琐，语言不通，词不达意，就不能较好地表述分析的结果。所以，一篇好的分析报告要善于用典型的事例、确凿的数据、简练的辞藻、生动的语言来说明问题。

(6) 报告要反复研究、修改。经营分析报告必须进行反复研究和反复修改，做到用词恰当，符合实际。进行反复研究和修改的目的，是检查观点是否符合政策，材料是否真实可靠，文章结构是否严密，文字是否言简意赅，表达是否准确得当。

四、经营分析报告的展现方法

1. 展现的目的

(1) 经营分析

开展企业经营分析，关键在于解决目前存在的不利于企业发展的问题，提出解决方案，如图 6-3 所示。

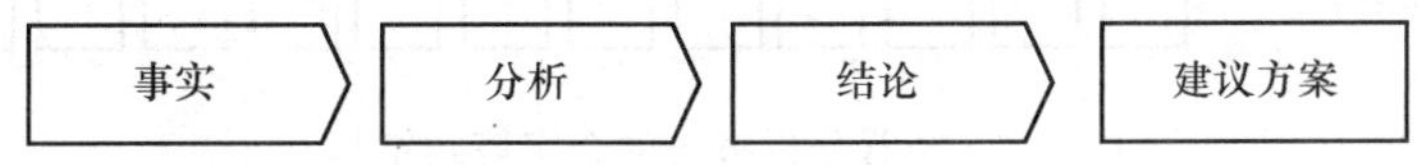

图 6-3　分析在于解决问题

(2) 经营分析报告

编写经营分析报告的目的，在于如何让企业决策层、管理层接受解决方案，沟通解决问题的办法，如图 6-4 所示。

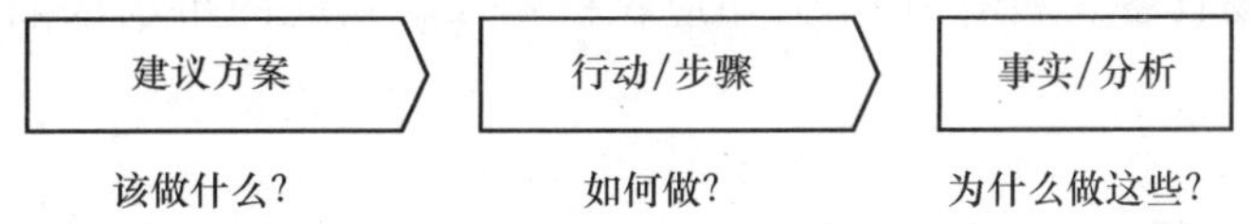

图 6-4　分析报告在于沟通解决问题的办法

(3) 如何进行高效沟通

就经营分析报告与决策层、管理层进行高效沟通，就必须提高沟通效能和沟通效率，明确沟通目标和关键点，如图 6-5 所示。

图 6-5　如何实施高效沟通

2. 展现方法

经营分析报告展现的最好方法是从结论说起。高效的沟通往往是先从结论说起，采用金字塔式结构，这样才能更好地抓住要害，让决策层、管理层快速地掌握分析报告的关键点。比如公司应加强渠道评价，增加企业效益，如图 6-6 所示。

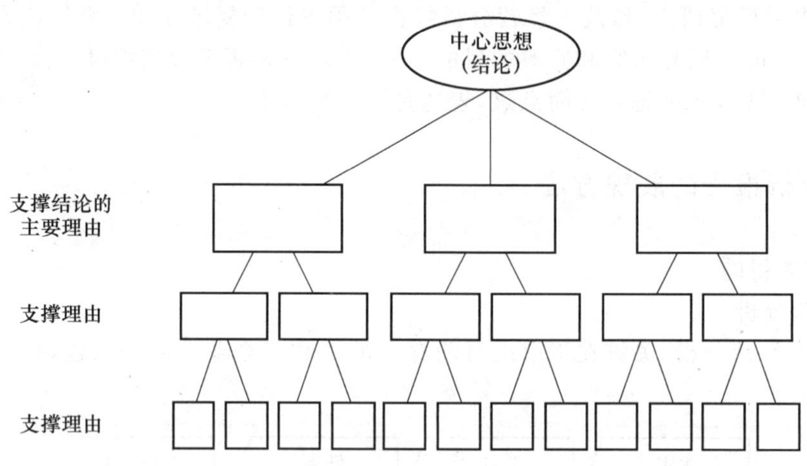

图 6-6　经营分析报告的金字塔式结构

（1）中心思想

中心思想是在经营分析报告中要表达的贯穿全文的核心，是提纲挈领的观点，是通过各种细节来阐明的中心议题。中心思想的要诀是“TOPS”，即：Targeted to our audience（瞄准观众）、Over-arching（周延完整）、Powerful（掷地有声）、Supportable（言之有据）。如本公司在 A、B、C 三个市场具备发展潜力、本公司应积极打入新兴起的市场区隔之中，及早占有优势竞争地位。

（2）逻辑论证

逻辑论证又称演绎论证，是指根据已知为真的判断，通过逻辑推理来确定某个判断的真实性。逻辑论证的结构包括三部分：论题、论据和论证。论题是论证的对象，即真实性需要加以确定的判断。论据是论证的依据，即用来证明论题真实性的根据。大体分为客观事实、科学定义、科学公理，以及科学原理/定理。论证是指运用论据证明论题的方式。逻辑论证的基本架构，如图 6-7 所示。

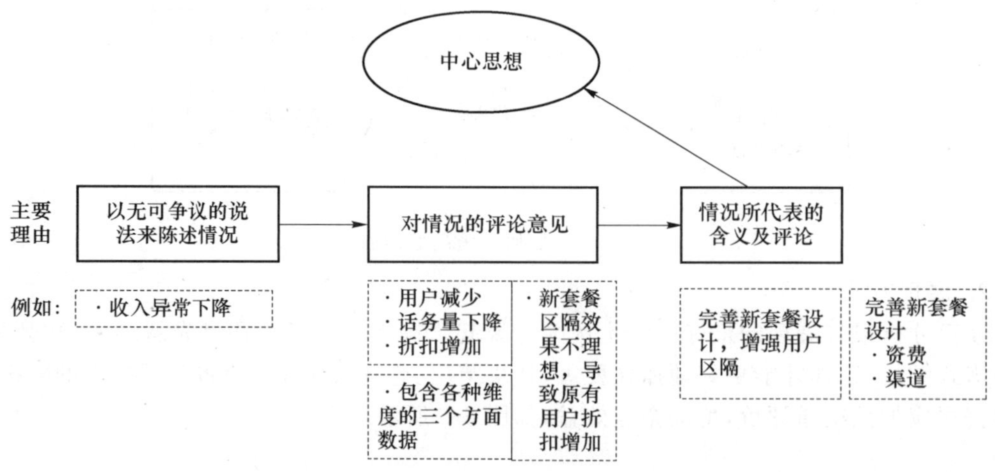

图 6-7　逻辑论证的基本架构

例如，某公司新产品销售不振的逻辑论证过程，如图 6-8 所示。

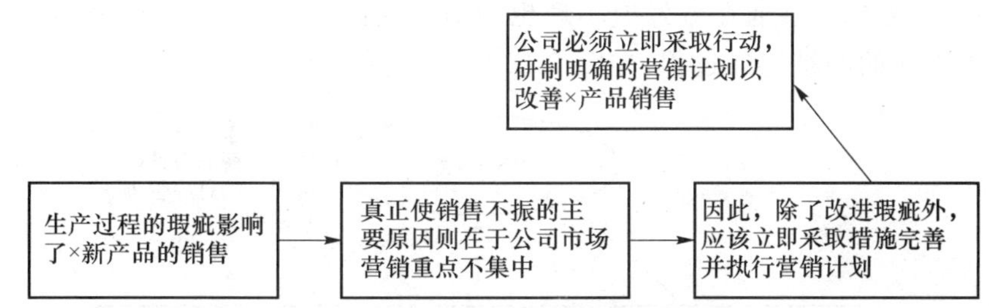

图 6-8　某公司新产品销售不振的逻辑论证

下面，我们列举部分逻辑论证模式，如图 6-9 所示。

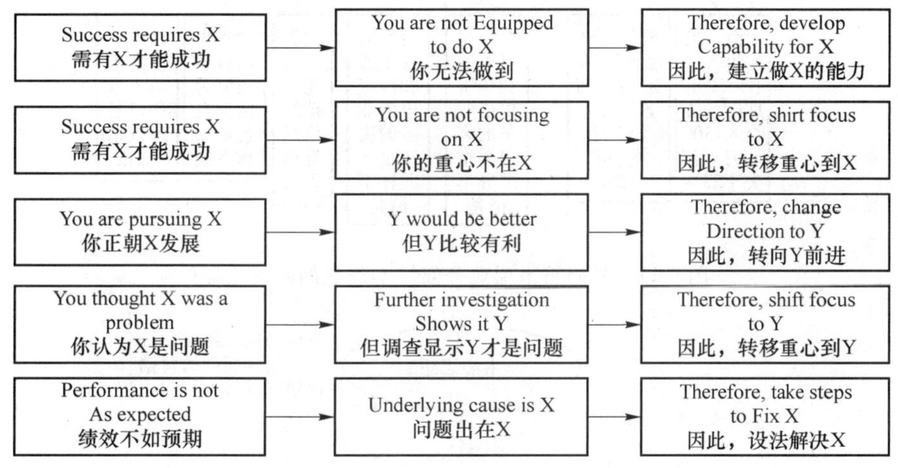

图 6-9　部分逻辑论证模式

逻辑论证的利弊主要体现在以下几点。

- 利：如果没有第二条路可走的话，论证内容的必然走向就是我们的最终结论；这种方式对有拒绝心理的听众尤为有效。
- 弊：如果听众对“情况”或“意见”有异议，该论证即失去了说服力；听众在听到最后的“所以”结论时，先要记忆大量信息。

(3) 归纳论证

归纳论证是通过许多个别的事例或分论点，归纳出它们所共有的特性，从而得出一个一般性的结论。归纳论证的基本架构，如图 6-10 所示。

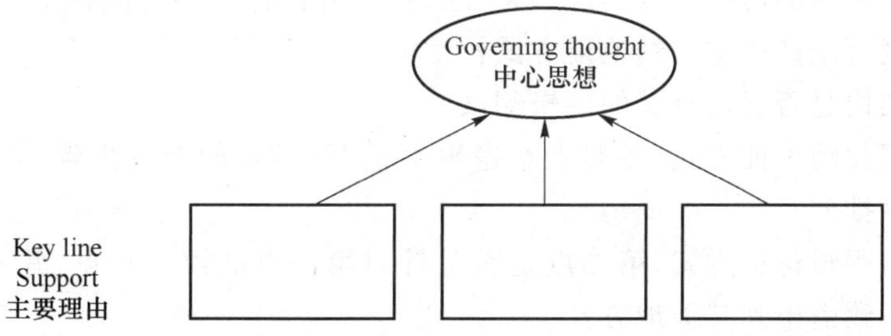

图 6-10　归纳论证的基本架构

例如，某公司号码百事通业务发展不理想的归纳论证过程，如图 6-11 所示。又如，某公司新产品销售不振的归纳论证过程，如图 6-12 所示。

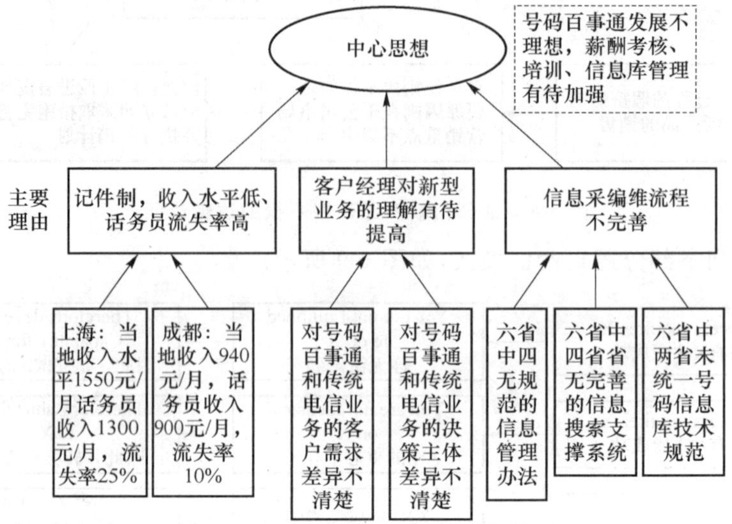

图 6-11　号码百事通业务发展不理想的归纳论证

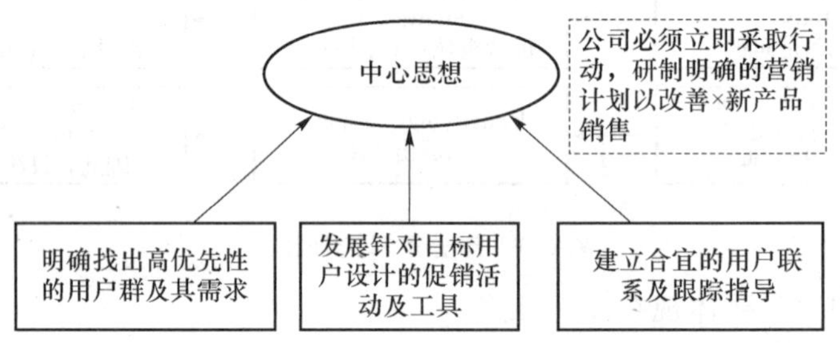

图 6-12　某公司新产品销售不振的归纳论证

归纳论证的利弊有以下几点。

- 利：便于听众记住要点；对注重具体措施的听众极为有效；一点被否定，其余各点仍具说服力。
- 弊：对一些听众可能有勉强之嫌。

(4) 建立企业自己的金字塔

- 我们主要传达的信息（中心思想）是什么？是否符合 TOPS 的标准？
- 是采用逻辑论证还是归纳论证方式？
- 最后的架构是否通过有关的逻辑测试？
- 如果采用归纳论证方式，各要点在逻辑上是否相同，如都是步骤、问题或利益，并按逻辑顺序排列？
- 如果采用逻辑论证方式，第二点是否是针对第一点的评论意见，并一定会引申到第三点且不致引申到其他地方？
- 采用归纳论证或逻辑论证方式的论点，是否刚好支持结论？
- 每一个论点是否只用一次并用在最适当的位置（相互之间具有排他性）？

- 是否提出了支持结论中心思想所需的全部论点(整体而言毫无遗漏)?

(5) 展现方法小结

- 分析报告本身不是目的,成功的沟通才是分析报告的写作目的。
- 从前面说起是分析和思考的过程,从结论说起是“汇报成绩”的最佳方式。
- 要假设听你汇报的上司/客户总是不耐烦的。
- 最好强迫自己至少在两个层面上先说结论。
- 用最少的词句清楚地表达你的最终结论。
- 结论要诀:瞄准观众、言简意赅、掷地有声、言之有据。
- 可先冥想沟通的效果,尽可能地改善,克服修改报告的惰性。
- 用图表说话,以吸引读者的眼球。

【思考与训练】

1. 经营分析报告的基本结构包括哪几部分?
2. 经营分析报告通常存在哪些问题?
3. 经营分析报告写作有哪些要求和技巧?
4. 建设经营分析报告写作的金字塔结构原理。
5. 结合自己熟悉的某企业某一时间段的市场经营情况,运用恰当的分析方法进行系统分析,结合分析结果撰写经营分析报告。

附录　企业经营分析报告范例

附录1　某省通信公司2016年1—9月生产经营分析

一、市场经营情况

1. 服务业务整体情况

公司2016年1—9月公司市场经营总体情况如图附-1、图附-2所示。

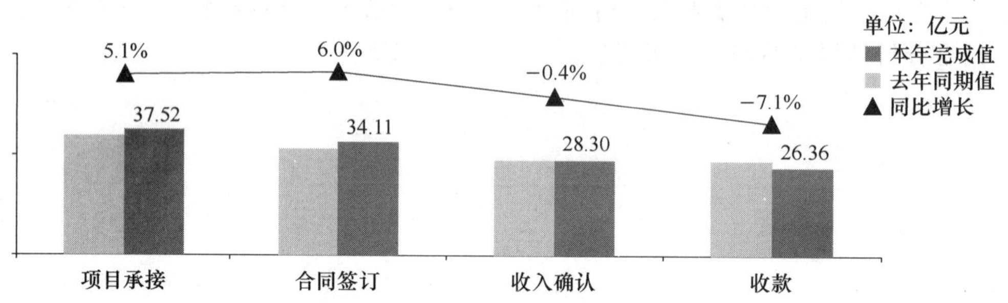

图附-1　主要市场经营指标总体情况

考核指标	服务收入进度	其中：电信外服务收入进度	其中：海外服务收入进度	服务应收账款占收比	新签服务合同占收入比
本年完成	66.8%	72.9%	45.2%	53.3%	1.205
上年同期	69.9%	71.1%	43.1%	45.3%	1.133
对标CCS	76.2%	84.8%	66.9%	38.0%	—
评价	落后	正常	落后	偏高	正常

图附-2　主要市场评价指标总体情况

2016年前3季度，在电信关联交易大幅下滑的影响下，全省主要市场经营指标均受到较大影响；9月在打通关联交易业务流程和完成本年中标合同的录入后，立项和签单的增速有所反弹；但确收与回款滞后的情况没有改善，4季度关账与收款压力依然沉重。

考核指标方面，服务收入当月确收4.12亿元，达到预期目标，但整体进度仍落后全国平均较多；关联交易服务收入当月确收 2.94 亿元，下降幅度有所缓解，但当期应收账款大量增加，带动应收账款占收比同比大幅上升。在关联交易中标项目的合同完成签订后，新签服务合同占收比达到 1.205，4 季度确收空间比较充足。

2. 服务合同签订

2016 年 1—9 月公司关联交易订单下滑，电信外业务支撑增长，如图附-3、图附-4 所示。

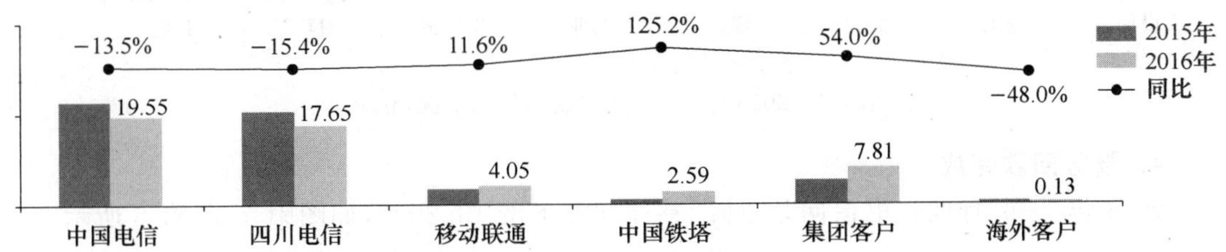

图附-3　2016 年 1—9 月用户线合同签订情况（亿元）

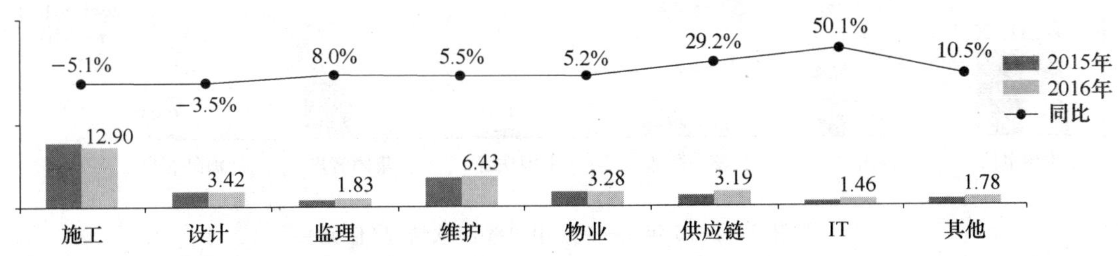

图附-4　2016 年 1—9 月专业线合同签订情况（亿元）

9 月，关联交易合同下滑的趋势有所好转，电信外合同增量势头不减；按目前趋势分析，全年完成集团制定的新增服务合同占收比目标较有把握。从专业线看，除工程和设计专业外，各专业合同存量均较正常，全年收入缺口主要会集中在施工专业。

3. 服务收入确认

2016 年 1—9 月四川电信确收滞后，整体增速放缓，如图附-5、图附-6 所示。

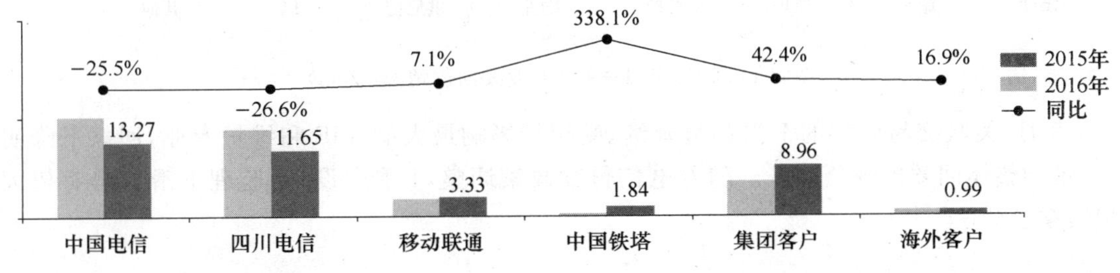

图附-5　2016 年 1—9 月用户线收入情况（亿元）

9 月，在打通系统流程后，来自四川电信收入下降幅度有所缓解，但 TIS、维护业务确收滞后的问题还没有彻底改善。对全省总服务收入进度的影响仍很明显，4 季度确收速度还需进一步提升。电信外服务收入仍保持快速增长势头，前三季度增量达到 4.45 亿，超过全省全年总服务收入的增量目标。专业条线方面，关联交易的 TIS、维护专业同比下降 35％和 18％，带动专业整体下滑。

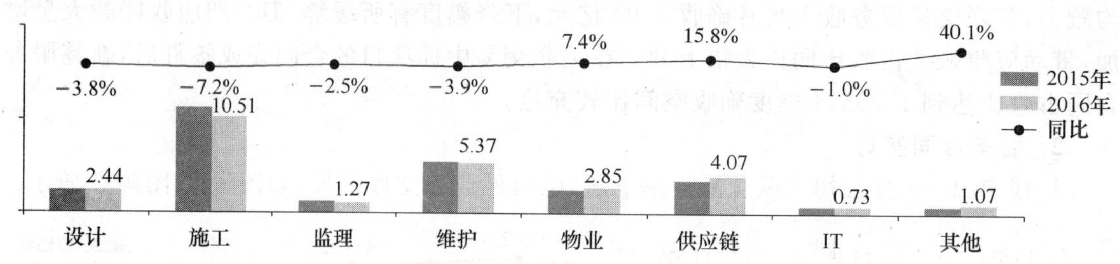

图附-6　2016 年 1—9 月专业线收入情况(亿元)

4. 服务回款完成

2016 年 1—9 月四川电信回款下降,整体回款下滑 13.20%,如图附-7、图附-8 所示。

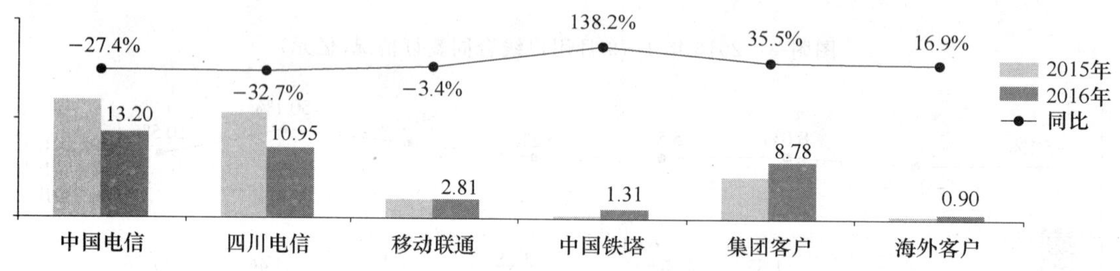

图附-7　2016 年 1—9 月用户线回款情况(亿元)

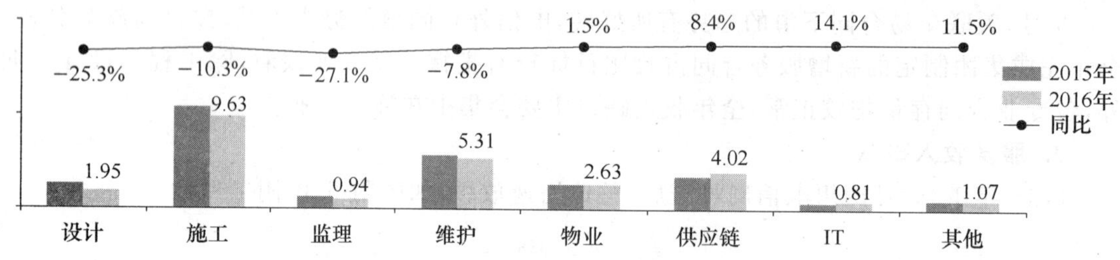

图附-8　2016 年 1—9 月专业线回款情况(亿元)

9 月,关联交易回款的下滑趋势延续,受招标影响最大的 TIS 和维护专业,回款下降明显,带动整体回款出现负增长。随着电信付款政策调整,4 季度设计、监理下滑趋势有望大幅缓解。

二、运营管理工作

1. 9 月各分公司 SOP 系统规范使用评价

9 月各分公司 SOP 系统规范使用评价如表附-1 所示。

表附-1　各分公司 SOP 系统规范使用评价

公司名称	明细项目规范立项	总项目规范使用	预算规范编制	收入合同分摊	合同录入规范（合同归档＋条款＋订单匹配）	业财差异率	ABCD 报表上报及时性	8 月得分
泸州	15	15	15	15	15	15	10	100
自贡	15	15	15	15	15	15	10	100
科技	15	15	15	15	15	15	10	100
内江	15	15	15	15	15	15	10	100
德阳	15	15	15	15	15	15	10	100
眉山	15	15	15	15	15	15	10	100
达州	15	15	15	15	15	15	10	100
资阳	15	15	15	15	15	15	10	100
宜宾	15	15	15	15	15	15	10	100
广元	15	15	15	15	15	15	10	100
物流分	15	15	15	14	15	15	10	99
雅安	15	15	15	14	15	15	10	99
培训	14	15	15	15	15	15	10	99
绵阳	15	15	15	13	15	15	10	98
遂宁	15	15	15	15	13	15	10	98
成分	14	15	13	15	15	15	10	97
巴中	15	15	12	13	15	15	10	95
攀枝花	15	15	9	15	15	15	10	94
凉山	15	15	9	15	15	15	10	94
南充	0	15	15	15	15	15	10	85
乐山	0	15	15	15	15	14	10	84
广安	0	15	15	15	14	14	10	83

注：考核加分线 90 分。

2. 9 月各专业公司 SOP 系统规范使用评价

各专业公司 SOP 系统规范使用评价如表附-2 所示。

表附-2　各专业公司 SOP 系统规范使用评价

公司名称	预算规范编制	收入合同分摊	合同录入规范（合同归档＋条款＋订单匹配）	业财差异率	ABCD 报表上报及时性	8 月得分
美讯达	20	20	20	20	20	100
通建	20	20	20	20	20	100
设计	20	20	20	20	20	100
创立	18	20	20	20	20	98
新华	20	19	20	18	20	97
擎烽	20	20	2	20	20	82
监理	20	12	0	20	20	72

注：考核加分线 90 分。

本月专、分公司的系统规范化操作情况持续提升，未达到90分的公司认真分析原因，严格按照规范进行系统操作。从各公司明细评价来看，监理公司的合同归档指标完成较差，未达到规范化操作要求(当年已完成审批30天未归档合同数/当年已完成审批合同数≤5%)。攀烽公司仍然存在未将订单(子合同)与框架合同进行关联的情况。

本月检查发现广安、南充、乐山分公司存在明细项目打包立项的严重违反操作规范的情况，应尽快整改，电信工程施工类项目必须按照业主委托(派单)进行明细项目立项，除设备、LTE类项目外，不得按照施工订单、施工队的颗粒度立项。

3. 9月四川电信装维服务指标完成情况

9月四川电信装维服务指标完成情况如表附-3所示。

表附-3　四川电信装维服务指标完成情况

公司	电视宽带催修率			宽带障碍修复及时率		
	电视宽带催修率	与本地平均值比较	单指标通服排名	宽带障碍修复及时率	与本地平均值比较	单指标通服排名
攀枝花	0.01%	0.04%	1	99.92%	0.25%	1
宜宾	0.01%	0.02%	1	99.20%	1.08%	4
泸州	0.02%	0.11%	10	98.73%	2.13%	9
雅安	0.01%	0.02%	1	99.21%	1.01%	3
广元	0.01%	0.07%	1	99.03%	5.26%	7
自贡	0.01%	0.02%	1	99.75%	0.65%	2
达州	0.01%	0.02%	1	98.51%	0.68%	10
资阳	0.02%	0.02%	10	99.16%	0.14%	5
乐山	0.01%	0.01%	1	99.13%	1.07%	6
绵阳	0.02%	0.06%	10	98.98%	0.36%	8
遂宁	0.03%	0.00%	13	98.51%	−0.08%	10
眉山	0.03%	0.02%	13	95.96%	−2.58%	18
广安	0.01%	0.04%	1	97.43%	0.65%	17
德阳	0.03%	0.05%	13	97.54%	−0.02%	16
攀枝花(凉山)	0.01%	0.06%	1	98.18%	−0.85%	13
巴中	0.03%	0.04%	13	98.31%	2.59%	12
内江	0.04%	0.04%	17	97.78%	1.78%	14
南充	0.05%	0.05%	18	97.78%	0.19%	14
成都	0.05%	0.02%	18	95.75%	0.42%	19

续 表

公司	电视宽带催修率			宽带装移机履约及时率		
	电视宽带催修率	与本地平均值比较	单指标通服排名	宽带装移机履约及时率	与本地平均值比较	单指标通服排名
攀枝花	0.03%	0.06%	2	99.30%	−0.11%	2
宜宾	0.00%	0.23%	1	99.08%	2.14%	4
泸州	0.12%	0.06%	4	99.31%	0.09%	1
雅安	0.26%	0.00%	13	98.37%	−0.15%	8
广元	0.16%	0.03%	7	98.32%	0.08%	10
自贡	0.29%	−0.01%	15	98.33%	−0.33%	9
达州	0.09%	0.05%	3	97.34%	0.18%	14
资阳	0.24%	0.04%	11	99.17%	0.88%	3
乐山	0.24%	−0.04%	11	97.51%	−0.78%	13
绵阳	0.21%	0.07%	10	98.96%	0.11%	5
遂宁	0.13%	0.02%	5	97.65%	−0.58%	12
眉山	0.14%	0.11%	6	98.52%	0.16%	7
广安	0.26%	−0.01%	13	97.32%	−0.42%	15
德阳	0.18%	0.31%	8	98.13%	0.52%	11
攀枝花（凉山）	0.60%	−0.41%	19	97.16%	−0.72%	17
巴中	0.19%	0.02%	9	96.96%	−0.48%	18
内江	0.33%	0.23%	16	98.68%	1.69%	6
南充	0.38%	0.09%	17	97.17%	−0.85%	16
成都	0.46%	0.01%	18	95.01%	−0.12%	19

四川电信装维服务指标有 4 大部分：电视宽带催修率、宽带障碍修复及时率、电视宽带催装率和宽带装移机履约及时率。电视宽带催修率指标，所有市州电视宽带催修率均优于当地均值。宽带障碍修复及时率指标，攀枝花（凉山）、德阳、眉山、遂宁的修复及时率低于本地均值，眉山公司连续 3 个月该指标落后，应高度关注。电视宽带催装率指标，自贡、乐山、广安、攀枝花（凉山）4 家公司该指标低于当地均值。宽带装移机履约及时率指标，宜宾、泸州、达州、资阳、绵阳、眉山、德阳、内江 8 家公司履约及时率优于当地均值。

总体来看，宜宾、泸州、达州、资阳、绵阳、内江 6 家公司 4 个指标均优于当地均值；成都分公司 9 月改善明显，3 个指标优于本地均值；达州、资阳、泸州、内江 4 家公司的 4 个指标连续 3 个月优于本地均值，持续性良好；攀枝花公司在凉山地区的 4 个指标 9 月均出现恶化，10 月需加强关注。

4. 四川电信8月综合化维护外包光缆专业指标排名

四川电信8月综合化维护外包光缆专业指标排名如表附-4所示。

表附-4　四川电信综合化维护外包光缆专业指标排名

——分支光衰达标率(30分)、中继光缆资源达标率(30分)、本地光缆障碍率(40分)

外包维护单位	服务单位	本月得分	当月排名
四川省通信产业服务有限公司德阳市分公司	德阳	99.37	1
海南通信建设有限公司	德阳	99.29	2
四川省通信产业服务有限公司资阳市分公司	资阳	99.18	3
北京中福通信工程有限公司	达州	99.12	4
威远创业通信有限责任公司	内江	98.98	5
天津京信通信系统有限公司	遂宁	98.94	6
线路自维(江阳)	泸州	98.86	7
重庆市通信产业服务有限公司	攀枝花	98.83	8
四川省通信产业服务有限公司遂宁市分公司	遂宁	98.78	9
四川省通信产业服务有限公司雅安市分公司	雅安	98.53	10
四川省通信产业服务有限公司达州市分公司	达州	98.39	11
四川省通信产业服务有限公司眉山市分公司	眉山	98.35	12
四川省通信产业服务有限公司乐山市分公司	乐山	98.31	13
四川准达信息技术有限公司	雅安	98.21	14
四川嘉弘通信工程有限责任公司	广元	98.13	15
四川省通信产业服务有限公司绵阳市分公司	绵阳	98.17	16
四川省通信产业服务有限公司广安市分公司	广安	97.86	17
四川省通信产业服务有限公司南充市分公司	南充	97.64	18
绵阳钻维通信技术服务有限责任公司	绵阳	97.50	19
四川省通信产业服务有限公司宜宾市分公司	宜宾	97.36	20
四川省那科通信有限责任公司	眉山	97.26	21
四川省通信产业服务有限公司广元市分公司	广元	96.89	22
四川乙万通信网络有限公司(南充、广安、达州)	南充	96.46	23
四川省通信产业服务有限公司攀枝花市分公司(攀枝花、凉山)	攀枝花	96.29	24
四川邮科通信技术有限公司	内江	96.29	24
成都前宏通讯有限责任公司(凉山、乐山)	凉山	96.24	26
四川省通信产业服务有限公司泸州市分公司	泸州	96.09	27
四川省通信产业服务有限公司自贡市分公司	自贡	95.90	28
四川省通信产业服务有限公司内江市分公司	内江	95.75	29
四川省通信产业服务有限公司巴中市分公司	巴中	95.61	30
四川晖宏通信技术有限公司	乐山	95.49	31
云南邮电工和限公司	成都	95.21	32
四川四达通实业发展有限公司	巴中	94.94	33

续表

外包维护单位	服务单位	本月得分	当月排名
广东长实通信科技有限公司	广安	92.85	34
成都西科通信有限公司	自贡	92.82	35
成都技通通信有限公司	广元	91.60	36
四川益明电信工和总承包有限公司	泸州	90.10	37
四川省通信产业服务有限公司凉山分公司	凉山	8.65	38
四川全盛通网络技术有限公司(宜宾、泸州)	宜宾	89.63	39
四川省政通建设有限责任公司	阿坝	85.89	40
甘孜州吉翔通讯有限责任公司	甘孜	81.00	41

在8月的评比中,德阳公司名列全省40家参评单位第一名;资阳、雅安、眉山、乐山、绵阳、广安、南充、宜宾、自贡、巴中10家公司的评价优于本地竞争对手。

5. 全省乐酷手机专项营销活动通报

四川省乐酷手机专项营销活动情况如表附-5所示。

表附-5　四川省乐酷手机专项营销活动情况

"cool1国庆专场营销活动"战果通报

市州	完成率	累计销量	总得分	排名情况
南充	202.50%	81	100	1
泸州	170.00%	34	88	2
达州	190.00%	19	86	3
德阳	190.00%	19	86	3
成都	117.50%	47	82	4
自贡	125.00%	25	80	5
遂宁	180.00%	9	78	6
资阳	113.33%	34	78	7
绵阳	103.64%	57	78	8
雅安	120.0%	18	74	9
眉山	108.00%	27	74	10
宜宾	140.00%	7	72	11
巴中	140.00%	7	72	12
内江	113.33%	17	68	13
广元	100.00%	5	56	14
合计	135.33%	406		

通过专项营销活动,达到了预期效果。本次专场活动为期13天,同期销售终端总量为5 363台,cool1销售量为406台,单品占比达到7.57%;所有市州公司均完成预定目标,总完成率达到135.33%,根据赛前制定的评分规则,绝对值和完成率各占50分,总分值排名前三的为南充、泸州、达州、德阳。

通过这次活动开展，总结经验教训如下。

(1) 经验篇

- 宣传。多种宣传方式(DM单、外呼、自媒体)相结合，广泛宣传和精准宣传结合，预热充足。
- 组织。店外造势、店内首推规定动作执行到位，“人流一客流一业务流”衔接紧密，转换充分。
- 激励。激励兑付及时，群内晒单即可领取红包，炒热气氛、鼓舞士气，提升产品关注度。
- 共享。设置专项活动微信群，以晒照片的方式进行点检，及时分享经验，互通有无，共同提高。

(2) 教训篇

- 物资。厂家物资、物料配送到位不及时，多数市州公司在活动开始后仍未收到宣传物料。
- 培训。产品培训到店不及时，活动前未完成所有门店的产品培训。
- 备货。部分市州公司备货不足，加之国庆期间物流停运，贻误销售时机。

(3) 下步安排

为避免活动后出现销量大幅下滑，继续保持稳定的销售态势，各市州公司要注意以下政策的执行。

- 任务分解。各市州要将cool1销售任务按月分解到门店，按天通报，按周总结，保证总体销量稳定。
- 激励透传。各市州继续保持对店员正负向激励叠加的考核措施，50元/台的后返激励政策继续执行，并结合目标任务叠加考核措施。
- 规定动作。继续保持专柜展陈、进店首推的规定动作，保证终端露出率。
- 加大宣传。各市州要继续利用自媒体、DM单等手段进行产品宣传，以扩散产品知晓度，影响其他代理商的销售行为，达到全面上量的目的。

……

三、下阶段的工作

1. 预算进度

2016年11月服务收入目标进度为74%，各公司按照省公司部署抓紧确收，创造收款基数。

2. 铁塔公司维护招标

跟踪四川铁塔公司的维护业务招标项目，做好比选最优份额协调沟通，确保四川通信公司整体利益最大化；做实承接分配工作。

3. 关联交易

① LTE800M项目启动及城区项目招标工作。加强与省电信无线部联系，做好800M项目的启动工作，同时与创立对接落实SMP系统使用要求及管控措施，保证项目顺利推进。

② 设备线路施工业务检查。加入交付能力检查，重点结合省电信网发部的管理要求，跟踪关注事项，确保项目稳步推进，并推动省电信管控要求的实施，避免出现较大的差异。

③ 关联交易流程优化。加强与省电信采购、财务、无线、网发、维护部沟通，力争优化省市招标项目结算支付流程，减少市州分公司 SOP 系统工作量，推进结算支付工作由市州电信与市州通服直接进行。

4. 四川联通 2016—2017 年项目招标

省公司所报 4 大专业(传输管线、客户接入、设备安装、室分)、通建公司 5 个专业(包括省干)入围，设计、监理全部入围，具体招标时间推迟到 10 月下旬，各专分公司要提前与客户沟通，并组建投标团队，准备标书所需的资料。

5. 四川移动 2016—2017 年补充招标

四川移动 2016—2017 年全业务等 5 类专业招标后，全业务、市电引入等框架合同额无法满足激增的业务需求，省移动公司正在收集各市州移动公司需求，计划 2017 年 11 月启动项目补充招标，招标有效期至 2017 年 12 月 31 日。各公司要密切与市州移动公司沟通，了解客户需要，做好投标准备。

附录 2　某保险公司成都分公司 2017 年 2 月经营分析

一、公司整体经营情况

1. 整体业务发展情况(如图附-9 所示)

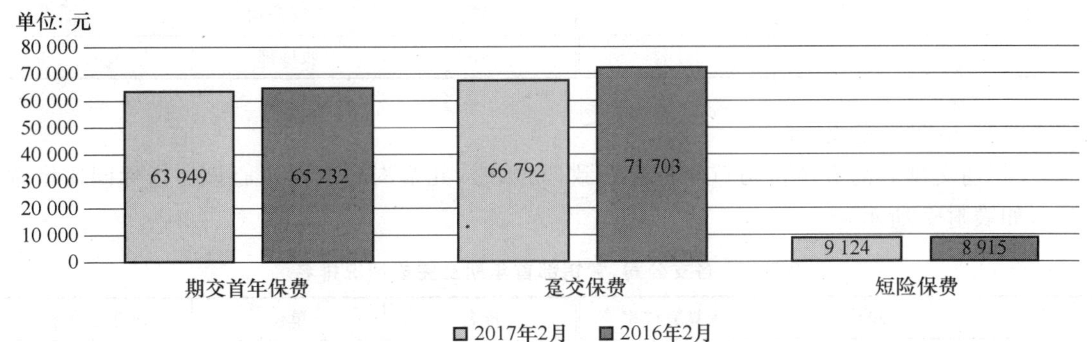

图附-9　公司 2 月整体业务发展情况

截至 2017 年 2 月底，公司实现新单保费 14 亿元，较上年同期下降 4.1%。其中首年期交保费 6.4 亿元，较上年同期下降 2%；趸交保费较上年同期下降 6.9%，短期险保费较上年同期增长 2.3%。首年期交同比下降主要源于今年银保渠道首年期交同比下降，趸交保费由于今年下达任务减少，目前已基本完成全年任务。

2. 公司层面考核指标达成情况(如图附-10 所示)

公司四项主要考核指标中，首年标准保费和首年期交保费预算完成率达成序时进度。短期险保费预算完成率与序时进度相差 3.69%。尽管 2 月加大了十年期及以上首年期交销售，但与月均需实现 7 300 多万元保费相比，还存在较大差距。

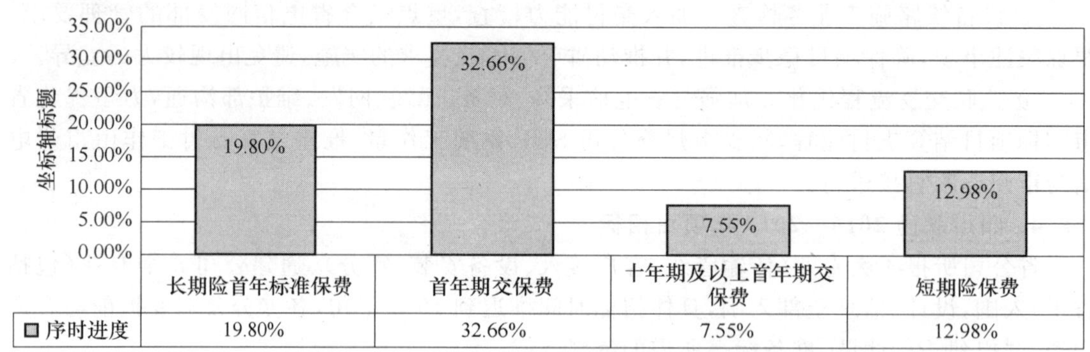

图附-10　公司整体预算指标完成情况

下面，我们分析一下各支公司、营销部业务指标年度预算达成情况，以下均为前 5 名和后 5 名排名。

（1）首年标保完成情况

排名前五单位中，仅郫县支公司为综合类支公司，其个险、银保渠道该项指标排名均较前，尤其是银保该项指标排名第一，如表附-6 所示。

表附-6　各支公司、营销部首年标保完成情况排名

排名	单位	预算完成率	排名	单位	预算完成率
1	九寨沟	51.6%	27	简阳	14.6%
2	汶川	36.5%	28	青羊	14.0%
3	马尔康	31.1%	29	温江	12.3%
4	理财中心	25.6%	30	三支公司	9.5%
5	郫县	24.6%	31	收展部	5.8%

（2）首年期交完成情况

首年期交排名前五单位与首年标保一致，马尔康、九寨沟和理财中心该项指标同比增幅较大，如表附-7 所示。

表附-7　各支公司、营销部首年期交完成情况排名

排名	单位	预算完成率	排名	单位	预算完成率
1	九寨沟	71.9%	27	邛崃	23.0%
2	马尔康	56.4%	28	温江	20.4%
3	理财中心	54.3%	29	简阳	17.2%
4	汶川	51.7%	30	收展部	7.1%
5	郫县	40.9%	31	三支公司	5.6%

（3）十年期及以上首年期交完成情况

十年期及以上首年期交整体预算完成率 26.7%，排名前五单位中仅九寨沟达成序时进度，如表附-8 所示。

表附-8　各支公司、营销部十年期及以上首年期交完成情况排名

排名	单位	预算完成率	排名	单位	预算完成率
1	九寨沟	28.8%	27	简阳	4.5%
2	汶川	14.4%	28	温江	4.3%
3	新津	12.1%	29	理财中心	3.4%
4	马尔康	10.0%	30	收展部	3.3%
5	崇州	9.9%	31	三支公司	2.2%

（4）短期险保费

排名前五单位中，除三支以外均为郊县支公司，均达成序时进度，上述郊县支公司团险渠道短期险预算完成率较好，已超过 28%以上，如表附-9 所示。

表附-9　各支公司、营销部短期险保费完成情况排名

排名	单位	预算完成率	排名	单位	预算完成率
1	三支公司	33.1%	29	收展部	6.5%
2	温江	26.5%	30	简阳	6.4%
3	新都	24.0%	31	高新	6.3%
4	都江堰	19.6%	32	邛崃	6.1%
5	双流	18.0%	33	青羊	5.4%

3. 渠道保费类指标达成情况

从渠道指标来看，个险渠道 4 项主要指标 2 项达成序时进度，增速降低，10 年期及以上首年期交销售增长，短期险发展月均保费低于预算的 1 000 万元左右。团险渠道 1 项主要指标达成序时进度，但与去年同期相比下降 5.3%；银保渠道 3 项主要指标 1 项达成序时进度，10 年期及以上首年期交预算完成率较低，首年标保由于首年期交 2 月实现保费较低，使得预算完成率提升有限，如图附-11 所示。

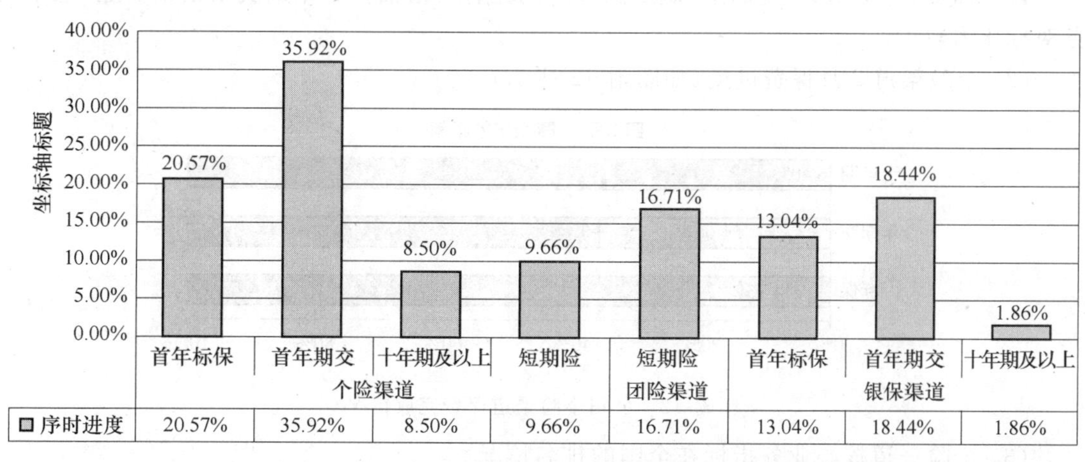

图附-11　公司渠道保费类指标完成情况

4. 费用预算执行情况

费用预算增速高于费用支出增速，费用整体较好。截至 2 月，新单费用同比增长4.1%，

个险渠道首年期交创费同比增加718万元，同比增长13%（业务增长11.3%）；银保渠道首年期交创费同比增长3.6%（业务同比增幅－50.5%），交叉销售佣金型产品费用占比达73%（银保渠道未剔除直销成本，剔除后占比还要增加）；短期险创费增长8%，简单赔付率较上年同期增加5.2%，短险创费增长主要是直销成本和税金同比下降所致。

佣金及手续费较上年同期增长10.8%。其中手续费较上年增长31%，佣金支出较上年增长10%；手续费增长在于渠道代理趸交业务同比增长，佣金支出增长在于个险渠道业务推动及非基本制度、互动业务佣金支出同比增长。业务及管理费较上年同期上升3.2%，其中员工薪酬同比增长3.9%，保险保障基金及监管费同比增长14%；重点办公行政类费用同比上升6%（公杂费同比上升85%），其他经营费用同比下降14.8%，固定费用同比上升3.9%，主要受租赁事项增加和租金上涨及新装修项目摊销等影响。

二、渠道业务发展情况

1. 个险渠道2月业务发展情况

(1) 个险渠道全年预算指标达成情况（如表附-10所示）

表附-10　公司个险渠道全年预算指标完成情况

预算指标	累计保费(万)	预算完成率	同比增幅
首年标保	14 761	20.00%	26.32%
首年期交	56 063	33.63%	8.55%
十年期及以上	6 403	8.38%	14.23%
短期险	3 323	11.42%	18.36%
短期意外险	1 318		24.45%

首年标保、首年期交、短期险、短期意外险同比有所增幅。首年期交增幅不明显，全年业务对标压力较大。

(2) 个险渠道2月保费进度（如图附-12所示）

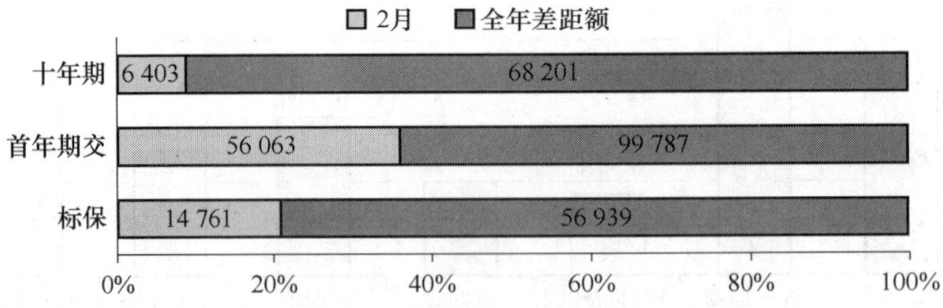

图附-12　公司个险渠道保费完成情况

(3) 个险渠道核心业务指标在全国的排名情况

截至2月28日，公司个险首年期交排名全国省会城市、计划单列市第6，十年期排名第18，十年期指标在全国省会、计划单列市中排名落后，如表附-11所示。

表附-11　公司个险渠道核心业务排名情况

首年期排名	机构	首年保费	同比	贡献率	十年期及以上	同比	十年期排名
1	广州分公司	83 444	18.44%	2.39%	24 627	6.78%	1
2	重庆分公司	79 414	69.99%	2.27%	19 140	263.81%	3
3	浙江温州	69 142	−18.04%	1.98%	21 490	−42.47%	2
4	深圳分公司	63 132	−21.00%	1.81%	13 411	56.67%	9
5	无锡分公司	62 801	21.68%	1.80%	13 040	−26.98%	10
6	成都公司	61 982	13.85%	1.77%	9 737	18.89%	18
7	苏州分公司	59 763	10.07%	1.71%	18 288	1.51%	4
8	佛山分公司	59 237	12.62%	1.70%	17 703	−13.74%	5
9	北京分公司	58 328	7.63%	1.67%	16 332	53.82%	6
10	浙江杭州	57 569	3.55%	1.65%	15 084	−15.07%	7
	全国	3 102 702	1.98%	100%	314 059.01	−36.70%	

(4) 个险渠道市场竞争情况

平安保险 1 月大规模增员，单月新增 5 693 人。2 月初本公司新增同时进行清虚，2 月新增 2 095，脱落 4 662，目前持证人力 22 703 人。

(5) 个险渠道核心业务指标达成情况

对于个险渠道各支公司、营销部核心业务指标完成情况，按照排名前五和后五进行比较分析，如表附-12、表附-13、表附-14、表附-15、表附-16 所示。

表附-12　县域标保完成情况排名

城区标保达成率前五

序号	机构	标保目标	2 月	完成率
1	营销三部	4 075	919	22.55%
2	高新	3 479	685	19.69%
3	金牛	2 487	476	19.13%
4	成华	3 315	616	18.57%
5	营销二部	5 073	885	17.45%

城区标保达成率后五

序号	机构	标保目标	2 月	完成率
6	营销五部	2 335	387	16.57%
7	营销一部	4 588	754	16.43%
8	锦江	2 558	420	16.41%
9	武候	2 663	410	15.40%
10	青羊	1 861	260	13.96%

表附-13　城区首年期交完成情况排名

城区首年期交达成率前五

序号	机构	首年期目标	2 月	完成率
1	营销三部	10 088	4 073	40.37%
2	成华	7 037	2 541	36.12%
3	高新	7 561	2 598	34.37%
4	金牛	5 458	1 623	29.73%
5	营销五部	5 571	1 505	27.02%

城区首年期交达成率后五

序号	机构	首年期目标	2 月	完成率
6	营销一部	11 099	2 947	26.55%
7	营销二部	11 131	2 869	25.77%
8	锦江	5 528	1 354	24.50%
9	武候	6 120	1 492	24.39%
10	青羊	4 555	1 092	23.98%

表附-14　县域首年期交完成情况排名

有域首年期交达成率前五

序号	机构	首年期目标	2月	完成率
1	九寨沟	438	312	71.26%
2	马尔康	551	311	56.42%
3	汶川	1 382	711	51.43%
4	双流	11 103	5 013	45.15%
5	崇州	5 738	2 585	45.04%

县域首年期交达成率后五

序号	机构	首年期目标	2月	完成率
14	金堂	6 759	2 158	31.93%
15	青白江	2 806	860	30.65%
16	邛崃	5 478	1 554	28.36%
17	温江	3 012	807	26.78%
18	简阳	3 741	745	19.91%

表附-15　城区十年期交完成情况排名

城区十年期交达成率前五

序号	机构	十年期目标	2月	完成率
1	高新	3 288	279	8.49%
2	金牛	2 558	213	8.31%
3	营销二部	4 949	391	7.89%
4	成华	2 965	233	7.86%
5	锦江	2 863	206	7.21%

城区十年期交达成率后五

序号	机构	十年期目标	2月	完成率
6	营销三部	3 611	259	7.18%
7	青羊	1 625	107	6.58%
8	营销一部	4 338	277	6.39%
9	武侯	2 572	143	5.56%
10	营销五部	2 345	129	5.52%

表附-16　县域十年期交完成情况排名

县域十年期交达成率前五

序号	机构	十年期目标	2月	完成率
1	九寨沟	205	58	28.52%
2	汶川	678	96	14.11%
3	新津	1 963	270	13.74%
4	崇州	2 871	330	11.48%
5	彭州	3 452	385	11.15%

县域十年期交达成率后五

序号	机构	十年期目标	2月	完成率
14	郫县	3 206	237	7.39%
15	双流	4 925	329	6.69%
16	都江堰	2 475	154	6.23%
17	温江	1 435	82	5.68%
18	简阳	1 468	73	4.96%

（6）公司销售队伍建设情况

2016 年 3 月至 2017 年 2 月公司销售队伍呈现增长趋势，从 15 821 人增加到 22 703 人，如图附-13 所示。

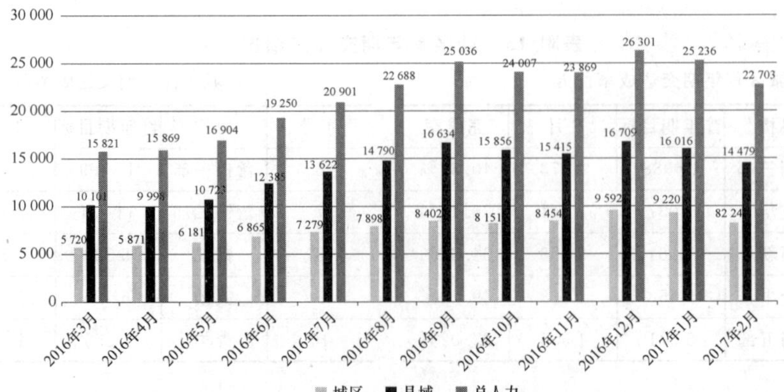

图附-13　公司销售队伍变化情况

2. 团险渠道 2 月业务发展情况

(1) 团险渠道短险开门红完成情况

截至 2 月 28 日，我市短期险保费为 9 396 万元，完成开门红目标的 45%，期交保费达成 715 万元，如表附-17 所示。

表附-17　团险渠道短险开门红完成情况

单位：万元

2017 年公司短险年度计划数	2017 年开门红公司短险计划数	目前已达成		
		短险保费	完成率	期交保费
70 300	20 869	9 396	45%	715

截至 2 月 28 日，三大业务渠道序时进度相当。全市短险同比正增长 3.9%，个险和银保渠道实现短险保费同比正增长，团险渠道同比减少 299 万元，负增长 5.06%，如表附-18 所示。

表附-18　各渠道短险完成情况

单位：万元

渠道	开门红预报目标	2017 年保费收入	完成率	同比
团险	13 321.5	5 789	43.4%	−5.06%
个险	6 942	3 326	47.9%	18.62%
银保	606.5	280	46.2%	94.83%
合计	20 869	9 396	45%	3.90%

(2) 团险渠道支公司短险开门红业务完成情况

团险渠道各支公司短险开门红完成情况如表附-19 所示。

表附-19　团险渠道各支公司短险开门红完成情况

单位：万元

排序	机构	短险(万元)			同比	排序	机构	短险(万元)			同比
		目标	已达成	完成率				目标	已达成	完成率	
1	温江	469	570.6	121.7%	144.6%	18	收展部	55	23.1	41.9%	745.0%
2	三支公司	118	82.7	70.1%	—	19	邛崃	404	168.4	41.7%	15.4%
3	金牛	204	136.6	67.0%	49.4%	20	一支公司	1 450	599.0	41.3%	80.9%
4	马尔康	220	141.5	64.3%	34.1%	21	龙泉	904	364.5	40.3%	−19.9%
5	都江堰	728	456.7	62.7%	4.2%	22	法业部	378	141.0	37.3%	−41.1%
6	武候	297	175.5	59.1%	20.0%	23	九寨沟	117	40.6	34.7%	−6.2%
7	营销五部	143	83.5	58.4%	59.8%	24	成华	346	117.2	33.9%	−20.3%
8	崇州	1 023	568.1	55.5%	22.0%	25	锦江	394	124.6	31.6%	22.3%
9	彭州	925	497.8	53.8%	32.1%	26	金堂	1 001	295.4	29.5%	−20.4%

续 表

排序	机构	短险(万元)			同比	排序	机构	短险(万元)			同比
		目标	已达成	完成率				目标	已达成	完成率	
10	营销三部	163	82.2	50.5%	39.7%	27	蒲江	329	96.3	29.3%	−12.4%
11	双流	1 358	682.1	50.2%	12.1%	28	营销一部	381	104.5	27.4%	6.1%
12	大邑	1 052	500.4	47.6%	0.2%	29	新津	518	136.2	26.3%	5.1%
13	营销二部	508	237.9	46.8%	−2.6%	30	理财中心	43	11.1	25.8%	—
14	青白江	510	235.6	46.2%	11.9%	31	高新	1 270	281.8	22.2%	−39.7%
15	郫县	829	364.6	44.0%	−13.2%	32	青羊	220	48.8	22.2%	−32.0%
16	汶川	387	165.7	42.8%	9.7%	33	简阳	1 125	119.9	10.7%	—
17	新都	3 000	1 276.7	42.6%	−25.7%		合计	20 869	9 025	43.25	3.9%

其中:温江、三支、金牛、马尔康、都江堰等15家公司完成率超过全市平均进度;高新、金堂、郫县、成华、青羊、蒲江等11家公司短险负增长。

3. 银保渠道2月业务发展情况

(1) 银保渠道开门红业务完成情况

期交保费7 376万元,其中:自营业务6 813万元,占比92.37%;渠道业务563万元,占比7.63%。趸交保费6.67亿元,其中:自营业务2.3亿元,占比34.47%;渠道业务4.37亿元,占比65.53%。

(2) 银保渠道各单位开门红期交完成情况

全市期交生效业绩7 376万元,完成开门红目标的46.1%,缺口8 624万元。自营期交6 813万元,理财中心和银保本部两家完成自营目标;渠道期交563万元,新都一家单位完成渠道目标。具体数据如表附-20所示。

表附-20 银保渠道各单位开门红期交完成情况

单位:万元

合计完成率排序	单位	自营			渠道			合计		
		生效业绩	目标	完成率	生效业绩	目标	完成率	生效业绩	目标	完成率
1	理财中心	2 187.98	1 600	136.75%		0		2 187.98	1 600	136.75%
2	郫县	876.69	970	90.38%	1.00	30	3.33%	877.69	1 000	87.77%
3	成华	707.08	1 120	63.13%	317.47	80	396.84%	1 024.55	1 200	85.38%
4	龙泉	704.64	1 120	62.91%	17.20	80	21.50%	721.84	1 200	60.15%
5	青白江	421.60	750	56.21%	27.32	50	54.64%	448.92	800	56.12%
6	都江堰	403.79	750	53.84%	3.00	50	6.00%	406.79	800	50.85%
7	崇州	351.00	770	45.58%		30	0.00%	351.00	800	43.88%
8	温江	232.96	740	31.48%		60	0.00%	232.96	800	29.12%
9	邛崃	162.84	770	21.15%		30	0.00%	162.84	800	20.36%
10	简阳	113.48	570	19.91%		30	0.00%	113.48	600	18.91%
11	银保本部	136.80	100	136.80%	163.95	1 500	10.93%	300.75	1 600	18.80%

续表

合计完成率排序	单位	自营			渠道			合计		
		生效业绩	目标	完成率	生效业绩	目标	完成率	生效业绩	目标	完成率
12	大邑	135.59	770	17.61%	0.98	30	3.27%	136.57	800	17.07%
13	蒲江	86.76	570	15.22%		30	0.00%	86.76	600	14.46%
14	新津	86.21	570	15.12%		30	0.00%	86.21	600	14.37%
15	双流	125.06	1 120	11.17%	2.00	80	2.50%	127.06	1 200	10.59%
16	金堂	30.01	50	4.00%	25.96	50	51.92%	55.97	800	7.00%
17	彭州	49.35	740	6.67%	4.00	60	6.67%	53.35	800	6.67%
18	高新	0.79						0.79		
合计		6 812.63	13 780	49.44%	562.88	2 220	25.35%	7 375.51	16 000	46.10%

(3) 银保渠道驾乘险销售情况

截至2月28日，全市银保渠道驾乘险销售总业绩36.12万元，占全市驾乘险销售业绩的9.92%；件数958件，占全市件数的9.83%。三支(含理财)、都江堰保费超过5万元，如表附-21所示。

表附-21　银保渠道各单位驾乘险销售情况

单位：万元

保费排名	支公司	保费(元)	件数(件)
1	三支公司(含理财)	59 340	143
2	成都市都江堰支公司	57 235	156
3	成都市新都支公司	39 715	108
4	成都市郫县支公司	36 095	99
5	成都市龙泉驿支公司	33 585	85
6	成都市彭州支公司	22 445	61
7	成都市双流支公司	21 625	59
8	成都市青白江支公司	20 985	57
9	成都市崇州支公司	15 420	42
10	成都市邛崃支公司	14 505	39
11	成都市大邑支公司	11 405	31
12	成都市金堂支公司	8 120	22
13	成都市温江支公司	5 565	15
14	成都市简阳支公司	5 290	14
15	成都市蒲江支公司	3 685	10
16	成都市新津支公司	1 825	5
合计		361 220	958

(4) 银保渠道欣鑫向荣期交专项活动情况

2月10日—28日，全市完成安欣无忧业绩328.09万元，如表附-22所示。按活动规定，安欣无忧:鑫丰新A按1:3配额销售，各单位可抓住鑫丰新A的停售和优势，反向推动安欣业务上量。

表附-22　银保渠道各单位驾乘险销售情况

单位：万元

单位	安欣业绩	对应鑫丰新A业绩
青白江	41.01	38.30
金堂	10.05	3.00
龙泉	16.90	12.00
新都	128.46	81.90
彭州	8.98	
都江堰	8.37	7.00
温江	13.72	3.00
崇州	30.47	25.50
郫县	11.45	21.96
新津	6.50	18.00
邛崃	27.34	
蒲江	14.96	12.00
本部	6.43	
理财中心	3.45	
合计	328.09	222.66

(5) 银保渠道核心业务指标同业市场排名情况

据行业协会1月底数据，公司银保在成都地区45家同业单位中，新单份额7.73%，排名第4位，落后于安邦、和谐、恒大人寿；期交份额8.45%，排名第4位，落后于华夏、农银、天安人寿，如表附-23所示。

表附-23　银保渠道核心业务指标同业排名情况

新单排序	公司	新单保费	市场份额
1	安邦人寿	261 902.20	28.81%
2	和谐健康	136 042.94	14.96%
3	恒大人寿	85 041.88	9.35%
4	中国人寿	70 283.28	7.73%
5	前海人寿	53 226.60	5.85%
6	天安人寿	46 882.50	5.16%
7	华厦人寿	32 319.18	3.56%
8	人保寿险	23 265.88	2.56%
9	富德生命	22 102.63	2.43%
10	太平人寿	21 910.75	2.41%

期交排序	公司	期交保费	市场份额
1	华夏人寿	10 244.55	13.34%
2	农银人寿	9 708.18	12.64%
3	天安人寿	7 545.90	9.83%
4	中国人寿	6 486.74	8.45%
5	泰康人寿	5 344.29	6.96%
6	交银康联	5 175.47	6.74%
7	平安人寿	4 123.77	5.37%
8	富德生命	3 322.03	4.33%
9	长城保险	3 210.53	4.18%
10	太平人寿	2 963.25	3.86%

(6) 银保渠道核心业务指标在全国的排名情况

根据总公司系统数据显示,截至 2 月 28 日,成都银保在全系统 35 家大中城市中:新单和趸交排名全国第 8 位,期交排名全国第 10 位,如表附-24 所示。

表附-24　银保渠道核心业务指标全国排名情况

排序	单位	首年保费	同比增长	趸交	同比增长
0	合计	1 984 859	5.94%	1 810 684	4.36%
1	上海市	208 603	−0.98%	200 268	−3.86%
2	深圳市	187 788	38.37%	183 005	39.56%
3	重庆市	176 910	−8.87%	160 736	−12.97%
4	北京市	174 046	−26.02%	167 412	−27.61%
5	广州市	170 628	122.25%	155 188	131.33%
6	天津市	96 225	23.87%	84 865	25.53%
7	福州市	81 127	43.36%	71 276	47.68%
8	成都市	71 676	−17.37%	64 379	−10.43%
9	石家庄	69 202	17.01%	61 260	18.23%
10	济南市	55 201	20.13%	47 220	30.94%

排序	单位	首年期交	同比增长
0	合计	174 171	25.69%
1	重庆市	16 174	71.62%
2	广州市	15 440	59.41%
3	天津市	11 359	12.70%
4	福州市	9 851	18.28%
5	南京市	8 543	53.81%
6	上海市	8 335	251.98%
7	济南市	7 980	−19.28%
8	石家庄	7 942	8.43%
9	西安市	7 367	240.50%
10	成都市	7 296	−50.94%

(7) 银保渠道队伍建设情况

截至 2 月 28 日,全市规划师在册人力 2 567 人,2 月新增人力 31 人。客户经理在册人力 228 人,2 月新增人力 2 人;2 月整体增员率 1%,如表附-25 所示。

表附-25　银保渠道队伍建设情况

单位:人

单位	银保队伍月度增员率				
	规划师		客户经理		2 月增员率
	2 月期初在册人力	2 月新增人力	2 月期初在册人力	2 月新增人力	
金堂	28	3	11	0	6%
理财中心	280	12	1	0	4%
郫县	222	8	9	0	2%
新都	205	54	16	0	1%
温江	120	1	10	0	1%
简阳	104	0	3	0	0%
青白江	118	0	10	0	0%
彭州	174	0	13	0	0%
蒲江	109	0	10	0	0%
崇州	210	0	11	0	0%
都江堰	154	0	11	0	0%
双流	219	0	11	0	0%

续表

单位	银保队伍月度增员率				
	规划师		客户经理		2月增员率
	2月期初在册人力	2月新增人力	2月期初在册人力	2月新增人力	
邛崃	143	1	12	0	0%
大邑	151	0	11	0	0%
龙泉	212	1	141	0	0%
新津	111	0	10	0	0%
本部	7	0	68	2	3%
合计	2 567	31	228	2	1%

三、下阶段的重点工作

1. 个险渠道下阶段重点工作

(1) 销售条线主要工作安排

- 停售氛围炒作:炒对抗,3天为一节点,公司间对抗件数及保费,鼓励支公司在团队间也搞对抗;树标杆,通过数据发现和亮点挖掘实时分享经验;造氛围,微信群氛围不停,营造紧张、疯狂的气氛。
- 全力推进升级:对口联系人负责,提前三天介入,发现问题及时纠偏,亮点及时分享。
- 强抓团队出勤:实时通报出勤,挂钩月度考核。
- 持续常态客养:结合季节特点,持续推进一日游及赠礼活动。
- 大力邀约峰会:目标分解到支公司,确保3月23—24日峰会参会人数。

(2) 人力条线主要工作安排

- 借助千万发展基金,业务推动方案联动追踪个人新增,全力督导3月新增目标。
- 日常关键指标及数据追踪。每日下发新增人力数据,并对落后机构每日进行电话追踪。
- 落实周单元,强化追踪,督导阶段对标目标达成。
- 持续追踪前期入司大量新人的三转情况。
- 追踪1季度考核关键人群,冲刺一季度晋组,有效人力。

2. 团险渠道下阶段重点工作

2017年度市公司团险渠道职能考核指标,通过省、市公司考核内容对比,如表附-26所示。

表附-26　省、市公司团险渠道职能考核指标对比

序号		市公司拟定		省公司下达		统计周期
		指标	权重	指标	权重	
职能考核指标	1	短期险保费完成得分	50%	有	50%	月度
	2	队伍建设完成率	20%	有	20%	月度
	3	代理年金业务预算完成率	10%	有	20%	月度
	4	政保平台业务“双增”完成情况	6%	无此项	0	月度
	5	期交保费完成率	5%	无此项	0	月度
	6	全预算管理执行率	5%	有	6%	季度
	7	短期险创费额增长率	2%	有	2%	季度
	8	短期险员福业务保费目标完成率	2%	短期险法人客户增长率	2%	月度
加减分项	1	团险渠道“四渠八部”建设目标完成情况	−3～3	无此项	0	月度
	2	税优健康险客户数	−2～2	税优健康险保费市场份额	−2～2	月度
	3	团险销售风险管控工作质量	0～2	有	0～2	年度
	4	信息报送管理	−1～3	有	−0.5～2	季度
	5	公司短险规模加分	1～3	有	1	季度
	6	公司短险增长率加分	1	有	0.5	季度

3. 银保渠道下阶段重点工作

(1) 业务方面

- 抓紧客联会的回收和鑫福宝、安心无忧五年期的销售工作；各支公司召开满期转保安欣专场客联会。
- 借势个险产品停售的宣导，加快停售产品的抢售；各支公司必须借助个险销售平台，抢抓鑫福赢家及返本型健康保险的停售工作。
- 市公司将在三阶段奖励方案中加入驾乘险考核，要求3月必须达成3件驾乘险。
- 省公司22—23日红珠山宾馆联合中行召开高端客联会，除金堂、彭州、郫县、新津、简阳、龙泉公司外，其余公司若能邀请中行客户也可参加。
- 3月28—29日召开自营高端客联会，争取在渠道积极创费的同时，加大自营保费的上量，全面达成开门红目标。
- 3月各支公司召开周客养活动，为开门红保费冲刺积累客户。

(2) 队伍建设方面

- 结合省公司规划师战投方案，出台2017年全市队伍建设方案，重点奖励增员和举绩人力，确保月度增员率、月均举绩率和季度有效人力的达成。
- 出台兼职讲师管理办法。
- 继续做好第三期精英起飞训练营的课程授权工作。
- 启动全市客户经理精英训练营的筛选和启动工作。
- 做好督导追踪，每两天对增员举绩情况全市进行通报。

附录3　某校企合作呼叫中心2016年业务经营分析

一、本年度员工情况

1. 人员流失情况分析

1月、7—8月、10月这几个月员工流失情况较严重，如图附-14所示。主要原因是1月属于学校放假期间，很多员工不愿意寒假上班，导致员工人数骤减；7—8月，暑假期间报考驾校人较多或是在校外有兼职；10月各种证书考试较多，员工考试复习，员工人数减少，员工流失严重。

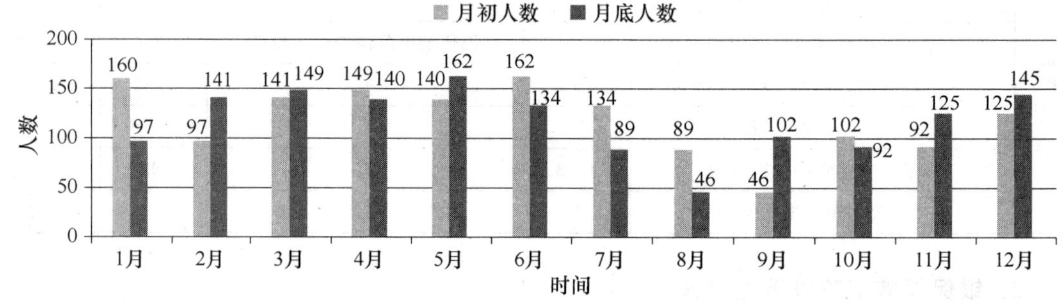

图附-14　2016年各月员工人数变动情况

2. 年度总人数

截至12月底员工总人数为145人，成都业务名额有60个，其中有57位员工已开通成都业务。为保证成都业务的接通率及服务质量，我们对成都业务严格把关，未达到标准的员工坚决不开通成都业务；管理员团队对员工话务量、话务质量进行考核达标后再开通成都业务，以此激励大家积极接续。

二、本年度话务量情况

1. 本年度话务量

2016年公司共承接话务量8 528 559次，学校呼叫中心承接3 348 250次，占公司承接话务量的39.26%，如图附-15所示。

2. 较上年同期相比

学校呼叫中心2016年较2015年承接话务量下降了939 346次，如图附-16所示。其中，2月、10月话务量下降较厉害，1月话务量最高。原因在于10月新学年开学的第二个月，大三学生老员工应聘工作离校，在职人员减少；1月是寒假放假的后半月，高峰期较多，员工接续时间较多。

3. 话务量下降的原因

通过调查分析，话务量下降的原因主要在以下几个方面。

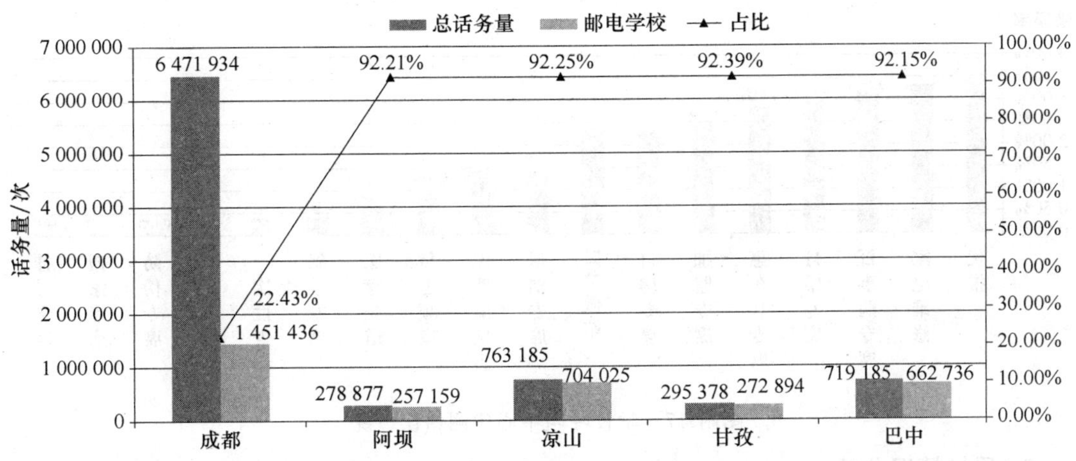

图附-15　2016 年学校呼叫中心承接话务量情况

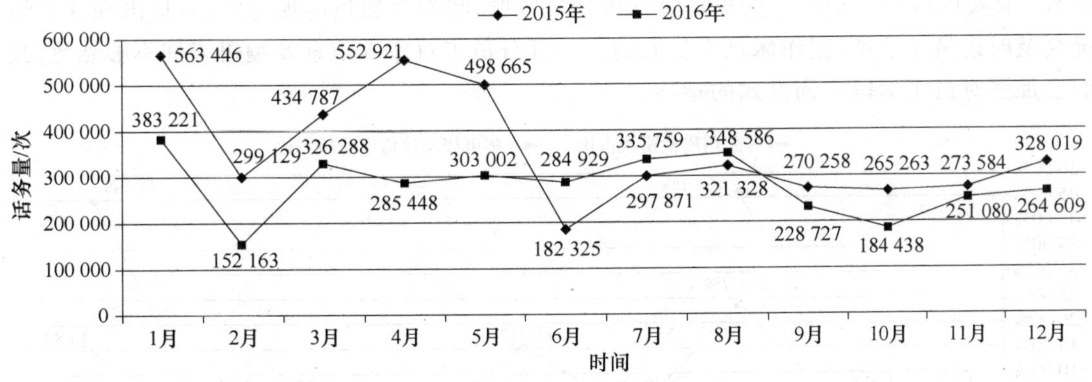

图附-16　学校呼叫中心 2016 年与 2015 年话务量对比

(1) 老师完成教学任务需要，补课调课较多，学生参加上课导致接续的员工变动频繁。

(2) 话务员工作的单调、枯燥、压力大等特殊性，导致接续的员工人数极不不稳定。

(3) 一些员工身兼数职，而话务员工作对业务质量要求较高，业务培训频繁且时间较长，导致员工上班积极性不高。

(4) 大量业务熟练的毕业生员工参加应聘面试、生产实习和顶岗实习。

(5) 新进员工对业务不太熟悉，服务用语不太规范，导致通话时长较长。

三、本年度服务质量情况

1. 拨测情况分析

全年拨测 2 880 条，拨测错误较多的有优推、家电维修、百事购等，如图附-17 所示。

拨测错误的主要原因在于员工对于业务操作流程不够熟练、对新增/变更业务的内容不能很好的辨别，以及年度内业务变更频繁，员工对新业务不太熟悉。接下来呼叫中心会定期针对拨测错误的员工进行培训，并且定时定量对员工进行拨测。

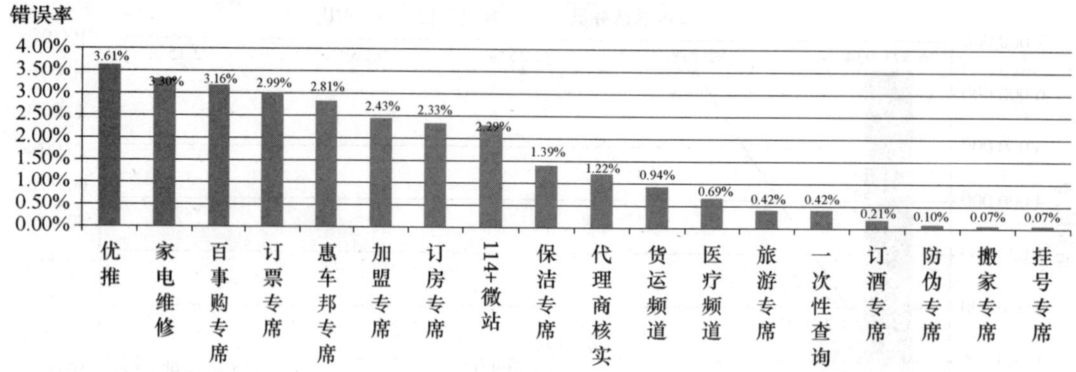

图附-17　学校呼叫中心拨测错误情况

2. 质检情况分析

质检扣分主要在规范用语、表述与提问技巧以及信息查询及业务解释等方面，如图附-18所示。接续时间过长的员工会出现语气生硬等问题，我们会加强巡视力度，一旦出现这类情况会及时请员工示忙，稍作休息平复心情。一部分员工对库内信息及编码查询不够熟悉，我们会加强对员工编码查询方式的指导。

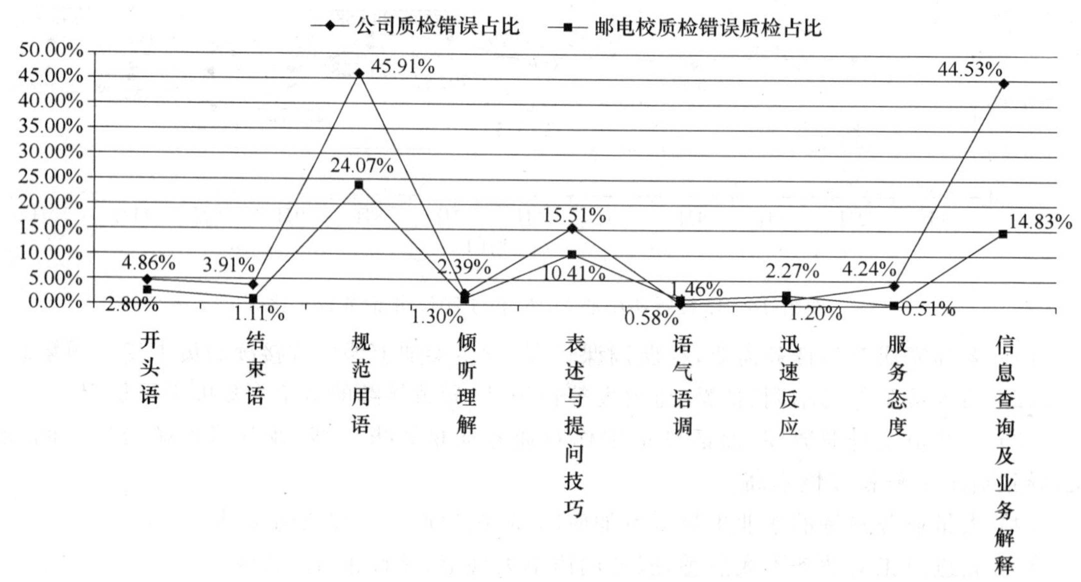

图附-18　学校呼叫中心质检出现问题情况

3. ATT 情况分析

单通通话时长(ATT)分析，巴中和凉山 ATT 较高，主要原因在于巴中赔费用户以及部分员工听不懂当地居民的方言，如图附-19 所示。

4. 投诉情况分析

2016 年投诉成立的有 39 起，其中态度投诉的有 4 起，业务投诉的有 35 条，如图附-20所示。业务投诉的主要原因是员工查询技巧掌握不熟练、缺乏应变能力、对业务不太熟悉等。

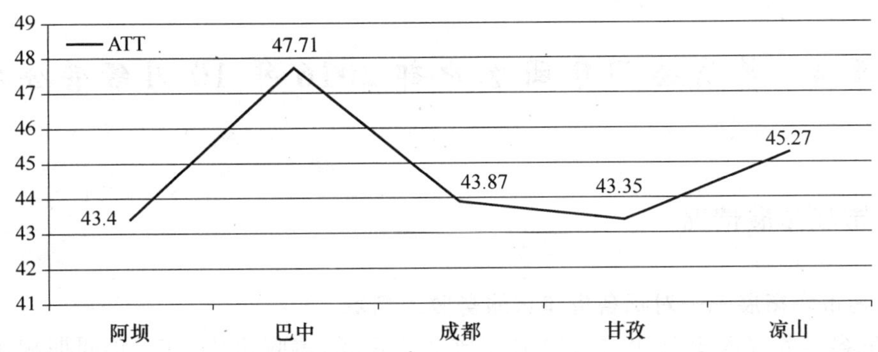

图附-19　学校呼叫中心承接业务区域的 ATT 分析

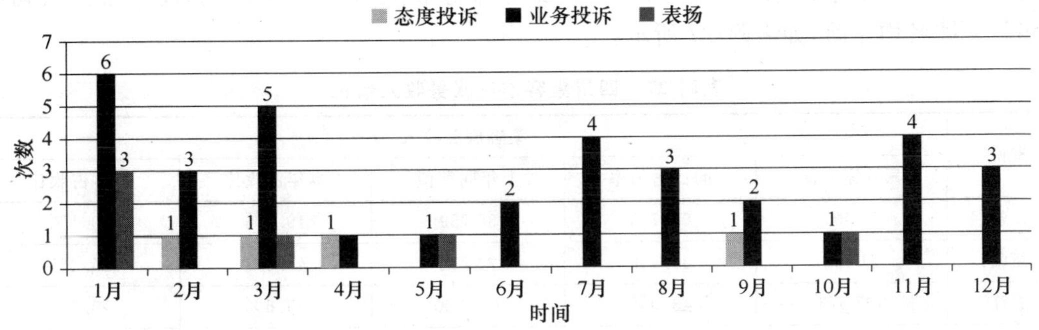

图附-20　2016 年各月用户投诉情况

四、面对的问题及应对措施

1. 存在的问题

人员流失较多，员工人数不稳定；员工上班迟到早退现象严重，高峰期人数不稳定；拨测质检错误条数多，服务质量欠佳。

2. 应对措施

(1) 加强员工职场教育，提高其职业素养，认同职场文化，养成职业习惯，对于迟到早退同学进行考核处理，减少此类现象发生。

(2) 建立员工信息库，加强与学校教学的衔接，核实各班级课表及其变化，及时调整上班人员，确保高峰期尽量多的员工进行接续。

(3) 提高员工对呼叫中心的归属感，开展劳动竞赛，布展文化墙，增加与员工互动活动，提高电话单价，提高员工工资待遇。

(4) 定期对员工进行查询技巧和应变能力培训，针对业务不合格员工的专项培训，并对其培训后的业务进行跟踪，进而提高员工的业务熟练度以及处理问题的能力。

(5) 每周整理出质检不合格的内容与个人，并发到各组让员工知晓自己的错误，并督促其及时改正。

附录4 某省公司集团客户部2016年10月经营分析

一、集客市场拓展情况

1. 集客市场拓展——对标各省集客服务收入情况

四川集客服务收入2016年1—10月完成9.5亿元，占收比比2015年同期相比有所增长，公司从传统运营商市场逐步向集客市场转型，效果逐渐显现。1—10月，四川集客服务收入增长率43%，高于集团公司的29.1%；集客服务收入占收比30.5%，高于集团公司的23.6%。排名均靠前，如表附-27所示。

表附-27 四川集客市场服务收入情况

省份	集客服务收入				
	累计完成值	同比增长率	上年同期值	本年占收比	上年占收比
福建	59 600	66.7%	35 759	19.5%	13.1%
新疆	31 952	50.4%	21 244	43.5%	35.3%
浙江	167 573	43.0%	117 200	25.6%	19.3%
四川	94 765	43.0%	66 291	30.5%	21.8%
广东	358 792	35.2%	265 336	23.3%	20.7%
湖南	25 377	32.3%	19 179	11.6%	9.2%
青海	4 360	32.2%	3 297	23.6%	20.2%
重庆	27 871	31.7%	21 162	18.8%	16.2%
陕西	23 833	26.9%	18 775	25.4%	20.4%
江苏	154 950	25.9%	123 068	21.2%	19.7%
湖北	65 504	22.1%	53 636	32.7%	28.8%
安徽	54 458	20.9%	45 050	31.0%	29.5%
广西	15 083	19.6%	12 609	18.2%	17.5%
海南	5 213	17.5%	4 437	17.5%	14.7%
上海	152 712	12.3%	135 965	40.0%	38.9%
甘肃	11 994	10.1%	10 896	23.1%	21.6%
中国通建	64 590	9.4%	59 051	10.2%	11.8%
云南	38 838	8.9%	35 661	40.2%	36.7%
贵州	9 406	−1.8%	9 582	23.8%	26.4%
宁夏	936	−4.0%	975	6.7%	10.0%
合计	1 386 930	29.1%	1 074 694	23.6%	20.8%

续表

省份	集客服务收入				
	累计完成值	同比增长率	上年同期值	本年占收比	上年占收比
新疆	31 952	50.4%	21 244	43.5%	35.3%
云南	38 838	8.9%	35 661	40.2%	36.7%
上海	152 712	12.3%	135 965	40.0%	38.9%
湖北	65 504	22.1%	53.636	32.7%	28.8%
安徽	54 458	20.9%	45 050	31.0%	29.5%
四川	94 765	43.0%	66 291	30.5%	21.8%
浙江	167 573	43.0%	117 200	25.6%	19.3%
陕西	23 833	26.9%	18 775	25.4%	20.4%
贵州	9 406	−1.8%	9 582	23.8%	26.4%
青海	4 360	32.2%	3 297	23.6%	20.2%
广东	358 792	35.2%	265 336	23.3%	20.7%
甘肃	11 994	10.1%	10.896	23.1%	21.6%
江苏	154 950	25.9%	123 068	21.2%	19.7%
福建	59 600	66.7%	35 759	19.5%	13.1%
重庆	27 871	31.7%	21 162	18.8%	16.2%
江西	19 125	23.2%	15 518	18.7%	18.2%
广西	15 083	19.6%	12 609	18.2%	17.5%
海南	5 213	17.5%	4 437	17.5%	14.7%
湖南	25 377	32.3%	19 179	11.6%	9.2%
中国通建	64 590	9.4%	59 051	10.2%	11.8%
宁夏	936	−4.0%	975	6.7%	10.0%
合计	1 386 930	29.1%	1 074 694	23.6%	20.8%

注：以集团集客服务收入统计口径，不含贸易收入，含终端零售

2. 集客市场拓展——非贸集客(除电力)签单情况

2016 年 1—10 月，四川公司非贸集客(除电力)新签合同总额 7.3 亿元，完成全年预算的 89%(月度进度指标 82%)，同比增长 34%，高于公司整体新签合同增长率(6%)。按业务线完成的签单情况如表附-28 所示，按行业线完成的签单情况如图附-21 所示。在签单量增长的情况下，四川公司非贸集客(除电力)应收账款占收比同比下降 6.7 个百分点。

表附-28　分业务板块的签单情况

单位：亿元

	2016 年	同比
签单量	7.3	34%
TIS	3.7	47.1%
BPO	1.9	2.1%
ACO	1.7	56.3%

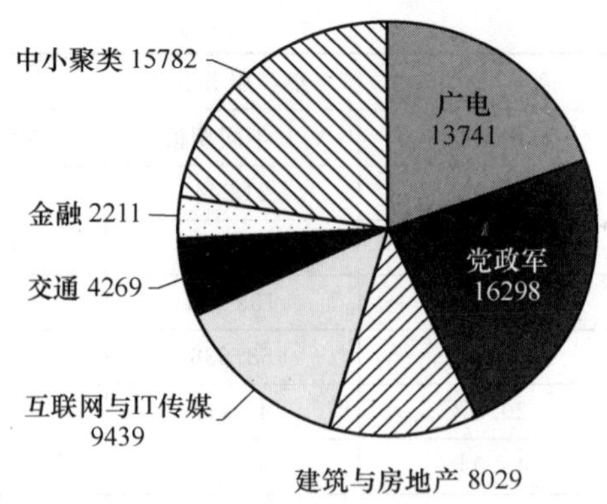

图附-21　分行业板块的签单情况

专业公司非贸集客(除电力)新签合同 4.3 亿元,同比增长 45%;分公司非贸集客(除电力)新签合同 3.02 亿元,同比增长 21%。

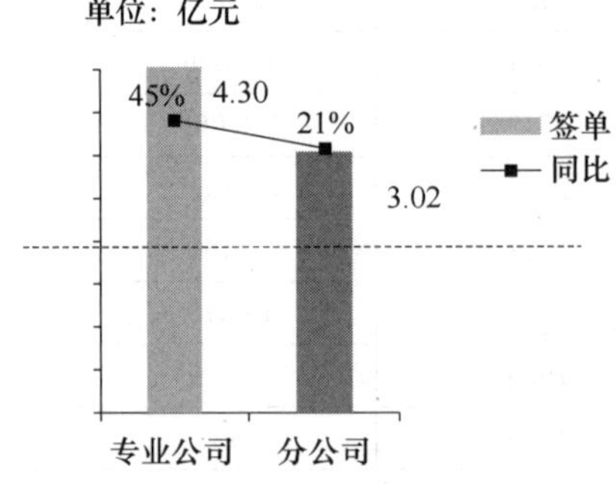

图附-22　专、分公司签单同比变化

非贸集客签单量月份运行趋势情况,如图附-23 所示。

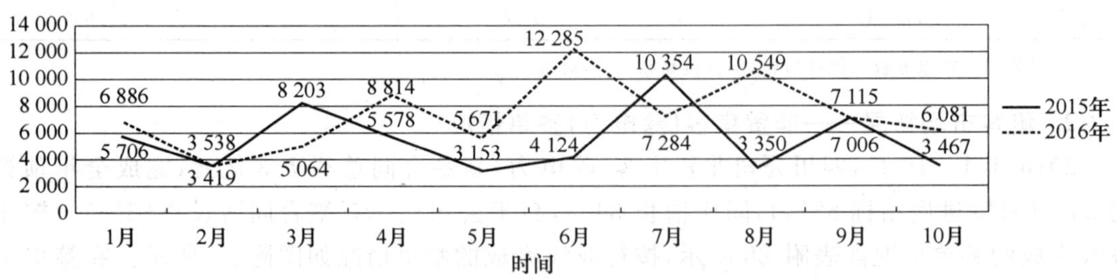

图附-23　非贸集客签单量各月的变化情况

截至 10 月,同期签章增长率呈超增长和负增长两级分化,集客市场拓展受主、客观因素影响,部分公司发展情况向好,部分公司则无明显成效。创立、广元、广安、监理、南充、内江、攀枝花、遂宁、物流 9 家公司增长率超 50%;达州、凉山、绵阳、美讯达、培训、擎烽、通建负增长率超过 50%,如图附-24 所示。

3. 集客市场拓展——智慧城市拓展情况

1—10 月全省智慧城市业务签单量 3.6 亿元,对非贸集客(除电力)贡献率 49%,完成全年预算的 84%,同比增长 45%,总体进度正常。其中,专业公司 1.79 亿元,完成 118%,分公司1.83亿元，完成65%，如图附-25所示。10家公司增长率超总体增长率；11家公司出现负增长；创立对智慧城市新签单量贡献率较高，拉动整体增量；大多数公司业务量还处在较低水平。

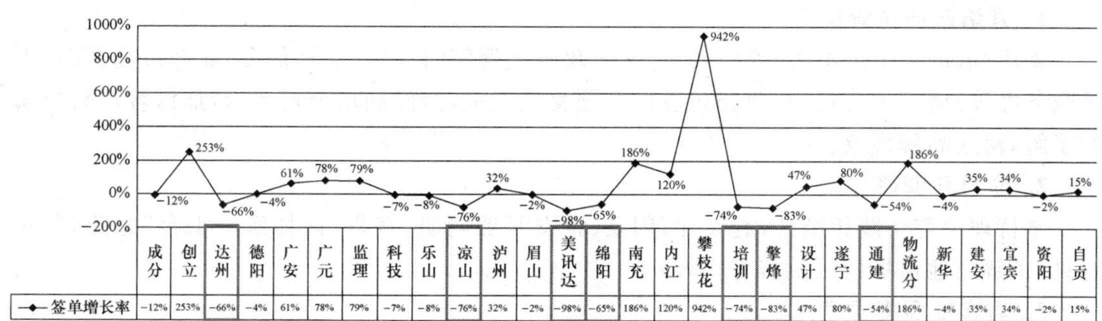

图附-24　各专分公司非贸集客签单增长情况

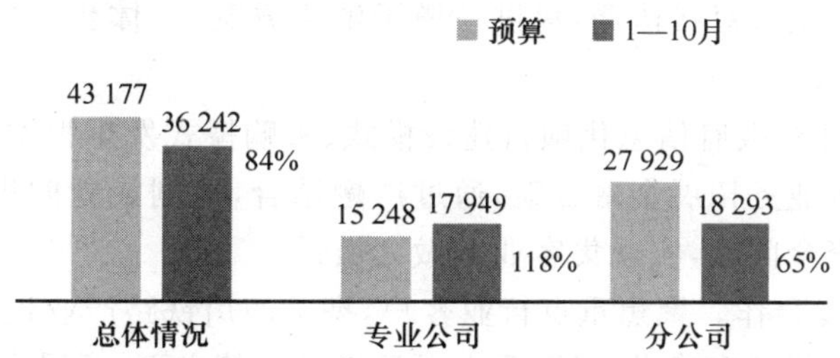

图附-25　专、分公司智慧城市业务情况

业务结构仍然集中于传统产业，软件开发占比不到1%，且同比下降75%；系统集成业务较去年同期增长67%，如图附-26所示。

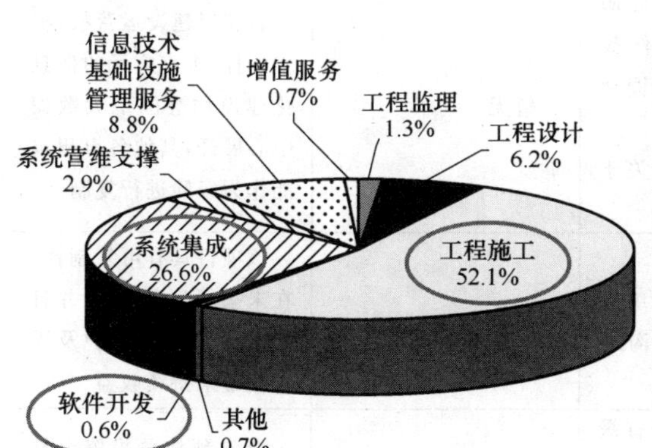

专业维度增长情况

专业	合同金额（万元）	同比
工程监理	474	−6%
工程设计	2 258	−24%
工程施工	18 874	56%
其他	252	−64%
软件开发	206	−75%
工程集成	9 652	67%
系统营维支撑	1 067	229%
信息技术基础设施管理服务	3 194	124%
增值服务	265	−40%
总计	36 242	45%

图附-26　智慧城市业务结构情况

二、重点工作情况

1. 拜访政府主管部门

采用"请进来+走出去"等模式，将各级政府主管部门领导(省经信委、成都市委、宜宾电子政务办等)请到省公司、专业公司进行专题交流汇报，全面展示公司实力，加深客户对公司的了解，树立品牌形象。

2. 学习和调研

坚持理论与实践相结合，赴设计、创立、雅安开展调研，宣贯"两体系一平台"思路，收集意见，了解当地市场情况及需求。

3. 集客发展指导意见

围绕"两体系一平台"思路，进一步完善四川公司集客市场发展指导意见，指导全省未来集客业务发展。

(1) 主实协同。探索主实协同，政企市场拓展合作模式，整合专业公司、专分公司技术、市州属地化交付资源，统筹对接协调，提供一揽子解决方案、一体化交付服务，做到人员、信息、交付、平台四个对接。

(2) 产融结合。针对政府信息化项目建设模式、采购模式发生根本性变化，携手金融机构、投资集团共商集客业务拓展金融方案，通过产融结合，筹划成立四川通服产业投资发展基金，解决项目承接资金问题，实现集客业务做大做强。

(3) 行业客户深度合作。聚焦重点行业客户，携手四川铁路产业投资集团(铁投)公司，就高速信息化建设、智慧城市建设，以及重大项目投融资等方面，开展合作。

(4) 全力推进全省重点项目，如表附-29 所示。

表附-29　四川公司全力推进的重点建设项目

项目名称	现状及进展	下阶段工作	存在问题	未来的成效
广元大数据中心项目	政府已确定由四川电信投资建设，采用购买服务方式	1. 研究探讨通服与四川电信合作投资、建设、运营等商业模式创新； 2. 跟进政府关于项目推动进度；	暂无	若获得建设运营权，树立标杆，未来广元的信息化建设均会围绕大数据中心展开，其他各市州也能作为经验进行复制
雅安经开区智慧园区项目	客户单位组织专家组进行项目认质认价工作	与客户及专家组方面做好认质认价沟通	暂无	该项目具有可复制性，在未来可全省推广，并且经开区每年的维护及需求会带来持续收益
四川电子政务内网	雅安市电子政务内网机房已全面启动建设，各地市分公司根据客户对项目推进进展，积极开展项目设计、机房建设拓展和沟通工作	创立公司做好省级层面建设方案推进；各地市分公司根据客户对项目推进进展，做好项目设计、机房建设项目承接沟通工作	部分市州公司客户关系积累不足，需进一步加强	全省预估总投资金额将近 10 亿元，市场巨大，同时，如通服能承接到一定份额的业务，将在涉密行业积累经验。为行业的穿通奠定基础。

续表

项目名称	现状及进展	下阶段工作	存在问题	未来的成效
巴中检察院信息化项目	客户方将于11月中旬完成供应商资格预审工作，集客部、设计、巴中分公司正积极组织参与资格预审	集客部、设计协助客户确定项目招标清单	运管商将参与供应商资格审查，竞争激烈	争取成功获取，成为继广元检察院项目后又一里程碑，为全省政府信息化项目全面推进奠定基础
贵州贵安学校系统集成项目	完成总体工程量95%，预计完成产值过亿	按甲方要求实施各子系统的建设工作；跟进二期5个群体建筑及室外红线内配套建筑的弱电系统工程	暂无	作为教育类信息化中规模最大的项目，成为全省此类行业拓展的标杆
攀枝花新都汇项目	完成1、2、5号楼地下室4层底板钢筋、支模浇筑混凝土，防雷接地与水电、消防管线、钢套管预埋	1、2、5号楼地下室部分主体工程，水电及消防工程，3、4号楼基础底板施工	暂无	作为房地产行业消防、水、弱电、强电综合配套项目，具有行业推广价值

4. 通发办专题工作

(1) 嵌入当地政府管理链条：10月，宜宾、乐山等9家通发办继续加强与当地政府的联系，积极嵌入政府管理链条。

(2) 光纤到户：积极开展自贡新建住宅小区光纤到户备案登记；向乐山市政府拟定了《光纤到户建设管理工作实施方案》；资阳继续开展光纤到户检查工作。

(3) 电信基础设施共建共享：出台通信基础设施共建共享会议纪要，明确通信办在共建共享建设中应发挥牵头、沟通和协调的作用，各通信企业已确认盖章。

(4) 协调解决运营商困难：处理乐山市中区茅桥前进村村通杆路"9.21"共建共享纠纷。攀枝花处理移动阳光金沙小区通信运营商无法进入事件。

(5) 借助通发办平台促进业务发展：借助平台已突破驻地网、通信规划、政府出资的通信设施迁改、市政项目等集客业务。借助平台开展的共建共享、普遍服务、精准扶贫等工作，为运营商市场拓展带来新的商机。宜宾已通过通发办掌握政府及政府各部门智慧化项目清单，正争取更多业务；已通过通发办争取到宜宾市互联网规划项目。

(6) 通信基础设施专项规划：2016年10月13日，省通信管理局在雅安组织召开了四川省通信基础设施规划编制工作培训会。

三、下一步工作安排

1. 组织做好集客工作年底收官，集客业务管理"三步走"

本月进一步完善四川公司集客发展指导意见，广泛征求各方意见；组织各专分公司，编制2017年集客发展专项规划，并组织专家进行规划评审；组织召开全省集客市场发展研讨会，宣贯四川公司集客发展白皮书，讲解2017年集客发展固话编制。

2. 以具体项目为牵引,落地“两体系、一平台”思路,统筹协调集客市场发展

重点支撑全省重大项目,比如攀枝花大数据中心、德阳项目,创立成都学生卡项目,雅安经开区、巴中检察院等。

3. 研究综合金融解决方案,开展新商业模式合作

积极研究新商业模式,与银行、券商深度沟通,探索合作的具体方案,解决全省项目拓展的资金瓶颈;加强内部协作,制度和管理创新,共同推进发起成立四川公司集客大项目产业基金;重点项目嫁接产业基金,争取项目落地,打通重大项目融资途径,实现商业模式创新。

4. 重点客户嵌入式贴身服务,及时掌握重大项目信息

向四川电信集客部派出常驻人员,及时掌握项目信息;确定铁投、经信委等重点客户行业总监,探讨未来业务事业部管理可行性。

5. 通发办加快推进各项专项工作

(1) 通信基础设施规划:滞后区域通发办要加快专项规划工作进度。南充、广安、巴中要尽快召开运营商协调会,费用要在会前逐一沟通。资阳、南充、广安、巴中要把握好铁塔和城市规划设计院两个关键点,拿到招标主动权。

(2) 光纤到户:四川公司将组织学习先进经验,加快推进。各通发办要向政府进行光纤到户工作汇报,争取政府支持;积极开展新建住宅小区光纤到户备案登记;持续进行检查,对光纤到户相关的文件精神和规定进行宣传。

(3) 普遍服务:前期各地通发办牵头进行了普遍服务试点城市申报。申报成为试点城市后,省通管局、省财政厅联合招标,资金来源为政府补助与企业自筹。第一批普遍服务中标情况为达州电信、广安联通、广元移动、绵阳移动、阿坝电信。第二批中标结果预计 11 月 16 日出台。据悉凉山、甘孜、巴中政府补助上限过亿元。相关公司要做好运营商沟通工作,积极争取业务。

参考文献

[1] 颜海涛，陈勋，曾石麟，等.信息通信市场业务预测与投资分析[M].北京：人民邮电出版社.2016.

[2] 胥学跃.电信营销管理(第3版)[M].北京：北京邮电大学出版社.2011.

[3] 通信行业职业技能鉴定指导中心.中级电信业务员[M].北京：北京邮电大学出版社.2008.

[4] 通信行业职业技能鉴定指导中心.电信业务师/高级电信业务师[M].北京：北京邮电大学出版社.2008.

[5] 漆晨曦，柯晓燕，曾宪伟，等.电信市场经营分析方法与案例[M].北京：人民邮电出版社.2007.

[6] 中国电信股份有限公司培训事业部.市场经营分析(中国电信官方培训教材).2008.

[7] 张雪兰.基于竞争优势的理论建构与实证检验[M].武汉：武汉大学出版社，2008.

[8] 溪亭.企业经营分析[M].北京：中国金融出版社.2004.

[9] 高鹏.通过收购实现对高端市场布局[J].经济参考报.2016-07-08.

[10] 中国共产党第十八届中央委员会第三次全体会议公报[N].人民日报.2013-11-13.

[11] 葛姝娜.数据分析在企业运营管理中的作用[J].电子产业经济，2013(15).

[12] 于宏伟.浅论经营分析在企业管理中的作用[J].企业导报.2013(4).

[13] 林琴，胡蓉，张静茹.数据分析在邮政报刊中的应用模式研究[J].现代邮政.2012(1).

[14] 徐静姝.浅析因素分析法在社会保险基金统计中的应用[J].天津社会保险.2009(2).

[15] 王邦志.浅谈现代企业经营分析[J].决策管理.2008(7).

[16] 刘红.略论统计分析方法[J].现代商业.2008(30).

[17] 陈宝杰.利用统计分析方法改进员工绩效考核体系——以M公司为例[J].商场现代化.2007(11).

[18] 中国电信集团公司.中国电信移动业务经营分析规范.2008.